ILLUSIONS GAULOISES

DU MÊME AUTEUR

LE MILLÉNAIRE DE L'APOCALYPSE, *roman*, *avec Florence Trystam*, Flammarion, 1990.

L'AVENIR DE LA GUERRE, *essai*, Mazarine, 1985.

LE NOUVEAU MONDE, *de l'ordre de Yalta au désordre des nations*, Grasset, 1992. Prix Aujourd'hui. Hachette Littératures, 1993.

LÉGITIME DÉFENSE, *vers une Europe en sécurité au XXIe siècle*, *préface de Charles Millon*, P. Banon, 1996.

LA RÉPUBLIQUE IMMOBILE, Grasset, 1998.

Ouvrages collectifs sous la direction de l'auteur

LA SÉCURITÉ DE L'EUROPE DANS LES ANNÉES 1980, IFRI-Economica, 1980.

LA SCIENCE ET LE DÉSARMEMENT, IFRI-Economica, 1981.

PACIFISME ET DISSUASION, IFRI-Economica, 1983.

INITIATIVE DE DÉFENSE STRATÉGIQUE ET SÉCURITÉ DE L'EUROPE, IFRI-Economica, 1986.

LE COUPLE FRANCO-ALLEMAND ET LA DÉFENSE DE L'EUROPE, *avec Karl Kaiser*, IFRI-Economica, 1986.

LA GUERRE DES SATELLITES, ENJEUX POUR LA COMMUNAUTÉ INTERNATIONALE, IFRI-Economica, 1987.

POUR UNE NOUVELLE ENTENTE CORDIALE : *la relance de l'alliance franco-britannique en matière de sécurité*, Masson, 1998.

PIERRE LELLOUCHE

ILLUSIONS GAULOISES

Plaidoyer pour une France debout

BERNARD GRASSET
PARIS

« Cette peur, je ne la comprends pas ; elle me peine. »

J. CHIRAC, Président de la République française. Campagne référendaire sur le Projet de traité constitutionnel européen (avril 2005).

« Things fall apart : the centre does not hold
More anarchy is loose upon the world.
The best lack all conviction and the worst
Are full of passionate intensity. »

WILLIAM YEATS

Avant-propos

Ce livre – j'en ai eu la conscience soudaine alors que j'en rédigeais les ultimes pages dans le Paris désert du mois d'août 2005 – est la dernière partie d'un triptyque, Commencé sans le savoir au tournant des années 90.

Le Nouveau Monde [1] ambitionnait d'analyser le monde de l'après-Guerre froide, alors même que l'Union soviétique se désagrégeait. Tandis que l'Histoire, après cinquante années de glaciation, venait de se remettre en marche, j'essayai d'imaginer les grandes forces qui, à l'échelle mondiale, se substitueraient aux deux grands piliers de l'ère bipolaire : l'équilibre de la terreur et la compétition entre deux modèles idéologiques à vocation universelle (la démocratie fondée sur l'économie de marché d'un côté, la dictature du prolétariat et l'économie planifiée de l'autre). L'Ancien Monde disparu, j'identifiai cinq forces structurantes qui, à mes yeux, marqueraient le prochain monde : la démographie, la rivalité économique entre des nations capitalistes (que je n'appelais pas encore la « mondialisation »), la prolifération des armes de destruction massive, le terrorisme et la déchirure du monde musulman. Ce sont pour l'essentiel ces

---

1. Grasset, 1992.

forces-là (auxquelles s'ajoute la formidable montée en puissance de la Chine ces quinze dernières années) qui sont à l'œuvre dans le grand désordre mondial de ce début de siècle.

Le cours de ma vie ayant été profondément changé, d'abord par ma rencontre avec Jacques Chirac en 1989, puis avec ma première élection à l'Assemblée nationale en 1993, c'est à la France, que je consacrai *La République immobile*[1], mon ouvrage suivant, en 1997. Les espoirs de réforme nés de la présidentielle de 1995 s'étaient rapidement évaporés avec les grandes grèves de novembre, le coup de grâce étant donné (par la Droite elle-même) avec la dissolution au printemps 97. Mon livre sortit peu après le triomphe de Lionel Jospin : il détaillait les blocages français, les maux qu'avant moi Alain Peyrefitte et bien d'autres avaient perçus, et qui restent d'une triste actualité aujourd'hui. Un Etat surdimensionné mais inefficace, une préférence nationale pour l'assistanat plutôt que pour l'emploi, un système social en faillite mais inégalitaire, une réforme de l'Etat toujours repoussée, bref un tableau d'ensemble d'un pays qui s'enfonçait dans une économie de rente financée par la dette, mais à l'époque ravi de ses nouveaux « cadeaux », à commencer par les 35 heures, censées être la potion magique du plein emploi et de la prospérité pour tous... tout en travaillant moins : on sait ce qu'il advint de ce bilan-là en 2002...

C'est à cette autre date clé de notre histoire que commença à germer en moi l'idée d'un nouveau livre qui lèverait enfin tous les tabous sur notre relation avec le monde. La tâche était ardue, non seulement de par la complexité même des sujets qu'il me faudrait évoquer,

---

1. Grasset, 1998.

mais aussi en raison de l'accélération brutale de l'Histoire que nous vivons depuis le 11 septembre 2001 : Afghanistan, Irak, rupture franco-américaine, terrorisme, et à l'intérieur de notre pays la prise de conscience progressive par beaucoup de Français que, cette fois, notre « système » est bel et bien « au bout du rouleau ».

Voici donc ce troisième volet, *Illusions gauloises*, articulé autour de l'écart gigantesque qui existe désormais entre l'idée que nous nous faisons de nous-mêmes et du monde, et la réalité, plus crue, plus dure, telle qu'elle est. Notre volonté collective de combler cet écart – ou de l'ignorer – constitue à mes yeux l'enjeu de la prochaine échéance présidentielle, qu'après le 29 mai 2005 l'Europe entière attend désormais...

Dans ce livre, j'ai laissé de côté mes préférences personnelles, pour ne penser et écrire qu'en simple citoyen totalement libre, à la fois en universitaire que je n'ai jamais cessé d'être et en responsable politique, animé du seul désir de dire ma vérité aux Français, tout simplement parce que je la leur dois. Cette vérité-là n'est fondée sur aucun calcul d'aucune sorte, mais simplement sur une double expérience à la fois internationale et d'acteur de notre vie politique. Voici donc un livre sans complaisance ni pour la Gauche, ni pour mes « amis » politiques. Je revendique pourtant haut et fort cette liberté-là, mais je sais que la famille politique à laquelle j'appartiens a appris à tolérer, et même à encourager un vrai débat d'idées en son sein. Un débat d'autant plus salutaire que ce qui est réellement en cause, comme on le verra dans ce livre, ce ne sont pas tant les hommes que les idées, ou plus exactement les illusions auxquelles la France a fini par croire elle-même, se condamnant à voir l'Histoire se faire sans elle, tandis qu'elle s'enfonçait dans la déprime et les inégalités.

J'espère de toutes mes forces qu'en me livrant à ce travail, résultat d'une longue maturation sur l'état de la France et du monde, j'aurai servi mon pays en l'alertant sur l'urgence du réveil... et du sursaut.

P.L.
Paris, novembre 2005.

Introduction

Le syndrome d'Amélie Poulain

La France commence bien mal son entrée dans le XXIᵉ siècle. Regardant alternativement son nombril et dans le rétroviseur, elle masque comme elle le peut les angoisses que lui inspire le monde présent, par la glorification pathétique de son « modèle » de société et le culte de son passé.

Elle qui fut jadis conquérante, qui inventa la liberté moderne et les Droits de l'homme, elle qui domina les sciences, les arts et régna sur le commerce des idées, ne comprend ni n'accepte qu'on ne la suive plus. D'où la tentation du repli, et cette majorité de Français qui dit NON ! à chaque fois qu'elle en a l'occasion.

Election après élection, c'est d'abord NON à ses élites politiques, incapables de sortir la France des déficits publics et du chômage de masse qui la minent depuis un quart de siècle ; voici notre pays qui chasse ses majorités de notables les unes après les autres tout en gardant ses vieux monarques : 14 ans pour Mitterrand, 12 ans pour Chirac. Résultat : nous nous interdisons en fait toute continuité dans l'action politique... excepté dans l'immobilisme.

La France dit NON aussi au modèle anglo-saxon, mais envie sa croissance, jalouse son dynamisme et convoite son plein emploi.

Elle dit NON à la guerre américaine en Irak, mais ne sait comment répondre à la guerre que l'islamisme radical a déjà déclarée à la démocratie.

Elle dit NON à l'Europe le 29 mai 2005 pour dire NON au libéralisme, NON aux Turcs, NON aux plombiers polonais ou NON aux textiles chinois, mais elle défend bec et ongles « sa » Politique agricole commune qui sert ses paysans, et se rengorge d'Airbus, d'Ariane et d'ITER qui n'existent, en fait, que par la grâce de l'Europe.

Elle dit NON au racisme, et reste tétanisée devant l'explosion de la violence de ses banlieues, mais répugne à prendre à bras-le-corps le dossier capital d'une immigration mal contrôlée et surtout mal intégrée.

Derrière ces refus, ces pusillanimités et ces négligences, la France cultive ses nostalgies, exalte ses conservatismes, s'enivre de ses illusions grandioses, en ne comprenant pas qu'ainsi elle ne fait qu'aggraver l'inexorable perte d'influence qui s'ensuit pour son image à travers le monde. A l'instar du très médiatique maire d'un Paris en voie de muséification, battu à Singapour en juillet dernier pour les Olympiades de 2012, et qui, spontanément, jugea « inexplicable » la défaite de la capitale, avant de l'attribuer aux manœuvres déloyales, voire corruptrices de la Perfide Albion ! De salutaire remise en question, il n'est, bien sûr, jamais question...

Là est le cœur du problème français : qu'il s'agisse de sport, de technologie, d'emploi, de diplomatie ou de stratégie contre le terrorisme, notre dossier, par définition, ne peut être que supérieur à tout autre. Et si, par extraordinaire, il arrivait que nous perdions les Jeux, que nos entreprises ferment pour délocaliser ailleurs, que nous ayons deux fois plus de chômeurs qu'en Angleterre, au Danemark ou aux Etats-Unis, que notre politique étrangère soit confuse en Côte d'Ivoire, inefficace en Iran, douteuse en Russie, que nos chers protégés africains se détournent de nous, peu importe, la faute est à coup sûr ailleurs : chez les trois « B », entendez Blair, Bush et Barroso, complétés bien sûr de Sharon, mais certainement pas chez nous !

Nous conservons fièrement pour notre part, notre modèle : nos 35 heures, nos presque 6 millions d'emplois publics (et la dette publique à 120 % du PIB qui va avec), notre ISF et notre religion antilibérale partagée à droite comme à gauche. Et nous nous étonnons que personne en Europe – et encore moins en Asie ! – n'ait envie de rejoindre notre « village gaulois »...

Cette France du « NON » s'interdit pourtant de parler de son déclin, et encore moins de le regarder en face pour repartir de l'avant. S'il arrive que tel auteur évoque le mal-être français ou même une France « qui tombe [1] », le voici immédiatement banni, ou mieux ignoré, pour crime de lèse-République par une bonne partie de la classe dirigeante qui se plaît, dans le même mouvement, à enterrer systématiquement les nombreux rapports administratifs qui concluent à la même réalité. La France des élites préfère exalter ses ratés, vanter son économie de rentier, magnifier son incapacité au changement en une forme d'idéologie nouvelle que Dominique David a justement appelée « l'Hexagonie ». Logique imparable : le déclin est transfiguré en réussite et même théorisé en modèle original et exportable ! Notre pays cultive ainsi une image nostalgique de lui-même et du monde tel qu'il rêverait qu'il soit, à l'image de la jolie Amélie Poulain qui, dans les décors éternels de la Butte Montmartre, fait gentiment le bien par la grâce de ses yeux pétillants et tance les « méchants » (qui ne sont pas vraiment tels), avec son sourire espiègle.

Voici donc la Marianne révolutionnaire, l'héroïne du 18 Juin, qui, pour une France vieillissante et fatiguée, se change en Amélie, la douce égérie des bobos bien-pensants, vaguement « alter ».

---

1. Nicolas Baverez, *La France qui tombe*, Perrin, 2004.

Si les Français ont porté au pinacle le film de Jean-Pierre Jeunet et l'ont érigé en film culte, c'est qu'ils aimeraient sincèrement vivre dans le monde d'Amélie : ils aimeraient vivre heureux et cultiver leur art de vivre dans un décor onirique, protégé mais familier, faire le bien autour d'eux par la seule force du verbe et des bons sentiments.

L'ennui, c'est que les bons sentiments ne font ni de la bonne littérature, comme le disait André Gide, ni non plus en l'occurrence, de la bonne politique... Alors, quand la guerre terroriste menace, à nos portes, à Madrid ou à Londres, quand des journalistes français sont pris en otage, « on signe des pétitions », comme le note ironiquement Jean-Pierre Le Goff, « on allume des bougies, on se tient la main, on manifeste en silence »... allant même jusqu'à « dédier la Nuit blanche à Paris aux otages emprisonnés [1] ». Bref, par crainte de « sombrer dans la guerre de civilisation » – une notion largement réfutée, et même ignorée, en France – par répugnance à l'égard du militarisme de Bush massivement désapprouvé, la France préfère tantôt refuser d'admettre avoir des ennemis qui veulent la détruire, tantôt espérer que « tout peut être affaire d'ouverture et de tolérance, de dialogue et de négociation »...

Ainsi rêve la France d'Amélie. Ainsi parlent ses princes, croyant calmer la rue et protéger leur office. Ainsi discourent ses diplomates dans un monde où pourtant, mieux que d'autres, ils savent que s'étiole doucement l'image de la France.

Plus dur sera le réveil.

Parce que l'économie-monde est un fait incontournable, la glorification d'un système socio-économique perclus de dettes et rongé d'injustices n'évitera pas la faillite – déjà

---

1. J.-P. Le Goff, « Regarder en face le terrorisme », *Libération*, 2 novembre 2004.

patente – de notre système social, qu'il s'agisse des déficits, de l'emploi ou du problème clé de l'immigration.

Parce que le monde du XXIe siècle n'a rien à voir avec le
village montmartrois d'Amélie, que tout a changé entre le
9 novembre et le 11 septembre [1], que la guerre terroriste
est là, que de nouveaux équilibres mondiaux sont en train
de naître sans les Français, et enfin parce que notre pays,
fracturé à l'intérieur par l'échec de l'intégration, a provoqué une crise gravissime du processus européen, la diplomatie du verbe ne suffira plus à masquer les contradictions
qui minent la France et à compenser sa perte d'influence.

A l'aube de ce XXIe siècle qui s'annonce plus heurté,
plus ouvert et plus dangereux encore que le siècle essentiellement européen qui l'a précédé, la France a donc une
nouvelle fois rendez-vous avec son Histoire. Saura-t-elle
ouvrir les yeux sur la réalité et renoncer à ses *Illusions
gauloises* en même temps qu'à ses nostalgies hexagonales ? Saura-t-elle rebâtir une société plus forte, plus
confiante en elle-même, en ses capacités, ouverte sur le
monde et à nouveau conquérante ?

Je veux pour ma part l'espérer de toutes mes forces.
J'aime la France dans les moindres recoins de sa culture,
de sa géographie et de son Histoire. Je lui dois tout, à
commencer par mon éducation. A l'instar de Marcel
Gauchet, je suis moi aussi « un miraculé de l'école de la
République [2] ». Depuis 15 ans, en quittant le rôle de
« spectateur engagé » cher à mon vieux maître Raymond
Aron, à l'Institut français des relations internationales,
pour l'engagement et l'action politique, j'ai tenté de la servir loyalement et au mieux de mes capacités. L'impasse
qui est celle de la France aujourd'hui, j'en assume donc
moi aussi une part de responsabilité, et j'ai une conscience

---

1. Entre le 9 novembre 1989, date de la chute du Mur de Berlin et le 11 septembre 2001, date de l'attaque d'Al Qaïda contre New York et Washington.
2. Entretien dans *Le Monde*, 23 avril 2005.

aiguë de ce qui aurait pu – ou dû – être fait, au cours de ces quinze dernières années.

J'avais tenté, en 1993, dans *Le Nouveau Monde*, de penser le monde de l'après-Guerre froide en parlant d'un chemin possible pour la France. Un chemin nécessairement plus ardu qu'à l'ère de la Guerre froide car, plus encore que l'Angleterre, la France était la grande bénéficiaire de l'Europe bipolaire : la question allemande, qui avait obsédé nos pères, était enfin réglée par la division et l'occupation. De Gaulle, fort habilement, avait compris que la possession de l'arme atomique permettrait à la France de s'inviter à la table des Grands – celle des vainqueurs de 1945 – puis de slalomer, au nom de « l'indépendance nationale », dans les espaces interstitiels de l'affrontement des deux superpuissances. Au surplus, une demi-Europe, avec une demi-Allemagne en son sein, faisait de la France le moteur de l'entreprise européenne, la « séniorité stratégique » de la France atomique s'adossant à la puissance économique allemande pour diriger l'Europe. En un mot, les Français, grâce à de Gaulle, voyageaient « dans un wagon de première avec un ticket de seconde ». La fin de la Guerre froide, je le pressentis dès 1991, mettrait fin à cette configuration exceptionnellement favorable dans l'Histoire nationale.

Avec la réunification de l'Europe, face à un monde unipolaire désormais dominé par les Etats-Unis, mais où émergeraient progressivement la Chine et l'Inde, où le monde musulman, déçu par les expériences nationalistes ou socialistes des années d'indépendance, redécouvrirait l'islam radical, la France aurait à se battre pour s'imposer. Il lui faudrait constituer de nouvelles forces à partir d'une économie à réformer en profondeur, trouver un discours renouvelé à l'adresse du monde extérieur, en un mot s'inventer une raison d'être inédite, elle qui se pense justement (à l'instar de l'Amérique), comme d'abord universelle

Ce chemin-là, je crains fort que nous ne l'ayons pas trouvé. Dix-sept ans après la chute du Mur de Berlin, c'est une France affaiblie, en perte d'influence et en proie au doute sur elle-même, qu'il nous est donné, hélas, de contempler.

L'époque de l'« hyper-terreur »

« En face », le monde dans lequel nous devons vivre et évoluer n'a jamais paru aussi instable et lourd de menaces. Le début du XXIe siècle apparaît, à bien des égards, tel Néron dans *Britannicus*, comme un « monstre naissant [1] ».

Un simple tour d'horizon de la planète procure rapidement une impression d'accablement.

On croyait en avoir fini, en même temps qu'avec le XXe siècle effrayant et sanguinaire, avec les fantômes terribles de 14-18, les dictatures mortuaires de Hitler et de Staline, bref avoir conjuré le spectre de la guerre qui hantait nos pères? Eh bien non! Voici qu'avec le siècle nouveau surgit la terreur planétaire, nouvelle forme de guerre sans Etats, sans uniformes ni ligne de front, mais qui tue en masse et à grande échelle, sous tous les cieux. La Terreur. Elément majeur de l'actualité internationale, et, désormais du quotidien de milliards d'êtres humains. Dans le meilleur des cas, il faudra à chacun apprendre à vivre avec sa pesante et obsédante menace. Dans le pire, à chercher les morts dans les décombres fumants d'un train, d'un autobus ou d'un grand magasin... Aux Etats-Unis, après le 11 septembre, la question n'est déjà plus de savoir si le territoire de l'Union subira une nouvelle attaque terroriste

---

1. Pierre Hassner, « La revanche des passions », *Commentaire*, n° 110, été 2005.

– mais quand, et avec quel modus operandi. En Europe, après Madrid le 11 mars 2004, c'est Londres qui a été frappée à deux reprises en juillet 2005, avec, pour la première fois, l'entrée en scène, sur le sol européen, de commandos suicides formés et grandis, nés dans le pays victime. Des bombes humaines « homegrown », jusque-là réservées à Israël ou à l'Irak. Demain, Paris, Rome, Berlin ou Moscou seront peut-être la cible de ce terrorisme de masse qui, inévitablement, franchira un jour ou l'autre la frontière terrible des explosifs classiques, pour tuer avec des armes non conventionnelles, chimiques, radiologiques, voire bactériologiques ou nucléaires.

Dans le même temps, le club des « 5 Grands » nucléaires – mondialisation oblige – se « démocratise » dangereusement : après Israël, l'Inde puis le Pakistan, la Corée du Nord et l'Iran peaufinent à leur tour leur matériel nucléaire à coups de trafics et de « marchés noirs » : missiles contre centrifugeuses.... Selon toute vraisemblance, le régime de Kim Jong-Il a déjà acquis la capacité de développer des armes nucléaires. Quant à l'Iran, qui y travaille activement depuis trente ans, l'élection du Président Ahmadinejad, islamiste radical héritier de Khomeyni, n'augure rien de bon pour la stabilité du Moyen-Orient. La paix entre Israéliens et Palestiniens, malgré le désengagement israélien de Gaza, la disparition de Yasser Arafat, et l'apparente bonne volonté de Mahmoud Abbas, n'est visiblement pas pour demain. Une partie considérable de la population mondiale continue d'endurer la misère, et trois milliards d'êtres humains – soit près de la moitié de la population du globe – vivent avec moins de deux dollars par jour. Le sida et d'autres maladies infectieuses les frappent par millions. Le génocide du Darfour au Soudan, la mort lente – par la faim ! – de dizaines de milliers d'enfants au Niger, ne sont que les dernières en date d'une

longue série de tragédies rappelant que, pour un grand
nombre d'individus, leurs propres autorités gouvernementales, ainsi que leurs « compatriotes », pour peu qu'ils
appartiennent à l'ethnie voisine, représentent la menace
principale. Au terme de batailles victorieuses et spectaculaires, les Etats-Unis rencontrent les plus grandes difficultés pour stabiliser l'Afghanistan et plus encore l'Irak.
Enfin, l'Union européenne, alors même qu'elle était sur le
point de se doter d'une Constitution, symbole d'une nouvelle ambition politique, a été rattrapée par une triple crise
d'ampleur historique – crise de confiance de ses citoyens
dans la signification même du processus d'intégration
européenne ; crise institutionnelle, mais aussi crise née
d'un continent en dépression à la fois démographique et
économique.

On avait cru depuis Jean Monnet et Robert Schuman la
grande entreprise de construction européenne irréversible.
On commence à percevoir, un peu partout, les signes de la
renationalisation des choix nationaux, les prémices d'un
« détricotage », sinon d'une déconstruction du processus
européen. La panne de l'Union tombe mal face au dynamisme intact des Etats-Unis, à l'explosion des géants
chinois et indien, à la concurrence acharnée des nations
émergentes déterminées à jouer à fond la mondialisation
contre les privilégiés de l'Ancien Monde ! Et dans cette
Europe qui suspend son vol et son effort au sein d'un
monde en révolution permanente, la France, avec ses rigi-
dités, ses débats d'un autre âge sur les 35 heures, l'ISF et
ses emplois-parkings, fait figure d'aristocrate poussif et
fatigué à l'arrogance pincée accumulant les dettes, les
aigreurs et les rancœurs.

En ces temps où « l'Histoire est à nouveau en marche »
pour reprendre la célèbre expression d'Arnold Toynbee, où
la France a bel et bien rendez-vous avec son destin, on
aurait pu espérer que ses élites, d'ordinaire si promptes à

faire la leçon au monde, n'engagent franchement cette réflexion. D'autant que le peuple, moins ignorant et avachi que ses dirigeants ne le croient parfois, voit parfaitement la tempête qui menace, et cherche désespérément le chemin de l'espoir.

Eh bien non, cette réflexion-là, la France « d'en haut », celle des pouvoirs, a préféré l'éviter.

Tandis que le monde des affaires a depuis longtemps abandonné tout espoir de voir le politique changer la donne dans le pays (préférant délocaliser capitaux, emplois, sièges sociaux, ou plus simplement les patrimoines), et que les médias continuent souvent de répercuter la bonne conscience post-soixante-huitarde de leurs dirigeants, le pouvoir politique, lui, a choisi le verbe et le surplace.

Aidée, il est vrai, par les erreurs américaines en Irak, la France a préféré renouer avec ses réflexes faussement gaulliens et se réfugier dans un discours à la fois moralisateur et mondialiste (voire, par endroits, altermondialiste), recyclant les poncifs classiques d'une certaine tradition diplomatique nationale : méfiante à l'égard des « Anglo-Saxons », accusatrice à l'égard d'Israël, complaisante à l'égard des régimes arabes « amis » que, loin de chercher à réformer, nous devons conforter face au sentiment d'« humiliation » prêté à la rue arabe. Le tout a culminé il y a près de 3 ans, avec une novation diplomatique : un bizarre « camp de la paix » composé d'un chancelier allemand élu – une première – sur une ligne anti-américaine, et d'un jeune tsar issu du KGB, aux conceptions démocratiques pour le moins discutables.

Les Français qui, avec le 11 septembre 2001, virent « finir le monde ancien » pour reprendre le titre d'un essai d'Alexandre Adler [1], et qui, un temps, se déclarèrent

---

1. Alexandre Adler, *J'ai vu finir le monde ancien*, Grasset, 2002.

« tous américains » avec Jean-Marie Colombani [1], qui combattirent même avec brio aux côtés des Américains en Afghanistan pour déloger les Talibans, se retrouvèrent donc tous unis (ou presque), un an plus tard pour dénoncer l'expédition américaine en Irak. Mieux : pour se construire un nouveau rôle autoproclamé de diseur du droit international face à l'Amérique impériale, doublé de celui d'architecte d'un monde multipolaire en gestation, à la fois « démocratique », solidaire, et, bien sûr, pacifique.

La France s'imagine en Amélie Poulain du monde, en bienfaitrice de l'humanité. En somme, les Français qui vivent mal leur présent, mais sans oser y apporter quelque retouche, aspirent à vivre dans un monde qui n'est pas le leur et, à leur façon, à rendre meilleur ce monde largement fictif. Le 29 mai 2005, ils ont dit « non », un peu à l'Europe, mais surtout à la mondialisation, au libéralisme – bref à ce qui paraissait menacer le fameux « modèle social » et sa douceur de vivre façon Charles Trenet. Etrange référendum au cours duquel la France a voulu, tout simplement, interdire la Chine, en même temps que l'immigré turc et le plombier polonais !

Le 29 mai

Il est des journées dont on peut pressentir instantanément qu'elles vont faire événement. Lorsque, en ce 29 mai, les Français se sont opposés massivement à la ratification du traité constitutionnel, la construction européenne n'a pas seulement connu un accident de parcours. Elle a subi une interruption aux conséquences incalculables. A l'évidence, l'onde de choc provoquée par ce geste continuera

---

1. Jean-Marie Colombani, *Tous Américains ? Le monde après le 11 septembre 2001,* Fayard, 2002.

encore longtemps de propager ses turbulences. Tandis que j'achevais cet ouvrage, le résultat du référendum n'a pas seulement été un objet de stupeur et d'irritation pour nos partenaires européens, il a agi également comme un révélateur photographique de la panne du modèle français.

L'accès de « ras-le-bol » de nos compatriotes dans les urnes n'a pas uniquement ouvert une césure dans la dynamique européenne ou enrayé un processus d'intégration hâtivement tenu pour irréversible : ce que le 29 mai a eu de singulier, ce fut d'offrir, pour la première fois, un tableau d'ensemble des syndromes, jusqu'ici disparates, latents et occultés, du « mal français ».

Ne nous y trompons pas : la France est aujourd'hui l'un des principaux « hommes malades » de l'Europe, et la maladie qui la ronge possède bien sûr, d'abord, une dimension politique.

Le 29 mai a mis en évidence la crise latente qui affaiblit et corrode nos institutions depuis maintenant plus d'un quart de siècle. Face à l'accumulation des nostalgies et à l'exacerbation des peurs, la sphère politique renvoie trop souvent une impression d'impuissance résignée. « Contre le chômage, nous avons tout essayé », s'était cru autorisé à affirmer, un jour, François Mitterrand. Lors de son débat télévisé avec les jeunes, organisé à l'occasion de la campagne référendaire, son successeur a fait quant à lui un aveu lourd de sens : « Cette peur, je ne la comprends pas. »

Sa sincérité honore Jacques Chirac. Mais outre qu'elles ont un effet démobilisateur, de telles paroles favorisent malheureusement la dépolitisation, pire la désespérance. Autrement dit, elles accélèrent l'oscillation de nos concitoyens entre une conduite de retrait, que le sociologue américain Albert O. Hirschman a qualifiée de « défection [1] », et des accès sporadiques de protestation. Sur le terreau d'une inquiétude sociale et identitaire d'autant plus aiguë qu'aucune réponse politique ne lui est apportée, fleurissent ces « religions séculières » des régimes démocratiques : les formations extrémistes qui dessinent désormais, au pays de Descartes, de Voltaire et de Montesquieu, un inquiétant « front du refus » tribunitien. En France, en 2002, le candidat de l'extrême droite se retrouve au second tour de la présidentielle ; et en 2005, le candidat trotskiste annonce qu'il est prêt à entrer au gouvernement en 2007... Décidément, le Maréchal et Léon Bronstein ont la vie dure !

Bien sûr, lors du référendum du 29 mai dernier, de nombreux Français n'ont pas été guidés par la seule question qui leur était posée. Ils semblent même s'être ingéniés à répondre à côté. Mais on se méprendrait si on s'en tenait à leur faire reproche de cette désobéissance. Leur vote intervient au point culminant d'une courbe incontrôlée, entamée il y a plus d'une vingtaine d'années, et qui enchaîne des budgets en déficit constant, condamne des millions de Français dans la force de l'âge au chômage et aux minima sociaux, et poursuit pourtant la glorification d'un modèle social en panne et qui n'est plus financé, accompagnée d'une injonction secrète au statu quo : « Surtout, ne touchez à rien ! »

Ce conservatisme du renoncement, censé éviter l'explosion de la rue qui tétanise nos princes, aiguise l'amertume de nos concitoyens. Attise leur exaspération. Rien d'étonnant, dans ces conditions, à ce que chaque élection soit désormais transformée en déferlante protestataire. Face à ce qui apparaît comme le mélange de surdité et d'irréalisme des gouvernants, le mot d'ordre « Sortez les sortants ! » devient, pour de nombreux électeurs, la seule issue possible.

---

1. Albert O. Hirschman, *Défection et prise de parole*, Fayard, 1995.

En moins de dix ans, la vague de mécontentement a viré au tsunami et soumet désormais notre pays à une crise politique et institutionnelle chronique. 1997 : la dissolution ratée sanctionne un Président de la République désavoué et une droite en déroute, paralysée depuis les grèves de novembre 95. 2002 : la qualification de Jean-Marie Le Pen au second tour de l'élection présidentielle vaporise les ambitions de Lionel Jospin et son fameux « bilan », en offrant miraculeusement à Jacques Chirac les instruments d'une improbable réélection, obtenue pour ainsi dire par défaut. 2004 : les élections régionales se soldent, pour la Droite revenue au pouvoir, par une véritable « Bérézina » (20 régions sur 22 passèrent alors à gauche). Enfin, le 29 mai 2005, le peuple français a renvoyé dos à dos l'ensemble des partis dits « de gouvernement » qui avaient tenté de se faire les hérauts de la Constitution européenne, sans être capables d'expliquer celle-ci au pays.

Ce référendum-catastrophe est riche de nombreux enseignements. Atteignant de plein fouet la légitimité de la classe politique dans son ensemble, la consultation référendaire du 29 mai révèle, d'abord, le vacillement d'un système : un Président désavoué, un Parlement en décalage absolu avec l'opinion exprimée par les Français à Versailles : 82 % des députés et sénateurs ont donné leur feu vert à la ratification du traité constitutionnel, qui trois mois plus tard, était rejeté par 55 % des Français. Bref, le fonctionnement de la démocratie française est parvenu à un tel état d'épuisement, d'obsolescence et de « ringardise » qu'on se demande par quel miracle le système politique pourrait tenir encore jusqu'en 2007...

Mais il y a plus : le référendum sur la Constitution a été le « précipitateur » chimique de trois crises existentielles de la nation. Trois crises soigneusement dissimulées aux

Français, depuis de nombreuses années, par une rhétorique bien rodée, idéologique au sens premier du mot, puisqu'elle délègue à la magie du verbe le soin d'enjoliver des données de fait pénibles ou inquiétantes.

Trois crises qui témoignent de l'incapacité de la France – village nostalgique d'Amélie Poulain, de la douceur de vivre – à se percevoir telle qu'elle est. Trois crises qui trahissent la propension hexagonale à préférer les mirages et les faux-semblants à un autodiagnostic lucide, douloureux et exigeant. Trois crises qui engagent, en fait, à l'heure où triomphent les *Illusions gauloises*, le rapport de notre pays au réel : au réel du « modèle social », soigneusement enjolivé ; au réel, dangereux, du monde qui nous entoure, sur lequel la France fait semblant de peser par l'incantation plutôt que par l'exercice de la puissance ; au réel de son identité nationale, que le politiquement correct conduit à délaisser, à oublier même... jusqu'à ce que survienne l'explosion...

6+3+3

« Le monde vous pèse ? Fuyez-le ! La réalité vous accable ou vous fait honte ? Recouvrez-la d'un écran de fumée. » Gênée aux entournures par des évolutions planétaires qui perturbent son confort, la France d'Amélie se saoule d'idéalités pompeuses et de proclamations abstraites qui n'engagent pas. Interpellée par l'Histoire, elle ruse. Plastronne. Et se paye de mots.

C'est bien sûr, d'abord, sur le terrain de la rencontre avec la mondialisation que cette rhétorique chimérique se déploie. Insensiblement, la France a pris, au fil des années, la tête de la coalition hétéroclite des mauvais élèves européens en matière sociale, économique et financière. Une comparaison éloquente donne la mesure de notre marasme : tandis que la Grande-Bretagne de Tony Blair parvenait à renouer avec le plein emploi en abaissant son taux de chômage à 4,8 %, la France, idéologiquement rétive à la réforme, s'enfonçait peu à peu dans une morosité à laquelle ses très médiocres performances – et ses 10 % de chômeurs ! – confèrent désormais le caractère d'une dépression.

Déferlante du textile chinois, plombiers polonais, offres de reclassement en Roumanie à 150 euros par mois, travaux de réfection commandés par telle municipalité socialiste à telle entreprise tchèque, déplacement à Tallinn d'un centre de réservation de la chaîne Hilton, fuite de François Pinault à Venise pour y exposer ses collections destinées, à l'origine, à l'île Séguin, rumeurs d'OPA hostiles de « l'impérialisme » (Pepsi-Cola) contre Danone, le fleuron de l'industrie agro-alimentaire française... Il ne s'est guère passé un seul jour, au cours de l'année écoulée, sans que les Français reçoivent une confirmation supplémentaire de la situation de vulnérabilité – sinon de faiblesse – de leur pays dans le contexte de la mondialisation.

Le capitalisme, comme l'économiste Joseph Schumpeter l'a analysé, repose sur un mécanisme qu'il a qualifié de « destruction créatrice ». On se prend parfois à se demander si l'Hexagone, au vu de ses contre-performances, ne se complaît pas plutôt dans la « conservation stérile » de ses 10 % de chômeurs, et de son équation infernale : « 6+3+3 » : 6 millions de fonctionnaires, 3 millions de chômeurs, 3 millions aux minima sociaux, sur 22 millions de Français en âge de travailler !).

Une équation que la France d'Amélie préfère ne pas regarder en face, choisissant de décrocher insensiblement du train de la compétition planétaire, et d'incriminer l'« ultralibéralisme » des autres.

Même rappelée à l'ordre par l'épreuve d'une réalité médiocre, une grande partie des élites de ce pays préférant incriminer l'« ultralibéralisme », s'est fait une spécialité originale de transfigurer le retard en supériorité, et de convertir les signes alarmants du déclin – oui le mot est juste, hélas ! – en preuve d'excellence et d'originalité. De nombreux dirigeants ou commentateurs estiment rendre un service à la nation en lui épargnant un discours de vérité sur un système dont les Français savent pourtant, au quotidien, qu'il est à bout de souffle.

A écouter telle mise en garde du ministre de l'Economie et des Finances, Thierry Breton, un mois après la déroute du 29 mai, sur un pays qui vit largement au-dessus de ses moyens et court à la faillite, on aurait pu croire que le gouvernement Villepin, successeur de celui – longtemps agonisant – de Jean-Pierre Raffarin, romprait avec ces conduites autistes et sans avenir. On aurait pu croire qu'il ferait justice d'un interventionnisme daté dont les hauts faits sont la retraite à 60 ans, la loi des 35 heures et l'un des droits du travail les plus rigides de la planète. La déclaration de politique générale du nouveau Premier ministre révéla vite qu'il n'en serait rien : en adossant son plan anti-chômage à l'exaltation du « modèle social français », suivie du lancement du thème du « patriotisme » économique, Dominique de Villepin jouait la continuité paisible, et reportait aux calendes grecques la déconstruction d'un système sans destination ni pilote, embryon de social-démocratie molle dont la prouesse est de combiner les records de prélèvements et les records de chômage, l'inefficacité et l'injustice. Le nouveau Premier ministre, que la presse découvrait « pigeon » après l'avoir dépeint en « aigle », expliquait benoîtement que, surtout, il ne changerait rien et avouait, ce faisant, que son souci principal était de se concilier les bonnes grâces de la nouvelle pensée unique, véritable religion civile de l'« exception française » : le dogme antilibéral – ce dogme qui, parce qu'on l'a trop flatté, a conduit, le 29 mai, au rejet brutal de la Constitution. Mais notre Président ne lui avait-il pas montré la voie, déclarant au cours de la campagne référendaire que « le libéralisme serait aussi désastreux que le communisme [1] » ?

Faut-il vraiment s'étonner, dans ces conditions, que la France aborde la compétition mondiale le dos au mur et avec des semelles de plomb ? Lestée par ses préjugés antilibéraux, alourdie par des pratiques dispendieuses et somptuaires, elle rêve le monde plus qu'elle n'y évolue. Et tandis que leur pays accumule les régressions, un nouveau pouvoir « prévenant » et « doux », pareil à celui que Tocqueville raillait dans *De la démocratie en Amérique* [2], affirme aux Français qu'ils trouveront leur salut en s'entourant d'un « rempart contre la mondialisation ».

Le monde selon Amélie

Les chimères gauloises font autant de ravages sur la scène diplomatique et internationale. A chaque recul de son influence et de son prestige, la France répond par une salve de boursouflure. Les données, pourtant, sont là, qui n'incitent guère à l'optimisme : la France voit chaque année s'éroder davantage sa prise sur le monde. Les réussites de sa politique étrangère ne sont guère convaincantes et ne viennent pas spontanément à l'esprit... Malgré son opposition frontale à Washington, la France n'a échappé ni aux prises d'otages, ni aux menaces et aux attaques terroristes, et son « aura » n'a cessé de décliner au sein

---

1. Jacques Chirac cité par Jean-Claude Casanova, dans son article « Dissiper les nuées, reprendre le chemin », *Commentaire*, n° 110, été 2005.
2. Alexis de Tocqueville, *De la démocratie en Amérique*, 1835.

des élites africaines comme du monde arabo-musulman. Quelles que soient leurs erreurs en Irak, ce sont les États-Unis de George W. Bush et de Condoleezza Rice qui mènent désormais le jeu au Moyen-Orient, du conflit israélo-palestinien au Liban et à la réintégration de la Libye, en passant par la gestion de la crise nucléaire iranienne. Des Etats-Unis qui peuvent même se targuer d'un certain frémissement démocratique dans la région. N'en déplaise encore à la position française officielle, les gouvernements américain et israélien ont eu raison de considérer qu'Arafat faisait obstacle à une solution politique, faute pour lui – contrairement à Anouar El-Sadate, à Menahem Begin ou à Itzhak Rabin – d'avoir opéré la mue du chef de guerre à l'homme d'État[1]. Ces dernières années, les États-Unis et la Chine ont progressé d'une manière spectaculaire au Maghreb – notamment en Algérie – et dans l'ensemble de l'Afrique. Le Royaume-Uni effectue, lui aussi, une percée remarquable sur le continent noir, plaçant le développement africain en première des priorités de sa présidence du G 8[2].

Toujours prodigue de leçons au reste du monde en matière de gestion de crise, la France accumulait, dans le même temps, les échecs en Côte d'Ivoire et au Togo, tandis que son discours altermondialiste (de l'anti-Davos à la taxe Tobin) était contredit par la défense désespérée d'une Politique agricole commune combattue non seulement par les Anglais, mais par le Brésil, l'Inde et les nations agricoles du Tiers-Monde. Et pour couronner le tout, Paris pourtant archi-favori pour accueillir les Jeux olympiques de 2012, était écarté au profit de Londres par le CIO en juillet 2005. Et que croyez-vous qu'il advint : Amélie, sûre

---

1. Voir le témoignage du négociateur américain Dennis Ross entre 1988 et 2000 : Dennis Ross, *The Missing Peace*, Farrar, Strauss and Giroux, New York, 2004.
2. Et Mandela – signe des temps – soutenait la candidature de Londres aux JO de 2012, contre celle de Paris...

de son bon droit et de sa supériorité morale, accusa
l'Anglais – encore lui – d'avoir triché... Toujours la même
arrogance, et la même incapacité à se remettre en question.

En revoyant le film des événements de la quinzaine
d'années qui nous séparent de la fin de la Guerre froide, on
se rend compte qu'avec une grande habileté la France a su
transposer au domaine diplomatique et international le tour
de magie qui, en politique intérieure, lui permet de faire
passer sa croissance molle et son étatisme en faillite pour
des exemples enviables. Emblématique, à cet égard, notre
attitude sur l'affaire irakienne.

On aurait pu concevoir que, tout au long de l'année
2002, la France ait cherché à peser sur son allié américain
pour le dissuader de passer, « sans transition », pour ainsi
dire, des Talibans à Saddam Hussein. Mais gageons que
notre calendrier électoral était sans doute trop chargé, cette
année-là, pour nous en laisser le loisir...

On aurait pu concevoir qu'à l'instar de De Gaulle à
Phnom Penh en 1967 elle annonce solennellement notre
opposition à cette guerre-là, en se bornant par exemple
à souligner l'absence de lien entre Saddam Hussein et
Al Qaïda, la guerre en Irak et la guerre affichée contre le terrorisme – mais sans rompre pour autant avec Washington.

Mais fallait-il vraiment aller jusqu'à agiter notre veto à
l'ONU, et faire campagne contre notre allié en prenant à
témoin la communauté internationale tout entière, trans-
formant le conflit en une sorte de référendum mondial
contre les Etats-Unis ?

Agissant de la sorte, la France a alors donné l'impression de faire peu de cas de la réalité de la menace que
représente le terrorisme international avec le tournant du
11 septembre. Et elle a pris également le risque de créer un
clivage majeur entre Européens, entre les démocraties, au
moment même où l'ensemble du monde démocratique fai-

sait l'objet d'une attaque frontale inédite. Mais le pire sans
doute est que ce refus ne s'accompagnait d'aucune idée,
d'aucune proposition alternative... Sauf celle de laisser
Saddam Hussein en place ! En effet, en nous appuyant sur
le « droit international » et l'ONU pour condamner à
l'avance l'expédition américaine, la France ne faisait en
réalité que plaider pour le statu quo, en l'occurrence maintenir le régime sanguinaire de Saddam Hussein. La « stabilité » au nom du droit et de la non-ingérence : un discours
apparemment impeccable sur le plan juridique, mais aussi
fondamentalement conservateur de l'ordre établi. Saddam
défendu au nom du droit, tous les autres régimes autoritaires ou en faillite politique et sociale, directement responsables du désespoir des masses et de leur fuite vers
l'islamisme, trouvaient en la France leur plus sûr avocat.

Avions-nous par exemple oublié que, quelques années
plus tôt, l'étrange injonction de non-ingérence avait
conduit la France, dans un premier mouvement, à laisser
Milosevic incendier les Balkans ? Avions-nous oublié que,
face à l'épuration ethnique du Kosovo, l'OTAN, avec la
participation des armées françaises, mais sans mandat de
l'ONU (par peur cette fois d'un veto russe) avait au nom
de l'ingérence humanitaire bombardé Belgrade et fait la
guerre à la Serbie ? Le droit international, comme la
morale, sont souvent à géométrie variable.

Tout ceci pourrait à la limite être jugé pittoresque, voire
futile, dans ce théâtre d'ombres où nous agitons les ori-
pcaux d'une superbe réputée gaullienne. Mais au-delà de
la rationalité – ou de la moralité – de ses arguments, une
politique étrangère se juge d'abord sur ses résultats. Or,
non seulement notre campagne anti-Bush n'a pas empêché
la guerre, non seulement la France n'a pas su ressouder
l'ensemble des peuples européens – demandez donc aux
Polonais ce qu'ils ont pensé de certaines admonestations

en provenance de Paris! – mais, de surcroît, notre pays a raté son propre rendez-vous avec le monde réel. A commencer avec le peuple!

Face à la réalité du monde dangereux dans lequel nous sommes entrés depuis le 11 septembre, la responsabilité du politique est de dire le réel. Il lui incombe de désigner les alliés et les ennemis (et non de les confondre) et, sur la base de cette réalité, de forger un consensus national pour hisser la nation au niveau du défi qui l'attend. Mais en évacuant au nom d'un futur « monde multipolaire » le « tragique de l'histoire », comme l'aurait dit Raymond Aron, en pointant du doigt l'Amérique plutôt que le terrorisme comme le danger n° 1 pesant sur la paix du monde, cette diplomatie n'a fait, là encore, que flatter la propension hexagonale à se réfugier dans l'illusion, et à terme, dans le neutralisme.

Ainsi de cette rhétorique omniprésente sur la prétendue « société démocratique internationale » dont un ancien ministre des Affaires étrangères, devenu l'hôte de Matignon, nous assure qu'elle serait en train d'émerger et qui n'existe en fait que dans l'esprit de ceux qui la rêvent. Bien sûr, Régis Debray peut chanter les louanges de ce qu'il appelle « l'efficacité symbolique » sur la scène internationale : « Il est des paroles et des gestes qui portent et qui, sans suppléer à la substance, ne lui nuisent pas non plus », déclarait récemment l'écrivain au *Figaro*. « Le théâtre diplomatique, une certaine dramatisation, le ton et l'allure, ça séduit le parterre et ça peut modifier l'intrigue. Il y a eu de la posture le 18 Juin 1940! » Mais outre qu'il est quelque peu excessif de comparer Bush à Hitler, ou l'auteur de *Vers l'armée de métier* à celui du *Requin et la Mouette*, voyons la réalité : que penser d'un pays où le panache, l'éloquence ne sont en définitive qu'un prétexte commode pour une diplomatie velléitaire, poussiéreuse et faussement cynique, débouchant, dans les faits, sur la défense du statu quo ?

La clairvoyance dont Raymond Aron avait su faire preuve pendant les années de Guerre froide nous manque. C'est peu dire que cette qualité est toujours d'une urgente actualité pour contrebattre le consensus anti-américain, cet « internationalisme des imbéciles », comme l'écrit justement Alain Minc [1], qui gagne en influence dans la « Vieille Europe ». Nous autres Français, avons aujourd'hui par trop tendance à nous fier à la morale des intentions et à faire a priori aux Américains le reproche de poursuivre des desseins impériaux. Cette accusation n'est pas d'abord injuste : elle est avant tout dangereuse pour nous-mêmes, car elle nous éloigne des véritables enjeux de notre époque troublée.

Certes l'Amérique s'est « plantée » en Irak. Non pas pour avoir voulu débarrasser ce malheureux pays de son dictateur sanguinaire, mais pour ne pas l'avoir dit ainsi. Dans cette guerre, l'objectif était plaidable, mais la plaidoirie n'était vraiment pas à la hauteur de l'enjeu. La guerre pour la liberté était, au moins, aussi légitime que celle au nom des armes de destruction massive, des armes que chacun pourtant (même à Paris !) pensait alors trouver à Bagdad... Certes, l'Amérique s'est également « plantée » en livrant à l'impréparation et à l'improvisation la phase politique de sa guerre, consécutive à sa victoire militaire. Mais pour autant, le clivage entre l'Europe et les Etats-Unis porte moins sur « l'impérialisme » dont on accuse volontiers l'Amérique – par opposition bien sûr à la moralité supérieure dont nous serions, nous Européens, les porteurs grâce au droit international, à l'ONU... – que sur la vision que les démocraties doivent avoir du danger principal qui ne cessera de peser davantage sur elles, dans les décennies à venir : le terrorisme de masse, né de la fracture interne du monde musulman.

---

1. Alain Minc, *Ce monde qui vient*, Grasset, 2004.

Par malheur, sur ce point, l'analyse du Quai d'Orsay converge encore trop souvent avec une ultra-gauche momifiée dans les bandelettes de ses certitudes totalitaires. Dans *Terror and Liberalism*, l'essayiste américain Paul Berman a pointé l'étrange incapacité de nombreux démocrates progressistes, du début du XXe siècle jusqu'à nos jours, à nommer le terrorisme pour ce qu'il est : une ivresse de destruction, motivée non par le « désespoir », mais par la haine des démocraties et la volonté d'en finir avec le libéralisme politique occidental [1]. Or la vision française traditionnelle du terrorisme, relayant l'antienne de l'« humiliation » arabe, ne permet pas de percevoir le caractère totalement inédit de l'extrémisme apocalyptique. Oubliant l'interprétation du terrorisme donnée par Camus – « Ici, le suicide et le meurtre sont les deux faces d'un même système [2] » –, la France, par la voix de ses intellectuels, mais aussi de certains de ses diplomates, semble plus d'une fois faire remonter les causes du terrorisme à un « crime originel [3] » – qu'auraient commis les puissances occidentales, et bien sûr, Israël, poignard américain planté au cœur du monde arabe.

A l'épreuve du terrorisme, le sanglot de l'homme blanc [4] est un égarement de l'esprit. Le débat biaisé entre « interventionnistes » et « réalistes » n'est pas plus pertinent. Face à la terreur, il n'existe pas d'autre choix que la résistance, donc l'intervention. « La justice sans la force est impuissante ; la force sans la justice est tyrannique, la justice sans force est contredite parce qu'il y a toujours des méchants », a prévenu Pascal, dans les *Pensées* (§ 298). Notre vision expiatoire d'Occidentaux nourrit une tragique erreur de lecture, dont les conséquences s'illustrent à un

---

1. Paul Berman, *Les Habits neufs de la Terreur,* Hachette, 2003.
2. Albert Camus, *Réflexions sur le terrorisme*, Nicolas Philippe, 2002.
3. Alain Finkielkraut, *L'Imparfait du présent*, Gallimard, 2003.
4. Pascal Bruckner, *Le Sanglot de l'homme blanc*, Seuil, 1986.

double niveau. D'un côté, la cécité française face au monde né des ruines du 11 septembre pénalise toute préparation stratégique et militaire sérieuse : faut-il vraiment s'étonner que, sur la base d'une perception aussi déformée des nouvelles menaces, 20 % des dépenses d'investissement continuent toujours, dans notre pays, à être affectées contre toute raison à la dissuasion nucléaire (pour 8 % au Royaume-Uni) ? Et ce, alors que, dans le même temps, le spatial – clé du renseignement et de l'autonomie stratégique – n'est doté que de seulement 3 % des crédits ? Est-ce vraiment un hasard si la dissuasion de l'Ancien Monde – celui de la Guerre froide – continue de prospérer, tandis que l'information et le renseignement, le développement des capacités de projection de forces, la protection du territoire et de la population – notamment dans la capitale et dans les grandes villes –, essentiels dans un monde où la guerre est de retour, sont en comparaison insuffisamment financés ? Faut-il rappeler qu'une année de 35 heures coûte à la nation l'équivalent de cinq porte-avions ou encore la totalité des crédits d'équipement de nos armées pendant un an ?

D'un autre côté, l'angélisme masochiste dont la France s'est fait le champion culmine dans le « relativisme des valeurs [1] ». Chacun sait, depuis la présidence Carter, que les Droits de l'homme ne font pas une politique – ni même une politique extérieure. Mais à l'inverse, une démocratie ne peut fonder sa politique sur l'indifférence affichée à l'égard la liberté et des Droits de l'homme. Au nom des « spécificités culturelles » – alibi, là encore, de la défense du statu quo – , Jacques Chirac se plaît ainsi à mettre en garde contre la tentation de « confondre occidentalisation et démocratisation ». Mais sous la prétendue diversité des critères fondant la liberté, derrière l'antiracisme proclamé

1. Allan Bloom, *The Closing of the American Mind* (*L'Ame désarmée*, Julliard, 1990).

(comment nous, les Européens, oserions-nous faire la morale et donner des leçons à Pékin, à Alger, à Moscou ou à Bagdad?) pointent en réalité des relents peu avouables d'un ethnicisme à l'envers, quasi subliminal, qui voudrait que le libéralisme politique, voire les règles du marché soient l'apanage de certains peuples et de certaines nations, quand d'autres seraient voués, par une insondable fatalité historique et « civilisationnelle », à ne produire, en tout cas pour les quelques siècles à venir, que des dictateurs et des auteurs d'attentats suicides. Je ne peux pour ma part me résoudre à pareille philosophie.

Nos rendez-vous avec l'islam

Une illusion gauloise pouvant en cacher une autre, le référendum sur la Constitution européenne puis l'explosion des banlieues en novembre 2005, ont enfin mis en lumière la crise d'identité qui taraude la France depuis au moins deux décennies, dans une Europe qui peine à se réinventer sous l'effet d'une double dépression démographique et économique.

Le rendez-vous quotidien des Français avec l'islam n'est pas un long fleuve tranquille. L'arrière-fond d'une mauvaise conscience collective dans une France qui par ailleurs ne cesse de s'auto-dénigrer et de se « repentir » entretient les rancœurs et les fantasmes. C'est la France du « NON » à la guerre en Irak qui a consacré, en 2004, une attention fiévreuse aux rebondissements du scandale des tortures américaines dans la prison d'Abou Ghraib. C'est la France fière de son modèle « Black-Blanc-Beur » qui s'apitoie sur le sort des Noirs américains abandonnés par l'Amérique blanche dans la Nouvelle-Orléans dévastée par Katrina... avant de se trouver elle-même piégée dans l'incendie de ses propres banlieues quelques semaines plus tard. Une forme oblique d'expiation du passé est là aussi à l'œuvre, comme si la polarisation sur les turpitudes américaines nous permettait d'évacuer nos propres ratages – ceux d'hier ou d'aujourd'hui...

L'écrivain Albert Memmi s'est demandé un jour si l'immigration n'était pas « la punition du péché colonial [1] ». Ce qui est sûr, c'est qu'à cause d'un rapport biaisé, et même bâclé, à sa propre histoire, la France, pour accueillir les immigrés d'Afrique du Nord et d'Afrique noire, n'a pas su mettre en œuvre, ces quatre dernières décennies, de véritable politique d'immigration, et encore moins de politique d'intégration. Le Front national s'est emparé de ce tabou, face à des formations républicaines alternant entre des proclamations démagogiques et la volonté de camper prudemment dans les bornes du politiquement correct. Longtemps, aucun discours de vérité sur les ratés de la machine à intégrer n'a eu même droit de cité.

Alors que les populations immigrées étaient confinées dans des cités sans mixité sociale, véritables zones de ségrégation urbaine où les taux de chômage atteignent des records absolus, le naufrage de l'intégration – avec la défaillance grandissante de son principal instrument traditionnel : l'école – devait être, à tout prix, dissimulé. L'idéologie officielle ou « creuset républicain » présenté comme l'anti-modèle du multiculturalisme à l'anglo-saxonne a servi de replâtrage temporaire à ce fiasco national. Refoulés par le discours officiel, les faits sont cependant têtus : l'existence d'un racisme ordinaire du « système », dans l'accès à l'emploi notamment pour les enfants – français ! – de l'immigration ; en face – cantonné fort heureusement à une minorité d'immigrés – le refus délibéré de s'intégrer, tout comme parfois un réel racisme

---

1. Cf. A. Memmi, *Portrait du décolonisé*, Gallimard, 2004.

antifrançais, ne peuvent plus être niés, dans des quartiers où un islamisme et un antisémitisme nouveau prospèrent.

Si, aux Etats-Unis, un universitaire comme Samuel Huntington peut dénoncer la colonisation à l'envers des Etats-Unis par les Hispaniques [1], la mise en question du fait musulman, la seule mention du mot « islam » dans le débat public français, ne sont toujours pas admises : l'accusation d'islamophobie ne tarde jamais à être proférée [2]. Plutôt que de regarder en face les conséquences sociales, politiques et identitaires des changements démographiques en cours – notamment la place de l'islam, désormais deuxième religion de France –, la République au nom des principes révolutionnaires préfère renoncer à savoir combien et qui est qui dans la communauté nationale. Plutôt que de s'interroger sur les ratés de son modèle d'intégration, elle s'indigne un jour quand la *Marseillaise* est sifflée dans les stades, pour sous-traiter ensuite à l'UOIF (!) [3] telle négociation internationale en faveur de nos otages... On a même vu des ministres de notre République « laïque » se féliciter d'avoir vu les représentants du CFCM « tous prier, depuis plusieurs jours » pour la libération de nos otages, et espérer que « ces prières seront entendues [4] » !

Là encore, le référendum a fonctionné comme un réveille-matin. Un coup de grâce pour la rhétorique lénifiante du multiculturalisme. A en croire Pierre Nora, le 29 mai a même « fourni l'occasion d'un retour du refoulé national ». Et l'académicien d'ajouter : « par cette sorte de lettre anonyme que représente le scrutin, nous payons la

---

1. Samuel Huntington, *Qui sommes-nous ?*, Odile Jacob, 2005.
2. Pascal Bruckner, *Le Figaro*, 5 novembre 2003.
3. L'UOIF : Union des Organisations islamiques de France (proche des Frères Musulmans), est largement représentée au sein du Conseil français du culte musulman (CFCM) mis en place en 2003.
4. Denis Jeambar, *L'Express*, 13 septembre 2004.

ringardisation systématique de la moindre manifestation d'attachement à la nation [1] ». Il faut se réjouir de ce sursaut : de même que l'Europe ne saurait se concevoir durablement comme une « grosse Suisse » – ou comme une « grosse Suède » – adoptant le « patriotisme constitutionnel » cher à Jürgen Habermas et cultivant narcissiquement le *soft power* dans la jungle des relations internationales, les nations qui la composent ne sauraient davantage se projeter dans l'avenir si elles font table rase de leur identité, c'est-à-dire de leur héritage judéo-chrétien. Face à l'islamisation croissante du continent européen, le déni de l'identité, voire la « christophobie » manifestée par exemple au travers de l'affaire Buttiglione, confinent au nihilisme et à l'aberration. Comment s'étonner, dès lors, que la négociation d'adhésion promise en catimini à la Turquie par la Commission et les chefs d'Etat ait rencontré la crispation que l'on sait dans notre peuple ? C'est ainsi que le 29 mai a fait de la Turquie d'Erdogan « la tête de Turc » de nos rendez-vous ratés avec l'islam... en France !

Loin des faux-semblants du « modèle social » ou du « modèle d'intégration » à la française, loin des tabous et du politiquement correct, ce livre voudrait donc aider à porter un regard lucide et sans concession sur une France devenue « terre d'antilibéralisme [2] » où l'on a tout essayé, sauf ce qui marche...

Aux antipodes de la dangereuse rêverie des « aoûtiens permanents » décriée par André Glucksmann [3], l'après-11 septembre invite aussi la France à cesser de se complaire dans l'apologie de ses illusions. Parce que le multiculturalisme a été trop souvent l'habillage d'une inté-

---

1. Pierre Nora, *Le Monde*, 4 juin 2005.
2. David Spector, *Libération*, 14 mai 2005.
3. André Glucksmann, *Ouest contre Ouest*, Plon, 2003.

gration bâclée et le camouflage de la démission des pouvoirs publics, il est urgent de renouer avec l'hospitalité républicaine, de récompenser d'abord et avant tout l'effort individuel, de réinventer un modèle français ambitieux, performant et équitable – dans une France redevenue fière d'elle-même. Et à l'extérieur, de se faire les promoteurs actifs, inlassables et sans complaisance de la démocratie, du respect des Droits de l'homme et du suffrage universel, principes qui ont fait la grandeur de notre pays et que nous avons parfois un peu perdus de vue. Il nous incombe de raviver la flamme de la liberté, si menacée aujourd'hui, en resserrant les rangs avec ceux qui sont déjà – ou seront bientôt – la cible du terrorisme de destruction massive, figure moderne de l'« ange » exterminateur, annonciatrice de ce que j'ai appelé le « fascisme vert [1] ».

Si ce livre peut contribuer, avant qu'il ne soit trop tard, à cette prise de conscience des véritables défis de notre temps, il n'aura pas été inutile. Lucide, il se veut une incitation à l'action et un congé donné à l'immobilisme [2]. Les Français peuvent contribuer de manière décisive à assurer à leurs enfants un avenir meilleur dans leur pays, en Europe et dans le monde. Je reste persuadé que les forces du progrès et de la liberté peuvent encore l'emporter, mais gardons à l'esprit que leur victoire ne s'accomplira pas toute seule. Rien de plus fort, dit-on, que les habitudes, y compris intellectuelles. Il est indispensable pourtant, en vue de cette victoire, d'abandonner nos vieilles lunes et de nous défaire au plus vite de nos ultimes illusions, si chères soient-elles à tant de nos belles âmes.

---

1. Voir chapitre 7.
2. J'avais développé cette notion dans *La République immobile*, Grasset, 1998.

I

ILLUSIONS

CHAPITRE PREMIER

Le meilleur des modèles possibles

Alors que la mondialisation ne cesse, jour après jour, d'imposer ses lois et ses contraintes à chacun des acteurs économiques que nous sommes, la France dans une touchante cécité collective repousse chaque année une mutation qu'elle sait devenue inéluctable.

Préférant pour l'heure le lâche, mais consensuel, confort d'une économie de rente que nos enfants paieront (puisque nous leur laisserons la note – 2 000 milliards d'euros de dette publique fin 2005, soit 120 % de notre PIB), la France a choisi jusqu'ici de ne pas faire justice d'un interventionnisme étatique dont les hauts faits sont la retraite à 60 ans, la loi de réduction du temps de travail à 35 heures et l'un des droits du travail les plus rigides de la planète.

L'immobilisme étant théorisé en progrès, voire en religion nationale, et le « ni-ni » (ni libéralisme, ni socialisme) transfiguré en dogme républicain, de Mitterrand à Chirac, chaque gouvernement proclame pour premier objectif de « sauver » le « modèle français ». Dans sa déclaration de politique générale de juin 2005, Dominique de Villepin, comme nous l'avons vu, n'y a pas fait exception. En adossant son plan de lutte contre le chômage à l'exaltation du « modèle social français », il reportait du même coup sine die la déconstruction d'un système « a-libéral » qui combine les records de prélèvements et les records de chômage. Les Français continuent de croire dur comme fer que leur modèle, financé depuis un quart de siècle par les déficits publics et l'emprunt, est une réussite morale, sociale et économique enviée par leurs voisins ! Or, comme l'écrit justement Eric Le Boucher [1], le « ni-ni » a « débouché » sur le « et-et » : et les impôts, et le chômage !

Cet attachement est aisément compréhensible. L'état de fait paraît confortable et rassurant : il l'est d'ailleurs pour certaines catégories ou corporations. Quant à son financement par la dette, il est pour l'essentiel indolore, du moins sur le court terme. De plus, abreuvés par un matraquage constant de droite, comme de gauche, tous sont persuadés que leur édifice social est unique au monde, qu'il est synonyme même du fameux « pacte républicain ». A la charnière des traditions libérales et sociales, ce modèle aurait l'heur d'associer les avantages de la protection de chacun aux intérêts du marché. La qualité des services publics en France serait exceptionnelle ; les prestations sociales généreuses ; notre système scolaire se caractériserait par l'excellence et l'ultra-performance. Quant à nos grandes écoles, fleurons prestigieux du système éducatif hexagonal, elles nous seraient enviées par le monde entier. Tout en travaillant peu, les Français demeureraient enfin très compétitifs grâce à leur légendaire productivité, supérieure à celle des Américains et l'une des plus élevées des pays industriels. Qui dit mieux ?

Théorisant leur méfiance viscérale pour l'entreprise, nos clercs ont, depuis Lionel Jospin et Martine Aubry, repeint l'« avenir radieux » aux couleurs de la réduction du temps de travail – un héritage d'ailleurs soigneusement préservé par leurs successeurs de droite. Ainsi notre pays s'est-il

---

1. *Le Monde*, 30 mai 2005.

peu à peu persuadé – à rebours de la philosophie de l'effort qui était celle des fondateurs de la IIIe République – que la pente du « moindre effort » serait aussi celle de la solidarité et de la justice sociale !

C'est la rengaine dont se berce tout le pays : l'Etat ne serait pas trop lourd, il ne posséderait pas des effectifs pléthoriques, il ne verrait pas son fonctionnement entravé par des procédures antiques, et par un appétit jamais rassasié de législations et de réglementations. Il serait surtout l'instrument d'une prodigieuse redistribution sociale. La société française ayant toujours eu pour ambition de former une collectivité solidaire, les mécanismes de solidarité et les garanties sociales y sont plus étendus que dans la plupart des pays développés. Pour les 20 à 25 % d'habitants les plus défavorisés, le système français est infiniment plus protecteur qu'il ne l'est dans les pays où triomphe le libéralisme à l'anglo-saxonne. Bref, la République n'aurait jamais été aussi solidaire, ni Marianne aussi généreuse qu'aujourd'hui !

La France se faisant le héraut d'un développement durable et d'une mondialisation maîtrisée à l'échelle planétaire, ses plus hautes autorités ne pouvaient que consacrer, de la manière la plus solennelle, un texte dédié à la protection de l'environnement, élevé désormais au rang de norme suprême de la République. Les élus des deux Chambres se sont ainsi réunis en Congrès, en février 2005, au Château de Versailles, pour intégrer la Charte de l'environnement à la Constitution. Défendu pied à pied par le Président de la République contre certains mauvais esprits dans sa propre majorité parlementaire, ce texte couronnait l'action de notre Etat « prévenant » et « doux », comme dit Tocqueville, en le dotant d'une dimension écologique. A la sécurité sociale, il fallait enfin ajouter la sécurité écologique – et bien avant toute réforme du Code du travail, bien sûr ! –, offrir à la France d'Amélie la promesse exaltante d'un recours supplémentaire contre tous les accidents et autres coups du destin.

La Charte de l'environnement est l'instrument idéal pour réaliser enfin en Europe ce « paradis postmoderne [1] » dont rêvent tous nos nouveaux écologistes, au risque d'ignorer le caractère pénalisant de telles normes juridiques pour une recherche et une science françaises, engagées dans une compétition avec le reste du monde. Et ce, alors même que la maîtrise des dangers ne cesse de s'améliorer, ce texte est emblématique parce qu'il a pour objet d'apaiser le sentiment d'incertitude qui progresse parallèlement, dans des économies ouvertes en profonde restructuration.

Rassurer, toujours rassurer : telle semble être désormais « l'ambition » des gouvernants, ambition au demeurant très cohérente dans un système de rente, et pour un pays – comme pour un continent – vieillissants.

L'époque, il est vrai, se montre passablement allergique au moindre risque ! Rompant avec des siècles où le progrès était inséparable d'essais, de tentatives et de tâtonnements, nos contemporains réclament des garanties. Et c'est au pays d'Amélie que la puissance publique s'approprie le principe de précaution et hisse l'action politique aux dimensions d'une lutte systématique contre l'aléa. Dans une France où la part des loisirs s'étend, où le Spectacle « peopolise » et « guignolise » l'espace public, l'Etat, bon prince, ne se contente plus de réguler et de redistribuer ; Léviathan en pleine mutation compassionnelle, il fait mine d'abandonner sa raideur froide et impersonnelle, se fait « big mother » et veille désormais à la santé, au bien-être et à la sécurité non plus seulement physique, mais également mentale de tous ses administrés. Pour le dire avec les

---

1. Robert Kagan, *La Puissance et la Faiblesse*, Plon, 2003.

mots de Hannah Arendt, l'Etat prend en charge le « processus vital » dans toutes ses dimensions constitutives : qu'importe qu'une partie du peuple végète dans l'inactivité, pourvu qu'il ait droit à l'air pur, à l'eau pure, que ses aliments « bio » excluent les OGM ! Que « le trou » de la couche d'ozone menace, le Conseil de Paris vote l'interdiction des 4 × 4 ! Que l'ours Cannelle s'égare dans un massif pyrénéen, et l'on dépêche aussitôt des escouades d'agents de l'Etat en service commandé pour retrouver sa trace... Sa mort – que dis-je ! son exécution – par un lugubre « viandard » est même évoquée au niveau du Conseil des ministres : un deuil national ou presque...

Désespérant de convertir nos concitoyens à une conduite prudente et vigilante, les pouvoirs publics mettent à juste titre en place des radars automatiques disséminés sur l'ensemble du territoire. Certains barons locaux (dans le Gers notamment) vont même jusqu'à déclarer la guerre aux platanes qui bordent les routes de nos chères nationales et menacent l'automobiliste en goguette. Faute de lutter contre l'alcoolisme, on déracine les arbres, et pour dissuader notre belle jeunesse de s'adonner au tabagisme – objectif ô combien louable – il s'est même trouvé d'excellents législateurs pour faire voter l'interdiction (par la loi !) de la cigarette... en chocolat[1] ! A quand l'interdiction du pistolet à eau et du pistolet à bouchon pour en finir avec les instincts belligènes de nos chères têtes blondes ?

Reste que les faits sont têtus. Et que, derrière l'exaltation des modes et de nos conservatismes nationaux, perdure un système de moins en moins efficace, de plus en plus injuste qui ruine et nos finances et sape la confiance de la nation en elle-même.

---

1. Cf. l'amendement n° 27 déposé le 20 mai 2005 par MM. Charles-Amédée de Courson et Nicolas Perruchot à l'article 21 du projet de loi sur la confiance et la modernisation de l'économie, amendement débattu le 22 juin 2005 par l'Assemblée nationale en séance.

Etat-providence recherche sauveur providentiel

A l'opposé de la rhétorique lénifiante sur le modèle social français, la réalité de notre sphère économique est en effet nettement moins rose que le tableau idyllique qu'on voudrait en donner. Notre avenir pourrait même être sérieusement compromis si rien n'est fait, au plus vite, pour inverser une tendance à l'œuvre depuis de trop nombreuses années. Les ressorts de notre croissance passée sont aujourd'hui épuisés. « Continuer comme avant, adopter même une conduite plus énergique ou plus habile de notre modèle actuel de croissance, ne pourrait suffire » à répondre à nos besoins : telle est la mise en garde formulée par le « rapport Camdessus », publié en novembre 2004 et dernier en date d'une série d'études tout aussi lucides commandées au fil des dernières vingt années, et qui, toutes, ont fini dans la poussière des étagères de Matignon ou de Bercy.

Le rapport Camdessus, élaboré par un groupe de travail dirigé par l'ancien directeur du Fonds monétaire international (FMI) et actuel gouverneur honoraire de la Banque de France, réunissant des experts reconnus comme Patrick Artus, directeur des études de CDC Ixis, Philippe Lagayette, président-directeur général de J.P. Morgan, Nicolas Théry, chef de cabinet de l'ancien vice-président de la Commission européenne Pascal Lamy, et des industriels comme Bertrand Collomb, président de Lafarge, n'a rien d'un pamphlet « ultra-libéral ». Il est, au contraire, placé sous le signe du développement durable et d'une croissance renouvelée au service de la communauté nationale.

Et ses conclusions, si alarmantes soient-elles, ont le mérite de la clarté, car elles brisent les plus tenaces de nos illusions gauloises. La France se retrouve aujourd'hui à un point d'inflexion entre deux courbes. Le décrochage existe déjà dans certains secteurs, bien qu'il reste, pour l'heure, assez limité. Toutefois, sans un changement net et rapide de trajectoire, le déclin sera bientôt une menace réelle, et la situation difficilement réversible d'ici à quinze ans.

Mais le caractère pervers de la situation tient précisément à l'incapacité dans laquelle nous sommes de prendre toute la mesure de sa gravité. L'économie française n'étant pas le dos au mur et ses performances de croissance demeurant, bon an mal an, dans la moyenne basse de l'Euroland, l'urgence ne semble pas s'imposer. Pour un peu, tout nous porterait à imaginer que nous sommes encore loin du seuil critique. Une déformation perceptive particulièrement redoutable : la majorité des Français, réfractaires à toute réforme d'ampleur, sont donc, pour l'heure, confortés dans leur immobilisme. Le décrochage de notre pays paraît d'autant plus indolore qu'il a lieu de surcroît « sous anesthésie » : l'euro nous épargne des crises d'ajustement monétaire tandis que les taux d'intérêt de la BCE, particulièrement faibles, permettent à l'Etat de s'endetter à moindres frais. Et pourtant, le fait est que l'économie française connaît une lente et indéniable dégradation. Le chômage de masse est sans doute le trait le plus marquant de sa crise.

Un Waterloo économique

Il faudra un jour l'admettre sans ambages : les 35 heures ont été plus qu'une faute, mais un véritable crime contre la France ! D'abord, bien sûr, parce qu'elles ont desservi leur objectif affiché : la lutte efficace contre le chômage de masse. Car les chiffres sont éloquents et inquiétants : le chômage n'a cessé de toucher depuis plus de vingt ans de 8 à plus de 10 % de la population. La RTT, que ce soit par l'avancement de l'âge de la retraite ou la réduction autoritaire du temps de travail hebdomadaire, avec l'objectif affiché de redistribuer des parts d'emploi ainsi libérées à d'autres, n'a pas eu la moindre influence sur nos niveaux de chômage ! La situation, on le sait, est particulièrement dramatique pour les jeunes dont le taux de chômage atteint 24 % (il est moitié moindre dans la plupart des pays industrialisés de l'OCDE) ! Tout aussi précaire est la situation des travailleurs seniors dont seulement un tiers exerce une activité professionnelle (contre un sur deux en moyenne dans la zone OCDE). Dans son ensemble, seuls 63,2 % des Français en âge de travailler (15-64 ans) disposent d'un emploi, contre 65 % des Allemands et 75,1 % des Danois. Quant à l'impact précis des lois Aubry sur les créations d'emploi à la fin des années 90, il est difficilement mesurable : les socialistes se plaisent à évoquer un ordre de grandeur compris entre 150 000 et 350 000 emplois. Mais, plus que la RTT, c'est la conjoncture internationale, très favorable entre 1998 et 2000, qui explique le léger mieux enregistré – temporairement d'ailleurs – pendant cette période.

En revanche, il est plus facile de mesurer à combien s'élève le coût de la semaine des 35 heures pour la nation : les aides et autres compensations versées par l'Etat pour financer la RTT dans les entreprises engloutissent pas moins de 1,5 % du PIB – soit deux fois plus que le budget de l'enseignement supérieur.

Mais il y a pire que cet échec-là. Au nom d'une vision présentée comme historique (qui, au demeurant, conteste que le temps de travail a en effet diminué depuis le XIXᵉ siècle, à la mesure du progrès technologique ?), ceux qui ont imposé les 35 heures à la France sont aussi comptables des effets économiques et psychologiques extrêmement pervers qu'ils ont générés dans le pays, et que nous paierons encore longtemps.

Cessons de nous voiler la face : le dogme des 35 heures a beau être plébiscité par environ 80 % des salariés, comme l'attestent différents sondages, il n'en conduit pas moins la France à une véritable impasse économique. En Europe, les pays connaissant un chômage faible sont aussi ceux où le temps travaillé et le taux d'activité se situent dans des moyennes hautes. La logique française de réduction autoritaire de la durée de temps de travail, plus malthusienne que progressiste, tourne le dos au simple bon sens, comme aux enseignements fondamentaux de l'économie. Car, depuis dix ans, le rythme de croissance de la France s'est bel et bien ralenti. Seule l'Allemagne, plombée par les coûts gigantesques de la réunification, réalise des performances inférieures aux nôtres. Entre 1994 et 2003, la Grande-Bretagne a enregistré un taux moyen de croissance de 2,6 %, la Suède de 2,7 %, l'Espagne de 2,9 %. Mais dans le même laps de temps, la France n'affichait qu'un modeste taux de 1,7 %. Cette piteuse performance s'explique très largement par un seul et unique facteur : nous travaillons beaucoup moins que les autres économies industrialisées – seuls les Italiens produisent officiellement une moindre quantité de travail, selon les statistiques de l'OCDE. Depuis vingt ans, note quant à lui le rapport Camdessus, « la totalité de notre écart de croissance par rapport aux Etats-Unis et au Royaume-Uni correspond à la différence d'évolution d'heures travaillées ». Avec un taux d'emploi et des durées de travail équivalents à ceux du Royaume-Uni, le PIB français pourrait augmenter de 20 % en dix ans.

Comment ne pas voir que la fameuse productivité du travailleur français connaît aussi un inquiétant coup de fatigue ? Les gains de productivité se sont sérieusement ralentis ces dernières années en comparaison de ceux enregistrés aux Etats-Unis notamment. Si un Français produit toujours 5 % en plus, par heure travaillée, qu'un Américain, il produit 13 % de moins par an et 36 % de moins sur l'ensemble de sa vie active – 35 heures, préretraites et entrée tardive sur le marché du travail obligent! La baisse de la productivité française s'explique en partie par le décrochage des investissements, publics comme privés. Entre 1990 et 2004, l'effort d'investissement des entreprises françaises était ainsi inférieur à la moyenne des entreprises européennes, mais surtout moitié moindre que celui consenti aux Etats-Unis [1]! Cette tendance est malheureusement patente dans le secteur, ô combien stratégique, des Technologies de l'information et de la communication (TIC). Entre 1996 et 2001, les investissements en TIC n'ont représenté en France que 2,5 % du PIB et 17 % des investissements totaux, contre 4,5 % et 28 % aux Etats-Unis et 3 % et 22 % en Grande-Bretagne. Cette « baisse de régime » retentit directement sur nos exportations. Alors qu'elles équivalaient à 56 % des exportations allemandes durant la deuxième moitié de la décennie 1990, elles n'en représentent plus que 46 % en 2004 [2]. De même, les exportations françaises, qui représentaient plus de 18 % de celles de la zone euro en 1990, sont tombées à 15 % en 2004 [3]. La France tend ainsi à faire fi des réformes engagées chez ses partenaires européens, ainsi que des contraintes internationales et de la concurrence mondiale. Sur la planète France, « le chemin historique de la réduction du temps de travail » – que le parti socialiste entend reprendre s'il revient aux affaires, à quand la semaine des 32 heures, voire des 28 heures ? – conduit tout droit au

---

1. Voir le rapport de l'Assemblée des Chambres françaises du commerce et de l'industrie (ACFCI), « Emploi : les contresens français », avril 2004.
2. Voir rapport ACFCI, *ibid*. Gérard Thoris, « Les Etats-Unis sont-ils indépassables ? », *Sociétal*, n° 47, premier trimestre 2005.
3. Rapport ACFCI, *op. cit.*

désastre. Pire encore il véhicule à travers tout le pays, chez nos jeunes, et même parmi les cadres, l'idée que le travail est une punition, et non un épanouissement ; que la réussite professionnelle est accessoire par rapport à l'essentiel, qui est ailleurs : dans la jouissance de la vie personnelle. Ce nouvel hédonisme, qui nous ramène à la « Douce France » et à Amélie, personne ne se soucie de savoir qui en paiera la note forcément salée. L'Etat bien sûr, les riches, les patrons ? L'ennui, c'est que l'Etat, qui en France dépense chaque année 25 % de plus que ses recettes (!), est fauché, et privatise à tour de bras pour payer ses fins de mois (19 milliards d'euros dans les premiers 50 jours du gouvernement Villepin) ; que les « riches » ne connaissent pas les frontières (l'ISF les fait fuir en cohortes serrées) et que les entreprises, délocalisent quand elles le peuvent, ou bien répercutent sur leurs clients les hausses de charges et d'impôts (10 % de plus qu'aux Etats-Unis) avec le risque élevé pour elles de perdre des parts de marché.

La religion du bonheur sans travailler, ou alors le moins possible, s'ajoute puissamment à toutes nos préventions contre l'économie de marché. A tel point que la France post-moderne est en train de devenir une véritable « terre d'antilibéralisme », où l'on se plaît à agiter les représentations les plus inquiétantes sur le capitalisme. Alors que la dénonciation du « harcèlement moral » dans l'entreprise fait florès, c'est souvent à l'aune de *Germinal* de Zola, des romans de Dickens ou des *Temps modernes* de Charlie Chaplin que l'on continue à aborder le monde de production. Bref, tout laisse penser, comme l'écrit Jacques Marseille, que les 35 heures sont nées d'une « vision catastrophique du travail, dont de nombreux Français restent imprégnés, comme en témoigne le succès du discours altermondialiste [1] ». Ainsi la France ne craint pas de

---

1. Jacques Marseille, *Le Figaro*, 2 août 2004.

brandir, seule au monde, l'étendard de la nouvelle idéologie du « travailler moins », qui nous mène tout droit à un Waterloo économique et social.

« Liberté-Egalité-RTT »

L'économie de la France décroche, mais les Français refusent de l'accepter. Ils excluent avant tout d'en payer le prix. Préférant la rente de l'existant à l'effort de la remise en question, ils s'accrochent désespérément à la situation acquise, qui pourtant, secteur par secteur, entreprise par entreprise, se dérobe sous leurs pieds. Alors, à tour de rôle, corporation après corporation, ils descendent dans la rue, manifestent, s'agitent, protestent contre la terre entière, se mettent en grève, à chacun son acquis, son statu quo. Faute d'un avenir radieux au ciel ou sur terre dont la promesse ne paraît plus crédible, c'est « ici et maintenant » que l'on entend profiter de la vie. Confortés dans la conservation de l'existant – pardon, des « acquis » ! – par une classe politique d'abord soucieuse de sa propre survie électorale, et qui a appris à exploiter leurs peurs et leurs angoisses [1], les Français se comportent comme des enfants trop choyés par le destin. Chacun campe, de la SNCM à EDF, sur ses situations acquises et s'accroche à son « statut », et la crispation est d'autant plus forte que tous savent que nous avons changé de monde, que ces « situations acquises » ne le seront pas indéfiniment.

Retraite, salaire, couverture maladie universelle, Sécurité sociale, RTT, emplois protégés, allocations, subventions, services publics... Les Français donnent trop souvent le sentiment de ne pas vouloir consentir au moindre effort, ce qui est nettement plus problématique.

---

1. Christophe Lambert, *La Société de la peur*, Plon, 2005.

Ainsi de la pittoresque pantalonnade du fameux « lundi de Pentecôte ». M. Raffarin avait voulu mobiliser la nation pour manifester la solidarité de tous à l'égard de nos aînés (dont 15 000 venaient de succomber lors de la canicule de l'été 2003). L'idée était de demander une journée de travail en plus. Une journée par rapport à 6,8 de semaines de congés payés... Et que n'a-t-on vu ! Jusqu'aux syndicats d'enseignants (et de parents) affirmer qu'on pénaliserait ainsi les enfants en les obligeant à travailler ! Dans la République post-moderne, la solidarité s'arrête là où commence la sainte RTT.

Les dégâts du conservatisme

La France a beau connaître une crise larvée depuis plus de trente ans, endurer un chômage de masse qui affecte près de 10 % de la population, présenter des comptes publics toujours plus déséquilibrés, afficher une dette en constante augmentation ainsi qu'une productivité et une compétitivité en berne, elle semble ne jurer que par la conservation de l'acquis, dans le moment même où l'ensemble de la planète est engagé dans des bouleversements accélérés. Si elle veut, dans un futur proche, maintenir ses « acquis sociaux » au niveau où ils se situent aujourd'hui sans changer les structures de son économie, il lui faudra, compte tenu du vieillissement démographique, soit augmenter davantage le niveau de la dette, donc alourdir encore plus le fardeau des générations futures, soit réduire certaines dépenses publiques essentielles telles la recherche ou la défense, à moins de relever son niveau de prélèvement, qui se situe déjà parmi les plus élevés du monde. Sauf encore à combiner les trois, insensiblement, comme on le fait à présent, ce qui équivaut à un suicide programmé. *Le Monde*, qui ne passe pas pour une Bible du néolibéralisme, concluait ainsi un dossier exhaustif sur la situation sociale et économique de la France au lendemain du référendum européen : « Le modèle social français, lisait-on dans le quotidien du soir, s'est transformé en contre-modèle, ruinant jusqu'à l'idée même de progrès [1] »... Triste bilan !

Le conservatisme économique ambiant, illustré par ce déni de réalité, constitue la marque de fabrique de cette *République immobile*, que j'avais longuement analysée en 1997, au moment où Lionel Jospin arrivait à Matignon. Cet immobilisme a un coût social et humain très élevé : 10 % de chômeurs, 11 % de pauvres, 1 million d'enfants pauvres, 3 millions sans soins, 2,6 millions de personnes qui ont besoin d'une aide alimentaire, sans parler du Français sur cinq sans formation et qui n'a pas grand-chose à espérer face aux coûts asiatiques [2].

Contre toute évidence, la *République immobile* refuse obstinément de relever le défi de la mondialisation face à deux milliards et demi d'hommes qui arrivent le ventre vide sur un marché de production de richesses désormais globalisé – voilà qui ne peut qu'accélérer l'hémorragie de nos richesses. Depuis longtemps, la fuite des cerveaux et des talents touche – dans l'indifférence générale d'ailleurs – tennismen, footballeurs et autres célébrités du spectacle, dont le patriotisme s'arrête aux portes de Bercy. Mais le phénomène gagne créateurs, ingénieurs et financiers, et s'étend à une part croissante des jeunes diplômés : ils sont 250 000 à Londres, 150 000 à New York, 60 000 dans la Silicon Valley, auxquels s'ajoutent tous ceux qui, ayant constitué leur vie durant un patrimoine, sont les « émigrés de l'ISF », lassés par l'aspect confiscatoire de cet impôt aussi démagogique que contreproductif.

---

1. *Le Monde*, 3 juin 2005.
2. Eric Le Boucher, *op. cit.*

Inévitablement, le phénomène gagne de plus en plus d'entreprises – grandes ou petites – directement en compétition sur le marché mondial. Et chaque annonce de plan social ou de fermetures d'usines, vécue, on le comprend, comme une tragédie humaine au plan local, avive les craintes et la tentation de repli au plan national... Sans que rien de sérieux ne soit entrepris, bien sûr, pour changer le cours des choses. La confusion – que dis-je : la panique – est telle dans les milieux dirigeants, que la simple rumeur d'une OPA contre l'un de nos fleurons du CAC 40 provoque la mobilisation nationale de toute la classe politique (et des médias bien sûr) face à « l'agresseur » présumé ! La même entreprise (en l'occurrence Danone), quelques mois auparavant, avait pourtant été clouée au pilori pour avoir délocalisé une partie de la production de ses célèbres biscuiteries. Elle était ensuite présentée en héroïne nationale qu'il fallait à tout prix sortir des griffes du capitalisme américain ! Or Danone qui emploie 93 000 personnes dans 110 pays et 14 000 en France joue sans réserve le jeu de la mondialisation. Que sa direction et le cœur de son actionnariat doivent rester français, j'en suis mille fois d'accord. Mais avec quels capitaux ? Comme nous avons choisi de nous interdire nous-mêmes des fonds de pension à l'américaine, au nom de la pureté de notre système de retraite, dont Droite et Gauche disent ensemble qu'il doit rester fondé « sur la répartition » voulue en 1945, face à l'afflux énorme de liquidités sur le marché des capitaux, quel système allons-nous mettre en œuvre pour doter la France d'une force de frappe financière pour la rendre capable de défendre, au besoin, nos plus grandes sociétés – toutes « opéables » ? Mystère. La France s'est raidie. A fait des discours. Puis est passée, comme d'habitude, à autre chose...

A l'heure de la mondialisation des échanges, le problème des délocalisations est une réalité qui touche, tous les jours, l'ensemble des pays riches et pauvres confondus, et même ceux à faibles coûts salariaux. Dans une telle économie mondialisée, certaines délocalisations sont inévitables : personne n'empêchera la terre de tourner, ni le théorème de Schumpeter de « destruction créatrice » de s'appliquer, sans relâche. La solution ne réside ni dans le repli frileux, ni dans le protectionnisme, mais dans l'acceptation consciente de la nécessité d'une adaptation permanente, afin de nous adapter sans cesse, de remplacer là ce qui disparaît ici, en mobilisant les forces de la nation.

Loin de disparaître, le rôle de l'Etat retrouve donc un nouveau sens : celui d'impulser la recherche, l'éducation, de promouvoir au besoin telle priorité industrielle ou scientifique. Si l'Etat ne doit plus être le gestionnaire direct de pans entiers de l'économie, comme il le fut dans les années 50 ou 60, il ne doit pas être non plus le témoin et l'observateur impuissant de la mondialisation. Au pays-temple du capitalisme – les Etats-Unis – l'Etat fédéral exerce un rôle majeur d'impulsion, notamment en matière de recherche et de priorités industrielles, en jouant à fond sur la fiscalité et les commandes publiques notamment [1]. Cette mue, l'Etat français, pourtant omniprésent, ne l'a pas encore accomplie. En partie, parce que l'existence de secteurs importants chez nous, non soumis à la concurrence internationale, donc aux délocalisations – commerce et services de proximité, soins de santé, éducation –, a masqué l'acuité du problème. Mais la France est d'abord un pays d'ingénieurs, d'ouvriers, de techniciens et de savants. Son industrie est vitale. C'est là que, depuis des siècles, s'atteste une grande part de son génie national. Les Français, à juste titre, sont fiers de produire des avions magnifiques, des locomotives performantes et des vaccins de renommée mondiale. Or le syndrome du déclin apparaît

---

1. Francis Fukuyama, *State Building* (*Gouvernance et Ordre du monde au 21ᵉ siècle*, La Table ronde, 2005).

lorsque se manifeste, de tous côtés, notre incurie à préparer l'avenir.

Nous avons cependant les talents, les chercheurs, les entreprises, nous sommes ouverts à la coopération européenne, et nous pouvons en être les catalyseurs. Dans nombre de secteurs, l'innovation et l'industrie françaises parviennent à s'imposer au plan mondial : qu'il s'agisse de l'aéronautique, de l'armement, de l'électronique, de la téléphonie, de l'espace, du nucléaire ou de la gestion de l'eau et des déchets, sans parler d'une industrie agro-alimentaire au 2e rang mondial, ou encore d'ITER, ce démonstrateur de fusion thermonucléaire, clé de l'énergie de la deuxième moitié de ce siècle, dont j'ai eu l'honneur de négocier pour la France l'implantation à Cadarache. Sur les 30 prochaines années, ce seront quelque 20 milliards de dollars d'investissements pour le plus grand programme scientifique mondial. Tout cela sur le sol français : quelle plus belle reconnaissance de la science française !

Mais cette partie de la France qui se bat dans l'économie-monde est partout et toujours concurrencée : non seulement par la puissance américaine, mais par les géants émergents d'Asie. D'où l'initiative heureuse de Nicolas Sarkozy, alors ministre de l'Economie et des Finances, d'organiser à travers le pays de grands pôles de compétitivité, capables de fournir à la France les Airbus, TGV et autres ITER de demain, seules vraies réponses stratégiques aux délocalisations que nous subissons aujourd'hui.

La recherche en berne

Le rayonnement et la puissance d'un Etat moderne, inséré dans la globalisation, procèdent avant tout de sa capacité à inventer des concepts novateurs et hardis, à élaborer des technologies et des produits sophistiqués et concurrentiels. La recherche est, par conséquent, fondamentale pour les pays développés, à mesure que les économies émergentes attirent les industries plus traditionnelles et, à l'instar de l'Inde, deviennent également de plus en plus performantes dans certains secteurs high-tech comme les Technologies de l'information et de la communication. Dans ce contexte de compétition mondialisée, le déclin scientifique et le dramatique recul de notre recherche en France, phénomènes largement avérés, sont des plus alarmants. Les comparaisons internationales jouent toutes en notre défaveur : par exemple, le budget civil de recherche et de développement (BRCD) français se situe parmi les plus faibles des nations développées. 30 milliards d'euros sont consacrés en France à la recherche civile, 18 milliards d'euros proviennent des entreprises privées, et l'Etat investit 13 milliards d'euros (0,9 % du PIB), dont 3,5 pour la Défense. Si les contributions publiques varient de 1 pour la France à 5 pour des Etats comme la Suède et la Finlande, les contributions privées oscillent de 1 à... 38. Un chiffre éloquent : depuis quinze ans, les Etats-Unis ont consacré 300 fois plus d'investissements publics à la recherche que la France ! En termes de publications par habitant, la France figure, d'ailleurs, désormais au 18e rang mondial, selon un classement de la Commission européenne. Dans le seul domaine de la biologie, l'Etat du Massachusetts par exemple, où sont installées quelques-unes des plus prestigieuses universités américaines, à l'instar de Harvard, enregistre annuellement cinq fois plus de publications que la France tout entière, dans six revues comptant parmi les plus prestigieuses de la planète [1] !

---

1. Ces données sont extraites d'un excellent article de Philippe Even, « Une autre politique de la recherche », *Commentaire*, n° 108, hiver 2004-2005.

Le mal, en fait, est profond : les structures de la recherche française doivent être repensées dans leur globalité. Placée sous l'égide de la puissance publique, la recherche souffre, à la fois, d'un manque d'autonomie et d'une insuffisance de coordination. Et ce, du plus haut niveau de l'Etat – sait-on que le Président de la République, contrairement à ses collègues américain et britannique, n'a même pas de conseiller scientifique capable de hiérarchiser les priorités de la nation en matière scientifique ? – au plus modeste, tant les ministères de tutelle concernés sont nombreux. Alors que, depuis des années, on trouve, aux Etats-Unis ou encore en Europe du Nord, des pôles de recherche combinant universités, grandes écoles, grands équipements et R&D d'entreprises, ces derniers, en France, demeurent très rares et tout à fait embryonnaires. A l'Ecole polytechnique, fleuron de la science française, les laboratoires de recherche pâtissent de leur déconnexion de l'enseignement. Quant au CNRS, qui fut créé sur le modèle de l'Académie des sciences de l'ancienne URSS, il demeure totalement isolé et devrait, en fait, être intégré dans un vaste système universitaire refondu. Sur ce point, Claude Allègre, l'ancien ministre de l'Education nationale de Lionel Jospin, formule une exigence judicieuse. Car le « brain drain » qui menace la recherche française ne doit rien à l'effet du hasard. Un scientifique français de niveau bac + 12 en moyenne, peut espérer gagner ici 1 900 euros nets par mois. Autre « exception » française : un professeur au Collège de France, nobélisable et de grande réputation internationale, a de fortes chances de toucher un traitement inférieur à celui d'un jeune professeur assistant américain recruté après sa thèse [1]... Dans ce marché global qu'est devenue la science, la fixation centralisée des salaires, à partir d'une grille unique, tient d'une politique suicidaire. Parmi

---

1. Pierre André Chiappori, « Que retenir de l'exemple américain », *ibid.*

les meilleurs représentants de la recherche française, nombreux sont ceux qui ne rêvent que de plier bagage. Rares, en revanche, demeurent leurs homologues étrangers à tenter l'aventure française...

Or, si l'Etat veut donc à nouveau encourager la science, il lui faudra également se pencher sur les dégrèvements d'impôts des dons aux fondations scientifiques. Alors qu'aux Etats-Unis ils sont totaux et sans plafond, ils ne dépassent pas 30 000 euros et sont partiels en France ; ainsi la Fondation Bill Gates consacre à elle seule un budget de 22 milliards de dollars à la recherche (contre seulement 1 milliard d'euros (!) par an consacré par l'Etat français à la recherche).

Autre triste « exception » au pays de Marie Curie et de Pasteur : si les investissements publics français en matière de R&D sont insuffisants, ceux des entreprises privées le sont tout autant. En revanche, les 66 plus grands groupes français ont vu leurs investissements de R&D chuter de 6,7 % en 2003 alors que, dans le même temps, ceux des 500 plus grandes entreprises mondiales progressaient de plus de 4 %[1]. Les PME, en raison notamment de la faiblesse du secteur des « Business Angels » en France, ne font pas mieux : parmi les pays où les dépenses de recherche sont élevées, la France est celui où les sommes allouées par les entreprises de moins de 250 salariés sont les plus modiques. La part des investissements étrangers de recherche réalisés en France diminue par ailleurs (– 1,5 % entre 1991 et 2001).

La France paye ainsi au prix fort des années de croissance molle. On touche là au cœur des faiblesses de son économie, incapable, pour l'heure, d'encourager la dynamique de l'innovation. L'innovation se décline en deux grandes branches : une innovation de procédés qui permettra des gains de productivité et de qualité, mais sera peu

---

1. *Le Monde*, 30 décembre 2004.

créatrice d'emplois et de richesses ; une innovation de produits dont les répercussions en matière de croissance, d'emplois et de rentabilité du capital s'avèrent nettement supérieures. Or, depuis deux décennies environ, la France a privilégié malheureusement l'innovation de procédé.

Il n'y a pas de secret pour accéder à l'innovation de produits : à l'instar des Etats-Unis qui ont bâti leur insolente croissance des années 90 sur ce modèle, les Etats qui enregistrent des réussites sont ceux qui ont mobilisé des investissements massifs dans les Technologies de l'information et de la communication, dans la R&D et l'enseignement supérieur, enfin dans le capital-risque, source de nouvelles entreprises proposant des produits de rupture [1]. Ce sont précisément autant d'initiatives dont manque la France, au risque d'entretenir à crédit un modèle dépassé, quasi infinançable dont les coûts et les charges incomberont aux générations futures. Serait-ce là la définition du « développement » durable à la française ? Tout ce dont l'économie française manque cruellement aujourd'hui.

Malaise dans la formation

C'est un des paradoxes les plus cuisants du système français : à mesure que l'économie de la connaissance prend une part de plus en plus décisive dans la compétition économique mondiale, nos écoles et nos universités enregistrent des accès de faiblesse de plus en plus inquiétants. Le rapport Camdessus en dresse, sur ce point également, un constat des plus sévères et rappelle quelques tristes vérités. A la sortie de l'école primaire, 15 % d'une classe d'âge ne maîtrise pas le calcul, l'écriture et la lecture. Au

---

1. Alain Villemeur, « Innovation, pourquoi l'Amérique gagne », *Sociétal*, n° 47, premier trimestre 2005.

collège, l'orientation par l'échec constitue toujours la règle, en contrevenant aux besoins de l'économie, notamment dans les secteurs des services où des millions d'emplois pourraient être créés. Quant à l'Etat, il ne consacre pas suffisamment de moyens aux étudiants : n'importe quelle comparaison internationale révèle le caractère nettement insuffisant de ses dépenses par tête. Ainsi les enfants et les jeunes, en France, sont-ils doublement pénalisés par l'irresponsabilité de leurs parents : d'une part, une dette colossale leur est léguée ; d'autre part, à défaut d'un contrôle de la dépense publique là où ça fait mal (c'est-à-dire sur les effectifs de la fonction publique), on préfère « couper » là où c'est apparemment indolore, c'est-à-dire dans les investissements du savoir, à commencer par les universités. Ainsi, les étudiants français se voient-ils consacrer le tiers des montants qui leur sont alloués aux Etats-Unis (il est vrai qu'outre-Atlantique le financement privé assure la moitié de ces financements). L'organisation du premier cycle universitaire s'apparente à un « désastre » et même, écrivent les auteurs du rapport Camdessus, à un « gâchis humain, d'intelligence et d'argent ». La sélection par l'échec y est, hélas, là aussi la règle : les étudiants sont mal orientés, au mépris de toute logique économique et sociale, dans la plus parfaite incohérence.

La France si fière de son modèle éducatif prétendument démocratique, paye trois décennies de politique éducative du « chien crevé au fil de l'eau ». Ce n'est pas ici que nous éluciderons les raisons de l'effondrement du système éducatif français. Force est cependant de constater que, sur un plan strictement pédagogique, le choix d'une pédagogie « centrée sur l'élève » ou « constructiviste », a ralenti et parfois aboli les apprentissages fondamentaux, si décisifs pour garantir la réussite de l'insertion dans le monde professionnel. En 1975, la France a cru favoriser l'égalité des chances en donnant à tous le même enseignement : ce fut le « collège unique ». Trente ans plus tard, force est de constater qu'on n'en a pas retiré le profit escompté. Chaque année, 100 000 jeunes sortent « sans rien » du système éducatif, les Journées d'appel de l'armée signalent 6 % d'illettrés, et l'ascenseur social ne fonctionne plus. C'est une des faces sombres des rêveries d'Amélie : avec 1,2 million de fonctionnaires (de loin la plus grande armée d'Europe), et le 1er budget de la nation, l'Education nationale, c'est le moins que l'on puisse dire, ne brille donc pas par ses retours sur investissement ! Selon l'INSEE, « en 2003, plus du tiers (37,9 %) des jeunes sortis depuis un à quatre ans sans diplôme ou avec le seul certificat d'études primaires, recherchent un emploi [1] ».

Est-ce l'effet démobilisateur du « pédagogisme » ? Les professeurs des écoles préfèrent disserter sur les paroles de la *Marseillaise* (hymne guerrier dont on raille l'anachronisme !) plutôt que de faire chanter, chaque matin, l'hymne national en classe (l'équivalent se fait rituellement aux Etats-Unis). Et pour couronner le tout, corporatisme et idéologie interdisent toute réforme, comme en témoignent les péripéties de la dernière en date : la loi d'orientation « Fillon », amputée par le Conseil constitutionnel, combattue par les élèves et les enseignants... et bien sûr par la Gauche (!) et finalement remisée en douce au magasin des réformes avortées du régime.

Là encore, la France se paie de mots – sans y croire vraiment d'ailleurs ! On célèbre Jules Ferry et l'éducation républicaine pour tous, mais chacun sait que le système a rarement été aussi inégalitaire : entre les « bonnes » écoles du primaire (souvent privées et payantes) et celles du public ; entre les « bons » et les « médiocres » collèges ou lycées. Il y a un monde, en l'occurrence, au sens propre du

---

1. Insee : *France, Portrait social 2004-2005.*

terme, entre Henri-IV, en plein cœur du Quartier latin, et un lycée de Seine-Saint-Denis). Et entre telle université de province ou le gratin de nos chères grandes écoles, le fossé n'est pas moins grand...

Ce système à deux vitesses reflète et reproduit, dès les premières années de l'enfance, la coupure du pays en deux : entre ceux, d'un côté, à qui l'on fait mine de donner accès au savoir et qui, après un cursus médiocre, finiront au chômage, dans des stages-parkings, ou dans des emplois sous-qualifiés par rapport aux diplômes obtenus ; et, de l'autre, les privilégiés du système, souvent les enfants de ces serviteurs de l'Etat ou de la bourgeoisie aisée, qui bénéficieront des bonnes orientations... et tireront tout le parti possible des bonnes adresses scolaires. L'ascenseur social inventé par « les Hussards noirs de la République » il y a un siècle (et dont j'ai moi-même bénéficié il y a 40 ans) n'est plus désormais qu'un lointain souvenir. Au point qu'on en vient à saluer – à juste titre d'ailleurs – l'initiative du directeur de Sciences Po, Richard Descoings, d'appliquer à son école la discrimination positive à l'américaine, en réservant quelques places aux élèves méritants des quartiers difficiles... La sacralisation du système éducatif français n'est, à l'évidence, plus tenable.

Le tonneau des Danaïdes

Si, on l'a vu, notre pays investit beaucoup moins que ses concurrents dans les activités de demain, il n'en reste pas moins que ses finances publiques sont à la dérive. Nos budgets sont systématiquement déséquilibrés et font régulièrement fi des critères du Pacte de stabilité et de croissance européen. Notre dette a été multipliée par 11 en

euros constants en 25 ans. Elle est passée de 90,8 milliards
d'euros en 1980 à 992,1 milliards d'euros en 2003 – soit
une multiplication par 10 en 20 ans ! – et avec les retraites
des fonctionnaires (900 autres milliards), elle atteint désormais 120 % du PIB contre 20 % en 1980. Ces centaines de
milliards d'euros nous permettent d'entretenir une fonction
publique pléthorique dont les effectifs continuent d'augmenter, une performance rarissime au sein des pays industrialisés. Sait-on que les dépenses de fonctionnement de
l'Etat ont augmenté de 21,7 % depuis 2000 et de... 419 %
depuis 1980 ? A ce rythme, tout ménage, toute entreprise
serait en faillite depuis longtemps ! Pourtant la dépense
continue de grimper. Et ce, malgré les promesses, les engagements de tous les ministres des Finances successifs,
année après année, de les réduire ! Le pire est que l'hyper-
trophie de la sphère publique – avec des dépenses publiques à 54,7 % du PIB – n'a nullement renforcé sa capacité
à répondre, de manière appropriée et performante, aux
attentes de la société. D'où le caractère extrêmement
médiocre de nos résultats en matière de performances scolaires – on l'a vu, mais aussi en matière de lutte contre la
pauvreté : en France, un million d'enfants vivent encore
sous le seuil de pauvreté monétaire.

En fait, malgré nos cocoricos incessants sur « notre
modèle » de solidarité, nos performances dans ce domaine
se rapprochent de celles de la Grande-Bretagne. Mais
l'Angleterre, en raison de l'orientation nettement libérale
de sa politique, consacre nettement moins de deniers
publics que la France à sa politique de cohésion sociale.
En Europe désormais, seule la Suède prélève une part plus
importante de sa richesse au profit des dépenses publiques :
du moins ce modèle d'interventionnisme peut-il, à
l'inverse du nôtre, se targuer de résultats probants. Le
royaume scandinave a considérablement réduit sa dette
– passée de 80 % à 51,7 % du PIB entre 1994 et 2003 –

tout en renforçant la qualité de ses services publics et en dépensant toujours plus pour la R&D.

En France, le phénomène est inverse : les marges de manœuvre de l'Etat ont été réduites à cause du service des intérêts de la dette qui engloutit désormais 80 % du produit de l'impôt sur le revenu. Le taux de prélèvement est enfin l'un des plus élevés du monde industrialisé (jusqu'à 55 % en comptant la CSG), à tel point que certains économistes se demandent si la France n'a pas dépassé le fameux « taux de Laffer » à partir duquel « le rendement fiscal d'un supplément d'imposition est inférieur à la perte fiscale induite par ce même supplément, en raison de la réduction d'activité qu'il provoque ». Plus simplement, le niveau de taxation des revenus est si élevé qu'il incite désormais nombre d'agents les mieux dotés à travailler moins. D'où une perte sèche pour l'Etat et ses politiques sociales [1].

Le tableau d'ensemble qui se dégage, dans ce domaine, est celui d'une France entretenant à crédit un modèle dépassé, quasi infinançable, dont les coûts et les charges incomberont aux générations futures, alors que ces dernières seront de plus confrontées au vieillissement de la population française. Serait-ce donc là la définition du développement durable à la française ?

Le bûcher de l'intégration

Que la France était belle en ce 12 juillet 1998 ! Le pays, communiant dans la liesse, célébrait la victoire éclatante des Bleus contre le Brésil en finale de la Coupe du monde

---

1. Philippe Traînar, « Fiscalité, inégalités, pauvreté : les contradictions françaises », *Sociétal*, n° 47, premier trimestre 2005.

de football. La France, affirmait-on, serait désormais « black-blanc-beur » ! En cette belle soirée étoilée, la foule scellait un pacte républicain refondu dans le métissage et sublimé par l'enthousiasme collectif. Zidane, Desailly et Trézéguet transfiguraient par leur excellence l'image mitigée que de nombreux Français gardaient des ratés de la machine à intégrer.

Ce délicieux mirage du Mondial intervenait à point nommé pour prolonger le songe du creuset républicain à la française, qui a longtemps permis de rêver l'intégration plus que de l'accomplir. Une euphorie toutefois sans lendemain, remplacée aujourd'hui dans le cœur des Français par une impression de peur diffuse, d'amertume et de désillusion. Longtemps, le mythe de la France « black-blanc-beur » a oblitéré l'échec dramatique de l'intégration. Il a abusé les Français sur le fait que leur pays n'avait jamais eu de véritable politique d'immigration et encore moins de politique d'intégration.

Trois semaines d'émeutes en novembre 2005, 9 000 véhicules incendies, des dizaines d'édifices publics détruits, près de 3 000 arrestations ont brutalement mis fin à cette autre *illusion gauloise*. Le cauchemar éveillé de l'état d'urgence a brutalement remplacé le rêve d'une République bigarrée mais harmonieuse. Si le réveil a été aussi brutal, violent et pénible, c'est que, des décennies durant, immigration et intégration ont fait peur au point de faire l'objet d'une véritable « omerta » politique. Le Front national, lui, s'était emparé du dossier et ne l'a plus jamais lâché, au point d'en faire son fond de sauce électorale, avec le succès que l'on sait. Tous les partis républicains tétanisés depuis lors ont été pris en otage par la dialectique aussi raciste que diaboliquement efficace de Jean-Marie Le Pen : ainsi, le seul fait d'évoquer le problème de l'immigration ou de l'intégration, et plus encore celui, sousjacent, de l'islam, exposait immédiatement au reproche de

prendre position par rapport aux « thèses » du Front national, voire de chercher à séduire son électorat !

En la matière, la Gauche n'a jamais voulu se hisser à la
hauteur de la complexité de la situation et des nouveaux
défis que la France, vieille terre d'immigration, devait
affronter. Pendant les deux mandats de François Mitterrand, elle s'est longtemps réjouie de voir le FN mordre
aussi dans l'électorat de ses adversaires de droite, n'hési-
tant pas à agiter l'étendard des « potes » et de l'antiracisme
face à tous ceux qui osaient s'inquiéter de la prolifération
des zones de non-droit dans les cités. Son discours officiel,
satisfait jusqu'à l'angélisme, répétait invariablement qu'il
y avait, dans les années 80-90, « autant d'étrangers en
France que dans les années 30 ». Et la discussion s'arrêtait
là.

Le gouvernement Jospin a continué de fermer les yeux
sur une situation pourtant de plus en plus tendue. Il n'y
avait pas de problèmes particuliers liés à l'immigration ;
tout allait « globalement » bien ; la République ne tarderait
pas à assimiler ses nouveaux fils... Quant à l'insécurité
dans les cités et les grandes villes, elle n'était qu'un « sentiment », subjectif, donc sujet à caution. L'antisémitisme
virulent, souvent violent, apparu dès 2000, dans les cités,
avec la deuxième Intifada ? Une exagération pure et simple
de « communautaristes juifs » sans doute influencée par
Sharon... Le creuset était en marche, l'intégration se ferait
naturellement par l'inculcation des valeurs républicaines
communes, et le goût de la liberté combiné aux attraits de
la démocratie auraient raison des tentations communautaires. Au soir du 21 avril 2002, la réalité avait déjà rat-
trapé cette théorie-là, mais en novembre 2005 cette même
Gauche gauloise continuait d'accuser le ministre de l'Intérieur d'être le premier incendiaire des banlieues...

Quant à la Droite, elle a été très longtemps paralysée, trop
consciente de ce que la moindre audace sémantique serait

immédiatement sanctionnée par des médias aux aguets. C'est ainsi que toute la classe politique s'est elle-même condamnée à un politiquement correct, synonyme d'évitement des réalités, autrement dit d'échec. Dans un tel contexte, tenir un discours de vérité relevait de l'impossible.

Après tant d'occasions manquées, la fracture est désormais ouverte au sein même de la nation française. « Pour qu'une assimilation réussisse, il faut que le minoritaire la souhaite, et que le majoritaire y consente[1]. » Or, dans la France de 2006, je doute que ces deux conditions soient réunies, ou même sur le point de l'être. Entendons-nous bien : cette situation de crise n'est pas seulement le produit de l'immigration en tant que telle, mais la conséquence d'une non-politique : elle tient au fait que l'immigration a été subie, plutôt qu'organisée avant l'entrée sur le territoire national et surtout après, pour faciliter l'intégration. Or, depuis le regroupement familial décidé en 1974-75, aucune de ces mesures pourtant indispensables, que connaissent bien d'autres pays d'immigration comme le Canada, l'Australie ou les Etats-Unis, n'a été appliquée aux millions de personnes qui se sont installées sur le territoire français ces trente-cinq dernières années. « En dehors de la tentative de gestion des entrées sur le territoire, il n'a pas existé pendant longtemps de véritable politique de l'accueil et de l'aide à l'installation » des populations immigrées, déplorait un rapport de la Cour des comptes[2] un an tout juste avant le grand incendie des banlieues. Et les hauts magistrats d'ajouter que ladite « politique » demeurait caractérisée par l'absence de lisibilité et

---

1. Albert Memmi, dont le *Portrait du décolonisé* paru en 1958 a été traduit en plusieurs langues, a été l'un des théoriciens les plus éloquents de la décolonisation. Un demi-siècle plus tard, résident en France, il livre une analyse d'une douloureuse lucidité sur l'après-indépendance,... et l'immigration des « décolonisés » chez l'ancien colonisateur.

2. « L'accueil des immigrants et l'intégration des populations issues de l'immigration », Rapport public particulier de la Cour des comptes, novembre 2004.

d'efficacité, par le flou de ses objectifs et par les incertitudes de son pilotage...

L'Etat a failli à sa tâche et n'a pas été en mesure de définir de véritables priorités. De gouvernements en gouvernements, de ministères en ministères, l'immigration a été gérée au fil de l'eau en toute inconscience, au détriment de la société française dans son ensemble, de sa cohésion, de la justice et de l'ordre public. Le dogme du « creuset républicain » servant à occulter l'indifférence générale et souvent le racisme ordinaire des uns, en même temps que le désespoir, voire la « haine » des autres.

Le constat, aujourd'hui, est accablant. Les populations immigrées et celles issues de l'immigration, après que nombre de leurs prédécesseurs ont vécu dans des bidonvilles insalubres, ont été progressivement confinées dans des centaines de « cités » en marge des villes françaises et condamnées à des conditions de vie indécentes et humiliantes. Deux tiers des habitants des « cages à poules », les plus vieux HLM bâtis avant 1975, sont des immigrés. Certains immigrés de la première génération, arrivés en France dans les années 60, vivent toujours dans les petites chambres des premiers foyers à leur arrivée. Plus de la moitié des populations immigrées est ainsi concentrée en Île-de-France, dans les régions Rhône-Alpes et Provence-Alpes-Côte d'Azur. Dans certaines villes de la banlieue parisienne comme Bobigny et Aubervilliers, elles constituent plus de la moitié de la population. A Trappes ou aux Minguettes, près de Lyon, elles sont une écrasante majorité. Dans ces zones de ségrégation à la fois résidentielle, ethnique et géographique, dont le nombre a connu une croissance exponentielle en vingt ans[1], la Cour des comptes déplorait, avant le grand incendie, la médiocre

---

1. En 2002 l'Etat recensait 750 « zones urbaines sensibles » regroupant une population d'environ 5 millions de personnes, contre 22 « îlots sensibles » en 1982.

qualité du logement, la faiblesse du niveau scolaire et, pis encore, la « constitution d'un sentiment de rejet ». Bref, comment ne pas s'en apercevoir ? Si l'impression de relégation l'emporte chez les populations immigrées, c'est qu'elle est depuis des lustres alimentée par un chômage endémique, nettement plus élevé (de 9 points en 1999 selon l'Insee) en son sein que dans le reste de la population française. En 1999, les immigrés sans emploi représentaient 15 % des chômeurs en France et 22 % de la population immigrée. Trois ans plus tard, plus d'un quart (25,1 %) des étrangers hors UE était sans emploi – contre une moyenne nationale de 8,9 % – et ce chiffre atteignait 35,2 % chez les femmes originaires du Maghreb. Dans les zones urbaines sensibles, plus du tiers (!) de la population immigrée était au chômage en 1999, contre « seulement » 12,4 % de l'ensemble de la population de ces zones. La discrimination frappe aussi les diplômés de l'éducation supérieure : le chômage y est le double à diplômes équivalents (16 % contre 8 % de moyenne nationale). L'absence massive d'emplois accentue l'isolement et la ghettoïsation et alimente un dangereux découragement des populations face à l'inactivité. Quand il ne s'agit pas de dérives vers une criminalité devenue ordinaire. « No future ! » est l'horizon ordinaire de ces quartiers. Combien de jeunes des quartiers n'ont jamais vu leurs parents travailler ? Connaît-on d'ailleurs l'un des secrets les mieux gardés de la République, révélé tout récemment lorsqu'il s'est agi de recruter des aumôniers musulmans pour nos prisons ? Ce secret, sur lequel pèse une omerta obstinée, c'est que 80 % de la population pénale en France est constituée d'immigrés ou de Français issus de l'immigration !

Comment en est-on arrivé là ? Depuis trente ans, les pouvoirs publics se sont focalisés essentiellement sur deux questions : repousser les entrées clandestines sur le sol français; les détecter et les enrayer. Le « mythe du retour », qui a longtemps perduré en dépit de l'évidence des statistiques dont disposaient les gouvernements, a empêché de poser le principe de l'intégration, et a fortiori de définir ses modalités. Les intervenants de terrain, le plus souvent chargés des questions relatives au séjour des immigrés, se sont retrouvés isolés et ont dû se résoudre au fait que l'intégration ne constituait in fine qu'un volet accessoire des politiques publiques. Le « mythe du retour » et le maintien de la paix sociale ont aussi incité la République à créer des lieux de culte musulmans dans des quartiers à forte concentration d'immigrés de religion islamique, dans les entreprises ou dans les foyers de travailleurs célibataires, c'est-à-dire en dehors des lieux traditionnels d'exercice de cultes religieux [1], quitte à favoriser les pratiques communautaires en totale contradiction avec la logique d'intégration individuelle dont la France aime à s'enorgueillir.

La multiplicité et la diversité des acteurs en charge des dossiers, ajoutées à la faiblesse des structures de pilotage réparties entre ministères, administrations, associations et instances à caractère spécialisé, comme le Haut Conseil à l'intégration, ne sont pas « étrangères à l'incapacité à définir une politique claire de l'immigration », dénoncée justement par la Cour des comptes. Quant au Comité interministériel à l'intégration, créé en 1989 et censé se réunir deux fois par trimestre pour coordonner l'action gouvernementale, il n'a pas tenu la moindre session entre 1990 et 2003 ! Ce « paysage institutionnel touffu » a favorisé, comme souvent lorsque la République doit faire face à des problèmes complexes, la prolifération de structures dont les compétences se chevauchent et les financements se croisent. Les doublons, sinon les rivalités institutionnelles, ne sont pas rares, tandis que les collectivités locales sur

---

1. Gilles Kepel, *Les Banlieues de l'islam*, Points Seuil, 1991.

lesquelles l'Etat s'est déchargé de sa responsabilité financière et de la définition d'une orientation générale à
l'action [1], n'ont montré guère d'empressement à réaliser
l'intégration des étrangers présents sur leur territoire, se
bornant à acheter ici ou là la paix sociale par « grands
frères » interposés. Un an avant l'incendie, la Cour des
comptes déplorait enfin que le manque de statistiques et
d'études précises ait eu un « effet anesthésiant » sur les
pouvoirs publics et les ait encore davantage incités à la
nonchalance.

Le naufrage de l'intégration des populations immigrées,
mais aussi de l'insertion économique et sociale de leurs
enfants et petits-enfants a été concomitamment amplifié
par la crise profonde qui frappe depuis au moins deux
décennies l'idée républicaine. L'école, comme nous
l'avons vu, n'est plus en mesure d'assurer l'instruction du
citoyen, la transmission du savoir et l'apprentissage de la
liberté de penser. Mais, dans plus d'un cas, elle vire au
champ clos de l'affrontement ethnique ou religieux. Voile,
interdits alimentaires ou sportifs (!) sont érigés en symboles identitaires, tandis qu'il est devenu impossible dans
tel ou tel établissement d'enseigner la Shoah, sans provoquer de violentes réactions antisémites [2]. Ailleurs – y
compris dans certains établissements parisiens –, on voit
des enfants français issus de familles musulmanes frapper
d'autres enfants français parce que juifs... Souvent, comme
dans le cas du lycée Montaigne, les directions d'établissement étouffent les affaires quand elles ne les excusent pas,
et l'on « exfiltre » l'enfant juif dans une autre école... Cette
conjoncture particulièrement pitoyable renforce le sentiment d'abandon des populations immigrées et de leurs descendants et accentue plus particulièrement les troubles

1. Patrick Weil, *La France et ses étrangers*, Folio Actuel, 1995.
2. Emmanuel Brenner, *Les Territoires perdus de la République*, Mille et
Une Nuits, 2003.

identitaires de ces derniers. « Ni véritablement d'ailleurs ni tout à fait d'ici », comme le formule justement le philosophe Yves-Charles Zarka [1], les immigrés et leurs enfants sont nombreux à exprimer leur ressentiment social, auquel s'ajoute d'ailleurs le sentiment que la France, ancienne puissance coloniale, a en quelque sorte une dette en souffrance à leur égard. D'où le rejet, voire le mépris, affiché parfois violemment, des conventions et des normes d'une société française, à qui certains d'entre eux semblent vouloir faire payer leur situation d'échec. En témoignent les succès de nombre de titres « rap » particulièrement violents contre la France ou celui d'un petit livre intitulé « Na'al bou la France » – « Maudite soit la France » ou « Maudit soit le Français » –, qui convoque le souvenir de l'exploitation coloniale infligée à leurs parents [2] ou à leurs arrière-grands-parents pour expliquer la détresse des « jeunes ». En attestent encore les sifflets entendus lors de la *Marseillaise*, un soir d'automne 2001 au Stade de France avant le match France-Algérie. La rencontre des deux équipes fut par la suite interrompue par l'envahissement de la pelouse par les spectateurs... Certains sombrent dans la délinquance, quand d'autres – mais aussi quelquefois les mêmes après un séjour en prison – deviennent des proies faciles pour les prédicateurs islamistes qui exploitent leur mal de vivre et leurs frustrations. Au bout du chemin, quelques-uns enfin iront combattre pour le Djihad à Kaboul ou à Badgad, et quelques autres se retrouvent à Guantanamo. Une « anomie » lourde de conséquences a ainsi gagné les banlieues les plus défavorisées. Qu'ils soient salafistes ou Frères musulmans, les islamistes exploitent en effet les échecs de ces populations marginalisées pour exacerber leur rupture avec l'environnement français et freiner une acculturation à la société

---

1. Yves-Charles Zarka, *Cités. L'islam en France*, PUF, mars 2004.
2. Gilles Kepel, *Fitna*, Gallimard, 2004, page 31.

française qu'ils savent de toute façon fort compromise. Leur panoplie d'œuvres sociales, la « resocialisation » islamique qu'ils offrent à ces jeunes en quête d'identité, les transforment en militants violents pour une minorité d'entre eux, ou en pieux dévots désormais attachés à l'observance de la sharia et au cantonnement des femmes au domicile familial pour d'autres. Manipulation dangereuse en tout cas : insensiblement, la ghettoïsation, et le blocage quasi complet de l'« ascenseur social », créent chez nombre de jeunes issus de l'immigration une autre référence identitaire centrée autour de l'appartenance ethnique et religieuse. Du « à quoi bon chercher à s'intégrer si l'on ne veut pas de nous ? », on passe insensiblement au rejet d'une République « mécréante » dont les lois ne sauraient contraindre la tradition musulmane – à commencer par la place qu'elle réserve aux femmes. Ainsi, nombre d'associations conditionnent chacune de leurs activités à la norme musulmane. « Tout passe par le Coran, source de tous les savoirs, de l'interdit et du licite. Au point que cela laisse entendre, dans l'inconscient des enfants, une supériorité de la conception islamique et exclut les autres visions du monde [1] », expliquait en mai 2004 Dounia Bouzar, une anthropologue siégeant au Conseil français du culte musulman. Face au dénigrement de l'islam qu'ils perçoivent dans les médias, les dirigeants de ces associations, dont les plus radicaux sont majoritairement des beurs et non des étrangers, font entendre un nouveau discours religieux où l'islam est source unique de modernité – une source située, donc, au-dessus des lois de la République. Autre passage obligé : les prédicateurs professent souvent un antisémitisme virulent qu'ils diffusent à des masses de jeunes paumés en quête d'identité. En témoigne « La Palestine, histoire d'une injustice », une conférence en français de Hassan Iquioussen, l'un des pré-

---

1. *Le Figaro*, 28 mai 2004.

dicateurs vedettes de l'Union des organisations islamiques de France (UOIF) proche des Frères musulmans, qu'on peut acheter sous forme de cassette en librairie ou sur Internet. Dans ce prêche, Iquioussen décrit les juifs comme « le top de la trahison et de la félonie » qui, depuis l'époque héroïque du Prophète Mahomet, « ne cessent de comploter contre l'islam et les musulmans ». Bien sûr, l'ensemble des leaders arabes ayant négocié avec Israël sont qualifiés de « traîtres », tandis que le Hamas est comparé... à Jean Moulin [1]... C'est ainsi qu'au doux pays de France, par la faute de négligences accumulées, l'intégration a fait place, jour après jour, à la communautarisation la plus hermétique... Et pendant ce temps, le FN se frotte les mains !

Sans député ni sénateur issus de leurs rangs, sans représentation politique, victimes d'attitudes discriminatoires, les immigrés et leurs descendants éprouvent les plus grandes difficultés à trouver leur place dans la France d'Amélie Poulain. Dans son décor irréel et en trompe-l'œil, on célèbre Jamel Debbouze, alias Lucien le gentil commis d'épicerie du film de Jean-Pierre Jeunet, et l'on loue les exploits de Zinedine Zidane. Mais on n'a fondamentalement rien entrepris jusqu'à l'explosion de novembre 2005 pour promouvoir réellement l'ascension et la mobilité sociale des immigrés et de leurs enfants. Pour acheter la paix sociale, la France a mythifié l'Arabe lointain, incarné par le keffieh légendaire de l'opprimé palestinien ; elle a dénoncé l'impérialisme de l'Amérique de George W. Bush. Mais elle a lamentablement laissé choir sur son propre sol ses étrangers et leur descendance pourtant française. En fait, notre système politico-administratif a tout simplement dénié la réalité des défis nouveaux de l'immigration de peuplement venue d'Afrique du Nord et

---

1. *Le Figaro*, 28 octobre 2004.

d'Afrique noire. Quant aux Français, ils se sont, pour certains, reconnus dans le discours identitaire et raciste de l'extrême droite, pour d'autres réfugiés derrière une rhétorique républicaine lénifiante, confortablement installée à l'enseigne de ses bons sentiments et de ses meilleures intentions, mais dénuée de tout réalisme. La grande majorité d'entre eux est longtemps demeurée simplement indifférente.

En profondeur, cependant, le ressentiment, déjà présent avant le grand incendie de novembre, est toujours là. Palpable dans les gestes. Mesurable dans les conversations. Agitant ses hantises et brandissant ses anathèmes sur fond de montée de peur du terrorisme, donc, inconsciemment de la religion de « l'autre ». Ce malaise, cette peur même, cette confusion des esprits – je le dis sans détours – me remplissent d'inquiétude pour notre pays, et pour la cohésion de la nation.

Le monde d'Amélie se fissure. Malgré un discours dans l'air du temps sur la scène internationale, malgré le mythe « black-blanc-beur » et celui de son fameux modèle économique et social, la France avant même l'explosion de ses banlieues s'était aussi brutalement que soudainement raidie à plusieurs reprises ces dernières années. Les signes d'un durcissement étaient là, bien visibles : de l'affaire du foulard, symptomatique de la panique qui s'empare périodiquement des Français, au rejet violent de la candidature de la Turquie à l'Union européenne. Et, que la France soit le seul pays occidental qui ait cru devoir légiférer sur le voile, en disait déjà long sur le problème posé – l'affirmation par une part non négligeable des musulmans résidant en France d'une identité ethnico-religieuse séparée, sinon supérieure au modèle social du pays d'accueil –, mais soulignait du même coup l'échec du fameux « creuset républicain », censé gommer les différences culturelles ou religieuses, au profit de l'adhésion individuelle de chaque citoyen aux seules valeurs admises : celles de la République. Dans de telles conditions, si « l'interdiction du port de signes religieux ostentatoires » à l'école a soulagé indéniablement les proviseurs, laissés bien seuls et en première ligne pendant plus de quinze ans, elle n'a réglé en rien le problème de la place des musulmans de France dans notre société. Pas plus qu'elle n'effacera les décennies perdues pour l'intégration.

De même la tentative initiée par Nicolas Sarkozy d'organiser l'islam de France, par un Conseil représentatif modelé sur le CRIF (israélite), le CFCM, créé le 9 décembre 2002, a connu des résultats pour le moins contrastés. En partie parce que l'Etat a confondu « cultuel » et « culturel », en axant l'organisation de la communauté musulmane de France uniquement sur sa représentativité religieuse (et sur le nombre de mètres carrés des mosquées !), les laïcs étant laissés de côté. Mais également parce que cette communauté est en butte à de profondes divisions internes et aux rivalités entre les pays d'origine. Celles-ci, on y reviendra longuement dans les chapitres suivants, reflètent la déchirure interne de l'islam dans le monde entier et au final, ont fait le jeu de l'UOIF, proche des Frères musulmans. Dans un tel contexte, la seule évocation d'une éventuelle révision de la Loi de 1905 [1] sur la séparation de l'Eglise et de l'Etat a abouti à diviser profondément et les cultes et la classe politique. Comme toujours en pareil cas, le sujet a été reporté aux calendes grecques...

---

1. Yves-Charles Zarka, « Faut-il réviser la Loi de 1905 ? », *op. cit.*

Fin de règne

Ainsi va la France d'Amélie. Le navire, fracturé de l'intérieur, socialement et ethniquement, prend l'eau de toutes parts. Les Français le savent, mais ils s'accrochent, comme ils le peuvent, à une vision angélique de leur pays et de l'Histoire, et à la rémanence de cette douce illusion. Pour plagier le *Hamlet* de Shakespeare, il y a de nos jours quelque chose de pourri en la République de France. Les signes d'un « malaise de civilisation » et d'une déprime accusée se multiplient : le succès de librairie de *L'Effroyable Imposture* de Thierry Meyssan, ce pamphlet absurde, rédigé de Paris grâce à des informations glanées sur Internet, et qui affirmait qu'aucun avion ne s'est abattu sur le Pentagone le 11 septembre 2001 ; la multiplication des agressions antisémites et des profanations de cimetières israélites et musulmans, depuis plus de quatre ans ; les diatribes de l'ex-humoriste Dieudonné [1], « la branche humoristique d'Al Qaïda », devenu le chantre le plus abject de la haine du juif sous couvert d'antiracisme ; notre record – du monde – de consommation de tranquillisants et – d'Europe – de haschisch ; Tariq Ramadan, l'islamiste à la voix de velours et à la barbe ciselée, qui lâche en pâture des noms d'intellectuels au patronyme juif, comme aux heures les plus sombres de l'occupation allemande et du procès de Prague, au temps où le KGB préparait des listes de juifs qualifiés de « sionistes » ; Jean-Marie Le Pen qui fait l'apologie, dans les colonnes confidentielles d'un journal monarchiste, de cette même occupation qualifiée de

---

1. On se souvient que Dieudonné s'était présenté, lors de l'émission « On ne peut pas plaire à tout le monde » de Marc-Olivier Fogiel en novembre 2003, sous les traits d'un rabbin qui clamait finement « Heil Israël ». Depuis Dieudonné persiste et signe, évoquant par exemple une « pornographie mémorielle » à l'occasion des commémorations de la libération des camps d'Auschwitz-Birkenau, en février 2005.

« pas si terrible » ; tel ancien Premier ministre socialiste, pourtant « social-libéral », qui parie, quant à lui, sur le « non » au référendum sur la Constitution européenne, dans l'espoir de s'imposer à la tête du parti socialiste... Une Droite qui, dans une interminable fin de règne, se déchire déjà pour la succession au trône de France.

Peut-on l'ignorer plus longtemps ? La mélancolie française est profonde. La France glorifie son modèle, mais partout s'insinue le sentiment que l'avenir nous échappe, qu'il sera moins gratifiant que par le passé, que la cohésion nationale se lézarde, s'effrite, s'ébrèche. Le monde lui-même ne change-t-il pas à notre détriment ? Marcel Gauchet [1] a parlé récemment d'une France « malheureuse » et « dépressive », de citoyens qui « tantôt ont l'impression qu'on se moque d'eux, tantôt d'être abandonnés ». C'est exactement cela, en effet : trop de clercs se moquent d'eux, en leur taisant une vérité qu'ils pressentent, voire connaissent parfaitement. Ils les ont abandonnés en les (sur)administrant, mais en ne les gouvernant pas. « Les Français ne croient plus en rien. C'est même pour cela que la situation est relativement calme, car ils estiment que ce n'est même plus la peine de faire part de son point de vue ou de tenter de se faire entendre », révélait un rapport de synthèse des préfets de décembre 2004 [2]. Le nihilisme passif – le syndrome du « A quoi bon ? » – gagne les esprits.

Tout à leurs jeux politiciens, la plupart de nos clercs ont vite oublié l'avertissement, que dis-je, la claque monumentale du premier tour de l'élection présidentielle de 2002, ce fameux « choc du 21 avril ». Les médias se sont comme toujours focalisés sur Jean-Marie Le Pen, l'éternel repoussoir, présent pour la première fois au second tour de

---

1. *Op. cit.*
2. *Le Monde*, 19 janvier 2005.

l'élection présidentielle. Or la qualification du président du Front national n'était que le symptôme le plus visible d'un mal-être généralisé. Car ce 21 avril a aussi été marqué par la très forte progression de l'abstention – et celle, tout aussi effarante, d'une extrême gauche rétrograde et stalinienne. Last but not least, il y eut bien sûr aussi la défaite du candidat Premier ministre Lionel Jospin, pourtant si sûr de son bilan et des bienfaits de la semaine des 35 heures qu'il avait offerte au « peuple de gauche ». Quant au Président sortant Jacques Chirac, ce 21 avril 2002, il n'avait pas recueilli 20 % des suffrages, soit moins que le total cumulé (29,64 %) des candidats des extrêmes (Le Pen, Mégret, Besancenot, Laguiller, Gluckstein) non représentés au Parlement [1] ! La France, récente donneuse de leçons à ses pairs autrichien et italien [2], faisait soudain grise mine. Certes, une semaine après et devant les caméras du monde entier, les Français se sont ressaisis et ont défilé par millions le 1er mai. Dans la joie et la bonne humeur, les manifestants remettaient au goût du jour le « cordon sanitaire » pour arrêter le fascisme...

On se serait presque cru aux grandes heures du Front populaire. Du pur Amélie Poulain en quelque sorte : gai, coloré, fraternel. Pendant cette « quinzaine antifasciste [3] », il était aisé de scander « F comme fasciste, N comme nazi, la jeunesse emmerde le Front national » au rythme des tambours et des sifflets. Il était certes moins facile de s'interroger sur les raisons profondes qui avaient poussé plusieurs millions de Français à choisir de voter pour le FN – et plusieurs autres à soutenir l'extrême opposé ! Tant que les Français continueront de caresser des rêves illusoires et qu'ils refuseront d'affronter les dures

---

1. Bertrand Le Gendre, *Le Monde*, 1er août 2005.
2. Souvenons-nous que la Gauche avait courageusement boycotté le représentant de Silvio Berlusconi au Salon du livre consacré à l'Italie, quelques semaines avant le scrutin.
3. Alain Finkielkraut, *Au nom de l'Autre*, Gallimard, 2003.

réalités du Nouveau Monde, mais aussi de profiter de ses opportunités, ils ne rencontreront que ce mur de difficultés et de frustrations, avec au bout du chemin le risque de moins en moins impensable d'un dérapage soudain dans l'aventure...

CHAPITRE 2

L'Europe, ou le rêve d'un France en grand

Les habits neufs du « gallo-centrisme »

Parmi les illusions gauloises dont aime à se bercer notre vieux pays, celles qui ont trait à la construction européenne occupent naturellement une place de choix.

Conscients de ce que, par la force des choses, le poids relatif de la France dans les affaires du monde n'est plus tout à fait ce qu'il était avant les deux conflits mondiaux, nous aimons à penser que nous avons trouvé la parade : c'est l'Europe, mais au service, bien sûr, des ambitions françaises. Loin de représenter un quelconque abandon de notre souveraineté, la construction européenne telle que nous nous plaisons à la rêver, est censée la magnifier et la sublimer, en une espèce de « France en plus grand », où nos autres partenaires ne seraient en quelque sorte – et pour leur plus grand bonheur ! – que les démultiplicateurs de la puissance nationale, du modèle hexagonal. La France aime à penser que, sans elle, les autres peuples européens, en particulier les « petits » pays, mais pas seulement eux, n'auraient aucune chance de sortir de leur condition modeste, pour tout dire de leur provincialisme, et d'accéder au « statut » de puissance digne de ce nom. Bref, les petites nations, sans la France, devraient renoncer à gagner un jour la reconnaissance des nations ! En

échange, il ne serait que naturel qu'elles nous apportent
sans rechigner la masse critique économique, industrielle
et humaine qui fait aujourd'hui défaut à la France, et qui
constitue le meilleur gage du maintien de la grandeur
française. Après tout, l'Europe n'a-t-elle pas été conçue,
construite et articulée autour de la pensée française ?
Cette Europe, nous ne la voyons donc qu'au service
– légitime ! – de nos ambitions. Et nous n'imaginons pas
qu'elle puisse être construite autrement que sur le modèle
de notre système administratif – un système dont le
monde entier, comme chacun sait, est jaloux. Quant à la
philosophie et aux objectifs ultimes de l'Europe, ils ne
pourraient être que conformes à ceux de la France : il
s'agirait pour l'Union d'imiter scrupuleusement notre
propre démarche – de prôner l'exception – ou la diversité – culturelle ; de résister encore et toujours à la mondialisation ; de faire barrage à l'« ultra-libéralisme » et au
capitalisme « sauvage » ; de tenir enfin la dragée haute au
rival américain, réputé, tout ensemble, mercantile et mili-
tariste, et qu'on se plaît à décrire, en France, comme avachi dans sa sous-culture de masse et accablé de mille
autres défauts dont les Français seraient miraculeusement
préservés, par la grâce de la Providence et de l'Histoire.
En France, l'Europe ne se conçoit donc que « gallo-
centrée ». Et toute autre conception étant, par définition,
inenvisageable.

L'Europe sera sociale, ou ne sera pas...

Ce gallo-centrisme se décline d'abord dans la promotion, à l'échelle européenne, de notre fameux modèle
social transposé ipso facto en « modèle social euro-

péen[1] ». Dans un bel unanimisme national – Droite et Gauche confondues – et grâce à l'impulsion décisive de la France, ses grandes lignes furent transcrites dans le défunt texte du projet de traité constitutionnel, particulièrement dans sa « Charte sociale ». A force de persévérance, l'action déterminée des représentants français est parvenue, au cours des discussions de la Convention européenne, à imposer notre philosophie sociale. Les travailleurs tchèques, polonais, baltes et slovaques allaient enfin, après leurs camarades espagnols, grecs ou portugais, accéder aux bienfaits proclamés par la Charte des droits fondamentaux, jouir des mêmes droits syndicaux, s'adonner à la défense des avantages acquis, voire, un jour proche – rêvons un peu –, goûter aux délices des 35 heures... Bienfaitrice de l'humanité, institutrice des peuples, la France se devait de civiliser un Continent encore partiellement peuplé de barbares ne maîtrisant pas tous (encore) notre idiome, et de leur offrir cette chance de pouvoir vivre enfin sur un mode inspiré du « French way of life ».

Un dernier « rempart » contre la mondialisation ?

Ce modèle social qui lui est si cher, au point qu'elle voudrait le faire partager à l'Europe entière, la France aimerait aussi qu'il illumine la planète tout entière. Qu'il serve de critère de référence universelle dans un monde qui, sans nous, serait inévitablement livré, pensons-nous, aux Anglo-Saxons, à leur capitalisme prédateur, bref à cet « ultra-libéralisme » que nous aimons tant haïr[2]. L'ultra-

---

1. Cf. les déclarations de Jacques Chirac lors du Conseil européen de Bruxelles le 17 juin 2005.
2. Cf. déclarations de Jacques Chirac sur France 2 durant la campagne référendaire.

libéralisme : voilà bien le véritable ennemi des peuples de l'époque moderne, le broyeur des valeurs humanistes qui fondent la civilisation. Exagération, caricature, me direz-vous ? Hélas, non ! La diabolisation du capitalisme, qui était autrefois la spécialité des communistes et de l'extrême gauche, est devenue le dénominateur commun de la classe politique française. Il est symptomatique de relever que, lors de la campagne du référendum sur la Constitution européenne, la Droite comme la Gauche n'ont cessé de dénoncer la mondialisation capitaliste. Les uns expliquaient que le traité nous « protégerait mieux » contre ses dangers, tandis qu'aux yeux des autres le même texte constituait un acte de capitulation devant les forces du marché. La vocation de l'Europe, à en croire les tenants du non comme ceux du oui, n'était donc non pas tant, en un prolongement des engagements conclus auprès de l'Organisation mondiale du commerce, de favoriser une plus grande ouverture des marchés, que d'ériger une véritable « préférence européenne » censée isoler l'Hexagone des périls du monde extérieur, et sanctuariser son agriculture, son art de vivre, sa culture, et son industrie cinématographique si fortement subventionnée.

Cette « préférence européenne » était censée immuniser aussi notre appareil productif, et le rendre invulnérable aux changements douloureux et aux adaptations pénibles qui, sans le rempart européen, seraient aussitôt inévitables. De fil en aiguille, le discours pro-européen a fini, au cours de cette campagne, par se résumer à un discours frileux et à une rhétorique antimondialiste de « préférence nationale élargie », qui convergeait avec l'exaltation de l'Etat dans le consensus idéologique français : annexée à la lutte globale contre le marché et ses règles, l'Europe devenait le second cercle de protection, la deuxième ligne de défense, le bouclier ultime face à un monde extérieur fantasmé assimilé à l'hégémonie anglo-saxonne.

L'ennui, c'est que cette sémantique lénifiante et crispée, destinée à une France inquiète et sans repères pour l'avenir, se situait précisément aux antipodes de la philosophie de la construction européenne. Depuis 1958, la dynamique européenne ne vise qu'à l'ouverture des marchés, à la libre circulation des biens, des capitaux et des personnes. Bref, elle poursuit, sans relâche, l'idéal de la libre concurrence. Cette philosophie-là, des générations de hauts fonctionnaires et de politiques français ne pouvaient pourtant guère l'ignorer.

D'où la schizophrénie de la classe politique française qui, depuis deux ou trois décennies, n'a cessé d'encenser l'Europe d'une main, pour lui attribuer, de l'autre, la responsabilité des réformes indispensables et impopulaires, auxquelles rechignaient les différents conservatismes français, coalisés pour l'occasion. Réforme de la PAC, retardée pourtant jusqu'en 2013 ? La faute à l'Europe ! Ouverture à la concurrence et privatisation des grands réseaux (téléphonie, poste, énergie, transports), sans parler bien sûr de la libéralisation des services prévue dans la fameuse directive Bolkenstein, surnommée « Frankenstein » au cours de la campagne référendaire ? La faute à l'Europe, encore ! Contraintes de Maastricht sur les déficits publics, liberté d'établissement des travailleurs et j'en passe ? La faute à l'Europe, toujours !

Avec une rare inconséquence, de nombreux responsables politiques, rejoints par des intellectuels, après avoir fait de l'Europe le bouc émissaire de mesures ingrates prises en France depuis plusieurs années, ont « vendu » à la France « d'en bas » une Europe soudainement devenue « sociale » à la française. Ce faisant, ils ont « oublié » de dire au peuple que la philosophie même de l'Union était bien ce libéralisme et cette libre concurrence qu'ils s'acharnaient à flétrir à longueur de tribunes et de meetings ! Avec une stratégie aussi incohérente, on pouvait en effet craindre le pire. Mais qui a écouté alors les mises en garde de ceux qui, comme moi, ont perçu, pendant la campagne référendaire, les dangers de cette surenchère verbale contre le libéralisme ?

C'est naturellement cette faille-là qu'ont eu beau jeu d'exploiter les adversaires du traité constitutionnel. De l'extrême gauche à l'extrême droite en passant par Laurent Fabius, ceux-ci ont fait campagne sur une thématique à la fois simpliste et mensongère, mais terriblement efficace : Europe = mondialisation = délocalisations = chômage. Cuisant paradoxe : au final, le 29 mai, la classe politique française dite de « gouvernement » a payé son double langage. Faute d'avoir eu le courage d'expliquer aux Français les mutations qu'ils devront entreprendre, non pas à cause de l'Europe, mais pour l'intérêt même d'une France conquérante dans une Union ouverte, les partisans du « oui » n'ont fait que renforcer les peurs déjà exacerbées par leurs adversaires... Un chef-d'œuvre de politicaillerie, mais sur un sujet vital pour nous-mêmes et pour le Continent tout entier.

Le résultat, c'est que la France, en rejetant le traité du 29 mai, s'est elle-même « tiré une balle » dans le pied : car la première victime du « non » français est naturellement la « charte sociale » à laquelle nous tenions tant ! L'épisode aura au moins eu l'immense mérite de faire apparaître au grand jour la contradiction, masquée jusque-là, entre deux conceptions radicalement différentes de l'avenir et de l'identité même de la future Union : d'un côté, un libéralisme clairement assumé (moins d'Etat, moins de contraintes sociales, plus de compétition à l'intérieur comme à l'extérieur de la zone Europe), et accessoirement, on va le voir, un partenariat stratégique conforté avec les Etats-Unis ; de l'autre, un modèle « social de marché » ou un capitalisme « compassionnel » fortement teinté d'interventionnisme étatique, ayant pour vocation de fonder un modèle de société très différent, sinon rival du modèle américain. C'est de la résolution de cette contradiction programmatique et doctrinale que dépend l'avenir de la construction européenne dans le monde de l'après-Guerre froide.

Car le mythe d'une Europe qui serait à l'image et au service du modèle français a purement et simplement explosé en vol. Le plus piquant, c'est que ce résultat ne doit rien à Tony Blair (même s'il en est, bien sûr, le premier bénéficiaire), mais à un peuple français déboussolé, fatigué, exaspéré des fariboles qu'on lui a trop longtemps servies sur le sujet.

Le rêve de « l'Europe puissance »

Si la France, depuis Mitterrand et Chirac, fait le rêve de voir l'Europe partager, puis porter son « modèle social » à l'échelle de la planète tout entière, elle poursuit aussi un autre dessein, plus ancien mais complémentaire, qui concerne la politique étrangère et de défense. Depuis de Gaulle, les Français sont les grands inventeurs, les architectes et les inlassables promoteurs de « l'Europe puissance ». Ce concept passablement nébuleux est surtout parfaitement contradictoire, on va le voir plus loin, avec d'autres piliers de notre politique étrangère. Il se décompose en deux volets :

— Un volet interne : la religion française de l'Europe veut que la phase finale ou « achevée » du processus de construction européenne soit nécessairement « politique ». Selon la vulgate hexagonale, « l'Europe sera politique ou ne sera pas ». Par opposition, là encore, aux Britanniques, aspirant, depuis l'AELE, à une simple zone de libre-échange de nature intergouvernementale, les Français entendent parachever le processus essentiellement technique et économique commencé avec la CECA et l'EURATOM, dans les années 50, en « Europe politique » au minimum confédérale, voire fédérale pour certains de ses aspects.

— Quant au volet externe, il s'articule là aussi en contre-modèle, mais face à un autre, « anglo-saxon », plus redoutable encore : les Etats-Unis. Par définition, une « Europe politique » ou une « Europe puissance » ne sauraient avoir d'autre finalité que de résister à l'hégémonisme américain. Ceci rejoint l'ambition affichée par la France, dès le début des années 60, et incarnée par le Plan Fouchet proposé par de Gaulle, mais que les partenaires de la France, à commencer par les Allemands, avaient à l'époque rejetée. La noble ambition de construire une Europe politique et militaire à direction franco-allemande, rivale des Etats-Unis, ne pouvait en effet guère espérer l'emporter sur la logique des blocs, à l'époque où la crise des missiles faisait rage à Cuba. La France resta donc seule avec son rêve pendant quarante ans.

C'est la fin de la Guerre froide qui rendit au rêve une vigueur accrue. Avec la disparition de l'URSS, l'Europe se retrouva avec, pour seul vis-à-vis, « l'hyperpuissance » omniprésente décrite par Hubert Védrine. Et, pensait-on en France, cette Europe réunifiée et réconciliée allait enfin pouvoir s'affirmer, sur la scène mondiale, comme un authentique « pôle de puissance ». Un pôle naturellement inspiré, animé, piloté par Paris... Dans la psyché nationale, cette glorieuse perspective paraissait aller de soi car une logique de domination intrinsèquement perverse était censée être à l'œuvre dans l'hyperpuissance. La libido dominandi de l'« hyperpuissance » devait être combattue et endiguée sans coup férir. Une lutte d'influence s'annonçait entre des modèles de civilisations irréductibles.

Mais la France avait-elle les moyens de mener ce combat titanesque ? Le réalisme politique forçait, dès cette période, à admettre que, pour mener à bien ce grand dessein et parvenir à contrer la volonté d'hégémonie planétaire des Etats-Unis [1], les moyens de la France étaient devenus insuffisants. La construction européenne trouvait donc là sa justification politique première... A ce détail près, cependant, que les autres Européens veuillent bien accepter le rôle qui leur est assigné par Paris, celui de démultiplicateur des ambitions et de l'idée françaises d'un destin européen, dressé contre les Etats-Unis.

Parce qu'il est séduisant, parce qu'il flatte une ambition fort ancienne – partagée tant par Louis XIV que par Napoléon – de prendre en main les destinées du Continent, parce qu'il revêt aujourd'hui les atours d'une Europe bienveillante, pacifique et « post-nationale », le rêve de l'Europe puissance semble faire aujourd'hui l'unanimité en France.

Les uns revivent l'ambition gaulliste du départ, les autres se rejouent la partition « anti-impérialiste ».

Le problème des rêves, c'est leur atterrissage dans le réel. Avant même le 29 mai, le moins qu'on puisse dire est que la France était passablement ambiguë dès qu'il s'agissait d'évoquer les sacrifices ultimes qu'elle était prête à consentir en faveur de la construction de cette fameuse Europe politique. Entre des partis de gouvernement passablement prudents (sinon ouvertement divisés comme le PS), des extrêmes puissants et résolument hostiles à l'entreprise même de construction européenne, le parti « fédéraliste » aujourd'hui représenté par l'UDF est bien loin de constituer une majorité parmi nos concitoyens. De fait, le concept d'une Europe véritablement fédérale –

---

1. Cf. en particulier sur cette vision du nouvel impérialisme américain, le récent ouvrage de Pierre Biarnès, *Pour l'Empire du Monde : les Américains aux portes de la Russie et de la Chine*, Ellipses, 2003.

donc vraiment politique – était virtuellement déjà mort en France, avant même le référendum catastrophe du 29 mai.

D'où les novations, certes notables, mais somme toute limitées, que proposait le projet de traité constitutionnel : un président du Conseil élu par ses pairs, un ministre des Affaires étrangères, l'extension du vote à la majorité, ainsi que celle des pouvoirs du Parlement européen : l'ex-future Constitution de l'Europe offrait, comme on dit, des « avancées », mais en aucun cas un véritable projet fédératif susceptible d'arrimer une « puissance » politique coordonnée vers l'extérieur. Disons que ce traité fabriquait un animal étrange : non pas fédéral, mais plutôt confédéral, puisque fondé sur le maintien des Etats-nations – mais d'Etats qui, suivant les domaines, acceptaient de mettre en commun, à des niveaux d'ailleurs variables, une partie plus ou moins conséquente de leur souveraineté.

S'agissant de l'essentiel, c'est-à-dire de la sécurité ultime des Etats, la France, pourtant si prompte à vanter « l'Europe puissance », n'a jamais voulu franchir le cap de l'abandon de ses propres prérogatives nationales au profit d'un ensemble européen supranational.

Le travers n'est d'ailleurs pas récent ; la « Communauté européenne de défense » qui prévoyait une armée européenne authentiquement intégrée (mais sans arme nucléaire française) fut enterrée à l'Assemblée nationale en 1954.

De même, les différentes versions du Projet d'Europe politique incluses dans les Plans Fouchet de 1962-63 furent tellement diluées d'une mouture à l'autre par les Français qu'elles finirent par être rejetées par tous nos partenaires.

Pendant la période consécutive à la Guerre froide, pourtant riche en développements sur le plan de l'Europe de la Défense (de Petersberg à Saint-Malo), la France ne mit à aucun moment son siège au Conseil de sécurité à la disposition de l'« Europe puissance », pas plus qu'elle ne prit l'initiative de transférer à l'ex-futur Président de l'Europe la décision de recours au feu nucléaire. Car ni l'une, ni l'autre de ces prérogatives ne peuvent se partager.

Le moment sans doute le plus révélateur de cette contradiction entre le rêve collectif affiché et la réalité fut la crise irakienne de 2002-2003. Tandis que nos représentants à Bruxelles chargés de rédiger la future Constitution européenne n'avaient à la bouche que les mots « Europe puissance », de « ministre européen des Affaires étrangères », de « Politique étrangère et de sécurité commune », nos représentants, à New York, sans consulter quiconque en Europe, ont agité solitairement la menace d'un veto français contre l'Amérique ! Mieux : les plus hautes autorités françaises allèrent même jusqu'à tancer publiquement ceux de nos nouveaux partenaires européens qui avaient eu le mauvais goût de prendre fait et cause pour les Etats-Unis sur le dossier irakien. On touche là un autre aspect révélateur de la théorie française de l'Europe puissance. Si la France se fait fort de réclamer une « Europe puissance » sans pour autant – et avec de bonnes raisons – céder une once de sa souveraineté, elle entend toutefois bien que le reste de l'Europe s'aligne sans broncher et accepte, comme un seul homme, son leadership. Son idée fixe ? Contrebattre la domination exercée par les Etats-Unis sur l'OTAN, par un autre système de sécurité collective, authentiquement européen cette fois, dont elle assurerait la direction. Un grand dessein, assurément... A la tête d'un ensemble politico-militaire européen, la France retrouverait ainsi le statut de superpuissance perdu, par étapes successives, en 1815, 1870 et 1918.

Le réel n'a cessé de contredire ces songeries grandioses. Ce fut déjà le cas, bien sûr, pendant la Guerre froide, où l'Allemagne, pourtant maintes fois sollicitée par le général de Gaulle, ne voulut à aucun moment abandonner le parapluie nucléaire américain pour l'ombrelle française. Comme on le sait, la tentative la plus explicite du côté français (le Plan Fouchet) se solda par le fameux traité de l'Elysée de 1963 qui devait rester lettre morte 40 ans durant, après que le Bundestag ne l'eut ratifié que du bout des lèvres et en l'assortissant d'une Déclaration solennelle rappelant l'attachement indéfectible de la RFA à l'Alliance atlantique...

Avec la fin de la Guerre froide, la disparition de la menace soviétique et les enseignements des guerres du Golfe et de Yougoslavie, « la Défense européenne » se présentait sous des auspices nettement plus prometteurs. L'Allemagne s'émancipait peu à peu de l'Amérique, tandis que l'essentiel des 300 000 GI déployés en RFA retournaient pour l'essentiel aux Etats-Unis quand ils n'étaient pas déployés, plus à l'est, en direction du « Grand Moyen-Orient ». L'Angleterre elle-même, instruite par la Bosnie et la première guerre du Golfe, décida de ne plus « mettre tous ses œufs » dans le panier américain, en se rapprochant significativement de la France. L'OTAN, hier essentielle pendant la Guerre froide, paraissait perdre une partie de sa raison d'être, alors que plus aucune menace militaire directe ne semblait inquiéter le Vieux Continent.

A partir de 1999, le thème de la « défense européenne », clé de voûte de l'Europe puissance, connut donc une réelle embellie : affirmation de « missions » que prendrait en charge l'Union européenne (les fameuses « missions de Petersberg »), création de structures nouvelles au sein de l'Union, dont un état-major militaire, un Centre d'opérations, une Cellule de planification et un Comité politique et de sécurité, pendant du Conseil atlantique de l'OTAN. Et pour couronner le tout, l'Union annonça même à Helsinki des « objectifs de force » ambitieux : une véritable armée de 60 000 hommes projetables loin de nos frontières et capables de combattre pendant un an, avec leur environnement aéroterrestre. Le rêve de l'Europe puissance semblait même sur le point de se réaliser lorsque, fin 2004, les forces de l'Union prirent avec succès le relais de celles de l'OTAN en Bosnie, tandis que d'autres soldats européens effectuaient leur première mission militaire – elle aussi couronnée de succès au Congo. Début 2005, à Munich, le chancelier Schröder alla même, dans un discours lu devant un auditoire comprenant le gratin de l'Alliance atlantique (dont le Secrétaire américain à la Défense Donald Rumsfeld), jusqu'à affirmer que l'Union européenne, « et non l'OTAN, constituait désormais le cœur des relations transatlantiques », ce que le Président Bush sembla confirmer quelques semaines plus tard, en effectuant sa première visite officielle à la Commission de Bruxelles.

A y regarder de plus près, ces progrès étaient cependant plus fragiles qu'il n'y semblait. Si la guerre en Irak, comme le montrent les multiples sondages réalisés sur ce point, a dressé la quasi-totalité des opinions publiques contre la politique américaine, nulle part, parmi les 25, ne trouve-t-on de majorité politique pour augmenter l'effort de défense en Europe et, à terme, pour permettre l'émergence d'un véritable « contrepoids » militaire européen aux Etats-Unis. L'Europe est certes inquiète. L'Europe critique volontiers son protecteur américain. Mais cette Europe-là refuse de s'armer [1]. Pire encore, le différentiel de puissance entre les deux rives de l'Atlantique ne cesse de se creuser : 450 millions d'Européens consacrent moins de 40 % de l'effort de défense consenti par 295 millions d'Américains. L'écart atteint 1 à 7 en matière de dépenses de recherche, 1 à 10 s'agissant des forces de combat disponibles !

---

1. Dominique Reynié, *La Naissance d'une opinion publique européenne*, La Table ronde, 2003.

Si bien que, lorsque survient une crise, Henry Kissinger a toujours beau jeu d'ironiser en posant ses deux célèbres questions : « L'Europe, quel numéro de téléphone ? » Et surtout : « L'Europe, combien de divisions ? » L'ex-futur traité constitutionnel aurait pu répondre, au moins en partie, à la première question. Or la France n'en a pas voulu...

Quant à la seconde, le contexte politique européen reste davantage marqué par le pacifisme bien-pensant à la Habermas ou à la Derrida [1] que par la volonté de s'affirmer en acteur stratégique mondial.

A cet égard, il est tout à fait révélateur de noter que les objectifs de forces proclamés en 1999 à Helsinki mentionnés plus haut, ont été rapidement enterrés et remplacés par un objectif plus modeste, avec la mise sur pied, engagée en 2004, des groupements dits tactiques multinationaux (les fameux « GT-1500 »), censés permettre à l'UE d'intervenir à l'avenir avec un court préavis pour des opérations le cas échéant lointaines (jusqu'à 6 000 kilomètres de distance). Au total donc, une « armée » d'une douzaine de régiments de 1500 hommes pour 450 millions d'habitants ! Le compte de « l'Europe puissance » n'y est pas. Que cela plaise ou non, on ne gagne pas les guerres avec des comités théodules et des cellules de planification !

Cette Europe sans défense, malgré l'Irak – ou à cause de cette guerre ? –, demeure par ailleurs totalement éclatée quant aux objectifs stratégiques des uns et des autres. On observe une fracture nette entre ceux, d'une part, qui sont installés à l'enseigne de la neutralité (mais comment

---

1. Je recommande la lecture d'un texte important de ces deux auteurs (car il n'a pas influencé seulement la gauche européenne, j'y reviendrai plus loin) intitulé : « Europe : plaidoyer pour une politique extérieure commune », paru dans *Libération* et la *Frankfurter Allgemeine Zeitung* le 31 mai 2003. On y lit notamment : « nous rêvons tous devant l'image d'une Europe pacifique, coopérative, ouverte aux autres cultures et au dialogue » et « d'un ordre cosmo-politique sur la base du droit international ».

peut-on prétendre partager le destin européen, y compris au travers de la monnaie commune, mais pas en matière de sécurité ?) ; ceux, d'autre part, qui ne renient pas leur attachement à la famille atlantique (Angleterre, Italie et Pologne en tête, avec bien sûr tous les nouveaux venus à l'Est) ; ceux enfin qui, avec la France, l'Allemagne de Schröder (mais pas celle de Merkel), éventuellement l'Espagne de Zapatero et la Belgique, rêvent d'une « Europe puissance » authentiquement européenne.

Le clivage analysé par Timothy Gorton Ash [1] entre « euro-atlantistes » et « euro-gaulliens » se reflétait fidèlement dans le défunt traité constitutionnel dans sa partie consacrée à la défense et à la politique étrangère. Une foule d'institutions nouvelles ou réformées (comme l'Agence de l'armement), mais pas de seuil minimum commun de dépenses militaires, ni de véritable engagement de sécurité collective, comparable à l'article V du traité de l'UEO. Les uns gardaient donc l'OTAN, les autres leur indépendance, les troisièmes leur neutralité. Tout cela n'a d'ailleurs pas empêché les pourfendeurs du traité en France de dénoncer « l'inféodation » de l'Union européenne à l'OTAN, ni d'agiter le spectre de « guerres américaines » où nous, malheureux Européens, aurions été entraînés contre notre gré. Tout cela, on vient de le voir, était archi-faux, mais la vie politique française n'en est pas à un mensonge près. Pour achever le rêve de l'Europe puissance à la française, il y eut le 29 mai, où là encore le peuple français fut le premier fossoyeur de ses ambitions, puisque disparaissent avec ce texte les quelques modestes progrès réalisés en matière de « puissance » européenne.

---

1. Timothy Gorton Ash, *History of the Present (Essays, Sketches and Dispatches from Europe in the 1990's).*

Reste alors, dans l'immédiat, le quotidien des batailles bureaucratiques picrocholines entre une OTAN désormais requinquée (grâce à nous!) et une Europe qui se cherche un rôle, comme au Darfour. Et puis, n'en doutons pas, il restera toujours chez nous la cohorte des imprécateurs de l'Amérique et de l'OTAN, ceux qui continuent, malgré le fascisme vert qui vient, de voir le monde en une sorte d'affrontement planétaire entre une Amérique impériale, chargée de tous les péchés et une Europe française, porteuse de liberté et de civilisation.

Parmi ceux-là, nul ne doute au demeurant que, dans cette compétition ultime, quasi eschatologique, nous ne finissions par sortir vainqueurs [1] : le monde devant bien finir par se rallier à la justesse de nos vues, que le reste de l'Europe aurait dans un premier temps épousées! Dans l'arène du monde multipolaire où doit se livrer ce combat titanesque, « gigantomachique », l'on verrait donc enfin « une plus grande France », à la grandeur sublimée, mais bien reconnaissable sous les traits d'une Europe façonnée à notre image, triompher de « l'hydre américaine », sous les acclamations des autres nations. S'ouvrirait alors un règne de paix, de prospérité et de co-développement dans un monde multipolaire apaisé, pacifique et harmonieux, où, tel un soleil, nous illuminerions l'univers.

Las, ce n'était bien sûr qu'un rêve, somme toute assez vain. Mais la poursuite de telles chimères, outre qu'elle nous détourne des dangers très réels du monde qui vient, conduit inévitablement à l'échec, car ni les autres Européens, ni en définitive les Français eux-mêmes, n'en ont voulu. Et les maigres avancées concrètes dans le domaine de l'Europe de la défense qu'aurait permis l'adoption de la

---

1. Cf. sur ce point en particulier le dernier ouvrage d'Emmanuel Todd, *Après l'empire*, où l'auteur explique en substance, en une sorte de « remake » de la thèse marxiste sur la crise finale du capitalisme, que les Etats-Unis « finiront par s'écrouler tout seuls » sous le poids de leurs contradictions internes.

Constitution ont été emportées avec le rejet de celle-ci par le peuple français...

Cessons donc de nous mentir à nous-mêmes ! Le rêve de l'Europe française s'est brisé : comme la plupart des rêves, il était impraticable et chimérique, et ce, dès l'origine. Mais le genre d'hubris si propre au génie français nous fait considérer – parfois à tort, reconnaissons-le – que nous pourrions, par la seule force du discours et d'une construction intellectuelle séduisante, nous affranchir des contraintes du réel. Hélas, les réalités se rappellent ensuite douloureusement à nous. Après Bonaparte au pont d'Arcole, il y eut les campagnes d'Egypte, d'Espagne et de Russie, finissant dans la débâcle, et l'épilogue sans gloire de Waterloo, qui vint par une dernière défaite clore les fameux Cent Jours. Pas plus qu'il y a deux siècles, nous ne gagnerons l'Europe française : les autres Européens l'accepteraient encore moins aujourd'hui qu'il y a deux ou trois siècles, en ces temps glorieux où la France était la nation la plus peuplée du Continent européen [1], irradiant de son dynamisme démographique, économique, scientifique ou culturel. Tout cela a aujourd'hui bien changé, qu'il s'agisse de l'économie, de la recherche ou de la culture, mais aussi et surtout de la démographie [2], résultante de tendances lourdes sur lesquelles les gouvernements ont en définitive peu de prise. En assumant ces réalités, nous aurions pu aisément comprendre un peu plus tôt l'inanité d'un projet d'une « Europe française ». Mais nous avons préféré feindre de les ignorer, absorbés que nous étions par nos songes grandioses et bercés par nos illusions réconfortantes, imprégnés aussi d'une arrogance qui nous est si souvent reprochée et d'un souverain mépris pour tous ceux qui, parce qu'ils ne partagent pas nos idées,

---

1. Ainsi, en 1715, la France comptait-elle pas moins de 20 millions d'habitants, contre 15 millions en Russie.
2. Voir plus loin chapitre 5.

sont invités sans ménagements à se tenir cois [1]. Puis, comme il était prévisible, ces mêmes réalités nous ont rattrapés.

Un élargissement traumatisant

Le dernier élargissement aux dix pays d'Europe centrale et orientale [2] a joué, on s'en rend compte aujourd'hui, un rôle majeur dans la prise de conscience progressive par nos concitoyens du caractère illusoire du rêve d'une Europe qui serait simplement « la France en grand ». Alors que les Français ressentent aujourd'hui confusément que « l'élargissement est allé trop vite », ce qu'ils expriment en réalité, c'est que personne n'a pris la peine de leur expliquer véritablement les raisons et les enjeux proprement historiques de celui-ci, puisqu'il s'agissait, ni plus ni moins, d'« effacer Yalta » et de réunifier notre Continent, en réparant ainsi une injustice vieille de plus de 50 ans. En choisissant à juste titre le mouvement de l'Histoire contre la tentation de préserver le statu quo (qui fut celle de Tchatcher et Mitterrand), Chirac dès 1990 a eu raison sur le fond. Sa seule faute est d'avoir oublié de prévenir les Français que, avec l'élargissement à 25, l'illusion d'une « Europe française » se dissiperait très rapidement. D'autant qu'ayant été l'avocat de la réunification des deux Europes, le Président s'est porté, bien seul, au secours de la Turquie, elle aussi candidate à l'Europe, avec l'intention

---

1. Cf. les propos de Jacques Chirac le 17 février 2003, après la signature de la déclaration de Vilnius sur le soutien des pays d'Europe centrale et orientale à la politique de George W. Bush sur l'Irak : « ces gens-là ne sont pas très bien élevés, ils ont perdu une bonne occasion de se taire ».

2. Au 1er mai 2004, l'Estonie, la Lettonie, la Lituanie, la Pologne, la Slovaquie, la République tchèque, la Slovaquie et la Slovénie, ainsi que Chypre et Malte, sont devenus membres de l'Union européenne.

de démontrer qu'Europe et islam pouvaient coexister harmonieusement. Intention là aussi fort louable, et que j'ai pour ma part défendue, mais qui là encore ne fut guère expliquée – ou fort tardivement ! – aux Français par ailleurs inquiets, on l'a vu, des effets d'une immigration musulmane incontrôlée. Le résultat est que la « peur du plombier polonais » et celle de 70 (bientôt 100) millions de Turcs ont joué à plein lors du référendum, confirmant l'impression que l'Europe n'avait plus de frontières visibles, ni d'identité et que la France donc allait se « diluer dans l'inconnu ». A 15, dans une Europe construite autour du vieux cœur carolingien, nous avions encore le sentiment de peser de manière décisive sur les décisions et les orientations de la politique européenne – du moins en étions-nous persuadés. A 25, ce n'est plus le cas. D'abord, parce que l'absorption instantanée par l'Union européenne de 10 nouveaux membres, représentant au total 80 millions d'habitants, soit 20 % des 450 millions de l'Union européenne élargie, change nécessairement les modes de fonctionnement et bouleverse plus encore l'identité de l'Union. Même si le poids économique des nouveaux venus demeure encore modeste (encore que les taux de croissance y sont bien plus élevés que dans l'Euroland), il n'empêche que le centre de gravité de l'édifice européen s'est nécessairement déplacé vers l'Est.

Géographiquement, mais également politiquement et économiquement, la France, qu'elle le veuille ou non, se retrouve aujourd'hui à la périphérie de l'Europe. Ajoutons-y ce que je serais tenté d'appeler la découverte de l'altérité, qui a constitué, chez nous, un véritable choc. Non pas que les nouveaux entrants aient eu des coutumes barbares (la bonne conscience relativiste nous aurait interdit d'y trouver à redire), ou qu'ils appartiennent à une civilisation différente de la nôtre, si ce n'est qu'ils sont parfois plus avancés que nous en matière d'adoption des technologies modernes [1]. Non. Nous avons plutôt été soudain confrontés à une réalité que nous arrivions encore à ignorer jusqu'ici : dans une Europe à 25, il y a beaucoup « d'autres », et en dépit de nos efforts, ceux-ci ne pensent pas nécessairement comme nous sur toute une série de sujets. Et ils ont en plus l'impudence de le dire ! Qu'il s'agisse de la sécurité internationale avec la crise irakienne, de l'importance accordée à la relation transatlantique et au rôle de l'OTAN, des relations avec la Russie, de la promotion dans les faits de la démocratie et des Droits de l'homme (y compris en Europe : Balkans, Ukraine, Caucase), ou du refus de la complaisance à l'endroit des dictateurs de par le monde (une attitude dont les vieilles diplomaties européennes, et singulièrement la nôtre, s'accommodent finalement si bien), les nouveaux membres, souvent, pour de très bonnes raisons, ne partagent pas nos illusions gauloises et, pour notre plus grand désarroi, ils n'hésitent pas à le faire savoir [2]. Ces pays, au demeurant, nous ne les connaissons guère et nous ne les comprenons pas davantage. Nous persistons par exemple, contre toute évidence, à les appeler « pays de l'Est » alors que cette expression ne se justifie plus, s'agissant de pays qui ont répudié le communisme imposé par l'Armée rouge, et qui sont par ailleurs situés, certes à l'est de la France, mais néanmoins au beau milieu du Continent européen ! Cela vaut bien sûr pour la Pologne, la Hongrie, la République tchèque ou la Slovaquie, comme cela vaut également, au-delà des actuelles frontières de l'Union européenne, pour un pays comme

---

1. Ainsi les séances du Conseil des ministres en Estonie, où chacun des ministres transforme en temps réel les décisions prises avec ses collègues en consignes immédiates transmises électroniquement à ses services.
2. Et ils ne le font pas que sur l'Irak ou sous l'effet de pressions américaines : ainsi s'agissant de la politique à adopter vis-à-vis de la Russie, ou encore des propos amers tenus par Vaclav Havel en février 2005, regrettant l'inconstance et le caractère timoré de la politique européenne face à la dictature de Fidel Castro à Cuba.

l'Ukraine, situé géographiquement en plein centre de notre Continent, où les villes, comme Odessa, fondée par un Français [1], l'amiral des Ribas, et développée par le duc de Richelieu, futur Premier ministre de Louis XVIII, comme Lvov, l'ancienne Lemberg, ou encore Tchernovtsy, l'ancienne Tchernowitz, qui a elle aussi connu les Habsbourg, ont bien souvent cette richesse et ces identités multiples si caractéristiques de ce qui fut et demeure toujours l'Europe centrale. Pour ces pays d'Europe centrale et orientale, l'adhésion à l'Union européenne signifiait en effet la réunification du Continent, la réparation d'une injustice historique (celle de l'ordre de Yalta, injustice pour laquelle le Président Bush, dans un discours important à Bratislava le 23 février 2005, a accepté la part de responsabilité qui revient aux Etats-Unis). Rejoindre l'Union européenne ne voulait pas dire qu'après s'être libérée de la tutelle soviétique, cette partie de l'Europe que Milan Kundera avait qualifiée, dans un article historique, d'« Occident kidnappé » (*Le Débat*, 1983), allait passer sous la coupe de Bruxelles, et encore moins d'une France obnubilée par sa grandeur révolue, et cherchant à les instrumentaliser à son profit. Imaginer que l'on allait pouvoir les recruter pour former, avec l'Allemagne et la Russie, un axe anti-américain, même affublé du beau nom de « camp de la paix » – c'est bien ainsi qu'aimait à se désigner le camp socialiste aux beaux jours de la Guerre froide – était tout simplement ridicule. La préférence non dissimulée que les pays d'Europe centrale et orientale ont manifestée pour l'accession à des garanties de sécurité américaines, au travers de l'article 5 du traité de l'Atlantique Nord, nous apparaît incompréhensible, voire suspecte. Pourtant, ils savent – pour l'avoir expérimenté à

---

1. Cf. l'ouvrage récent de Michel Gurfinkiel, *Le Roman d'Odessa*, Editions du Rocher, 2005.

leurs dépens [1] – que les chancelleries européennes cherchent souvent avant tout à accommoder les puissants. Mais il faut avoir, comme eux, la Russie de Vladimir Poutine pour voisin, un pays qui soutient sans honte que les pays Baltes n'auraient « jamais été occupés » mais que l'Armée rouge y serait entrée à leur demande (alors que le tiers de leur population est mort en déportation dans les camps du goulag), il faut, comme eux, côtoyer à ses frontières un ex-Empire soviétique ; où l'on a successivement réhabilité Raspoutine (qui serait même en voie de béatification par l'Eglise orthodoxe), Beria [2], puis Staline, pour comprendre l'utilité et le confort, au moins psychologique, d'une appartenance à l'Alliance atlantique, gage qu'un retour à un passé aussi noir est désormais exclu. La petite phrase du Président Chirac, de ce point de vue, aura été bien plus qu'un mot malheureux : elle a tué de manière irréversible l'illusion de l'Europe française entretenue jusqu'alors par tant de nos compatriotes, et dont les autres Européens ont fait savoir en retour qu'ils ne voulaient pas.

Mais cette « sortie » présidentielle a anéanti aussi une certaine image de la France généreuse, mère des libertés de l'Europe, que ces nations de l'Autre Europe gardaient celée au plus profond de leur mémoire, depuis l'épopée de la Révolution française. Triste réveil... des deux côtés !

---

1. Les accords de Munich de 1938 ont abouti au dépeçage de la Tchécoslovaquie, avec l'assentiment des puissances occidentales ; tandis que le Pacte germano-soviétique du 23 août 1939, dit pacte Molotov-Ribbentrop, devait donner le signal du début des hostilités, conduire à l'invasion de la Pologne par l'Allemagne nazie puis par l'URSS de Staline qui, conformément aux dispositions du protocole additionnel, resté longtemps secret jusqu'à sa reconnaissance et sa publication en août 1989 sous Gorbatchev, procéda à l'occupation de la partie de la Pologne qui lui avait été attribuée, puis à celle des pays Baltes et de la Bessarabie (Moldavie).

2. Cf. l'article visiblement inspiré et quasi hagiographique publié en page 2 des *Izvestia* le 25 décembre 2003 à l'occasion du 50e anniversaire de l'exécution de l'ancien chef du NKVD puis du MGB de Staline.

Une construction chimérique

La construction européenne telle que nous l'avons connue jusqu'à présent s'inspirait assez largement, au travers de son fonctionnement au moins, des conceptions françaises. Elle est aujourd'hui en panne et devra être réformée de fond en comble. Le constat est en effet accablant. Au sommet de l'édifice, nous trouvons la Politique agricole commune, véritable « vache sacrée » des marathons bruxellois, qui absorbe aujourd'hui encore quelque 40 % du budget communautaire. Une telle absurdité économique et financière, et un tel anachronisme, alors même que la part de l'agriculture dans la population active comme dans le PNB des Etats membres est aujourd'hui, y compris dans l'Europe élargie, infiniment plus modeste, ne peut s'expliquer que par la soumission des instances communautaires, prisonnières de la règle de l'unanimité, au bon vouloir de Paris et à la pression du lobby agricole français. Sauf qu'au lendemain du référendum français et de l'échec du sommet de Bruxelles qui a suivi, un autre consensus est en train d'émerger au sein des 25, même en France, pour juger qu'il n'est plus possible de continuer ainsi. Tony Blair n'a pas tardé à s'engouffrer dans la brèche, soutenu par bon nombre de nos partenaires européens, mais également par un groupe particulièrement actif de pays émergents du Tiers-Monde, emmenés par le Brésil, qui exigent de l'Europe qu'elle ouvre enfin ses marchés agricoles. Encore une fois, la France se retrouve coincée entre ses beaux discours altermondialistes, les effusions publiques en direction de « Lula », l'ancien ouvrier devenu Président du Brésil, accueilli en « star » à Paris pour le 14 Juillet, et une réalité plus prosaïque... et plus égoïste. Lula ne s'est d'ailleurs pas privé de tirer à boulets rouges sur la PAC, dès son arrivée à Paris, en dénonçant publiquement le fait que « chaque vache européenne » bénéficiait de bien plus de subventions que le paysan pauvre de son pays...

La situation de la Banque centrale européenne, aujourd'hui dirigée par Jean-Claude Trichet, ancien directeur du Trésor et gouverneur de la Banque de France, laisse, de la même manière, pantois : cette autorité émettrice exerce en toute indépendance le privilège de battre monnaie, mais sans rendre de comptes à quiconque ni se soucier le moins du monde d'économie, de croissance ou d'emploi, avec pour unique mission statutaire, la lutte contre l'inflation et la défense de la valeur de la monnaie. Contrairement à la Réserve fédérale américaine, qui fonctionne en relation permanente avec la Maison-Blanche et le Congrès, la BCE n'a en face d'elle aucun pouvoir politique digne de ce nom. Elle interprète donc sa mission « indépendante » en une sorte de surplace permanent, s'interdisant de jouer des taux d'intérêt pour relancer l'économie, sortir de la dépression ou de l'équilibre de sous-emploi, s'interdisant également de laisser filer la valeur de l'euro pour favoriser les exportations : ce que peuvent faire les Etats-Unis, très libéraux au niveau micro-économique mais fondamentalement keynésiens dans leur pratique macro-économique. Fille de l'orthodoxie allemande et de l'ultra-conservatisme étroit du couple franco-allemand, la BCE s'abstient de toute action, de toute initiative... hormis la conservation de l'existant. Il ne faut donc pas s'étonner si nous avons un euro largement surévalué, qui handicape nos exportateurs (c'est-à-dire « la France qui gagne ») et nous procure la fausse facilité d'importations à bas prix. Cette situation laisse en effet nos industries doublement exposées à la concurrence souvent déloyale de certains pays émergents, à commencer par la Chine, dont la monnaie, fortement sous-évaluée, sert de fer de lance à la conquête des marchés extérieurs. Ainsi, des importations à prix de dumping de textiles chinois, par suite de l'entrée dans l'OMC de la République populaire de Chine, et dont on a fait grand cas ces derniers mois en France et en Europe. Ce qu'on sait moins, c'est que la déferlante chinoise en Europe ne se résume pas au textile. Sur les quatre premiers mois de 2005, les importations chinoises en Europe dépassaient celles des Etats-Unis, et l'essentiel de ces exportations était constitué de biens de consommation courante, électrique et mécanique. Au total, le niveau des exportations chinoises vers l'Europe a triplé entre 1999 et 2005 [1]. Ce qui a été justement perçu comme l'inaction coupable de la Commission européenne, dont c'était pourtant la compétence et la responsabilité exclusive sur cette question, a lourdement pesé dans la bataille du référendum, dans le même temps où les Etats-Unis eux-mêmes, alliés en l'occurrence aux Turcs, n'hésitaient pas à faire jouer les clauses de sauvegarde pour protéger leurs industries face à un Etat prédateur, recourant encore couramment au travail forcé. Tout cela, fort logiquement, était la conséquence d'une autre illusion gauloise, celle qui consistait à confier à une Commission encore largement irresponsable et aisément critiquée, la tâche de faire passer, presque à la sauvette, une mondialisation que nous savions en réalité inéluctable, mais que nous prenions plaisir à vilipender depuis Paris, comme s'il était possible encore d'y échapper. Laissée sans instructions véritables du fait de cette attitude paradoxale des Etats-membres, qui n'a pas été compensée par un engagement suffisamment responsable des parlementaires européens sur ces questions, la Commission s'est naturellement plutôt mal acquittée de sa tâche. Mais il faut dire là aussi, en toute justice, que nous ne l'y avons pas beaucoup aidée : à l'image de la France, l'Europe communautaire est une maison où chacun cherche à fuir ses responsabilités et à se défausser sur les autres, en se révélant ensuite incapable de faire face aux périls du monde réel.

---

1. *Financial Times*, 21 juillet 2005.

Irréel, ce modèle d'une Europe française conçue comme une plus grande France l'était enfin du fait de l'absence de consensus sur la politique économique et sur le modèle social européen : Britanniques, Irlandais mais aussi Tchèques, Polonais ou Lituaniens, très attachés aux mécanismes de l'économie de marché, ne partagent pas nos préventions idéologiques à l'encontre du capitalisme – fût-il aujourd'hui qualifié par nous de « néolibéral » et d'« anglo-saxon ». Ils ne jugent pas attractif ce modèle social français que nous parons de toutes les vertus, alors même qu'il est exsangue. Libérés pour certains, il y a peu, du carcan de l'économie dirigiste, ces pays n'entendent pas se laisser « resoviétiser » par nos soins, ni se laisser imposer les bienfaits d'une économie de sous-emploi chronique (à distinguer du chômage conjoncturel lié à la transition et à la transformation de l'économie), avec un taux de chômage stabilisé à 10 % depuis 15 ou 20 ans, un taux de croissance poussif, des déficits béants, une dette publique record et un climat social qui, pour autant, n'est aucunement apaisé. Dans ces conditions, faut-il vraiment s'étonner de ce que le modèle « anglo-saxon », si conspué à Paris, fasse davantage recette au total, à Varsovie, à Budapest ou à Tallinn grâce à son dynamisme économique, son taux de chômage réduit qui confine au plein emploi, l'attractivité de ses places financières, la prime à l'audace et à l'innovation qui sont ses caractéristiques ?

Quand la France se prend « les pieds dans le tapis »

Le rejet par le peuple français, le 29 mai 2005, du projet de traité constitutionnel constitue un paradoxe qui n'est pas sans rappeler le sort de la Communauté européenne de défense, il y a un demi-siècle. Son rejet par le Parlement français de l'époque, en 1954, alors que la France en était l'initiatrice, avait abouti, en bonne logique, d'une part au réarmement de l'Allemagne à l'intérieur de l'OTAN (ironiquement donc – on l'a un peu oublié chez nous – c'est la France de 1954 qui installa durablement la suprématie atlantique sur le Continent!), et d'autre part à un aggiornamento brutal du projet européen. Celui-ci s'en trouva redéfini autour d'une vision beaucoup moins politique, beaucoup plus centrée sur les questions économiques et commerciales qu'initialement envisagé. Autre facétie de l'Histoire, c'est là aussi, en essence, que trouve son origine la conception de l'Europe marchande ou « libérale », celle du traité de Rome de 1957, celle à laquelle les électeurs français ont cru opposer une fin de non-recevoir en mai dernier, celle du Grand Marché qui nous reste aujourd'hui. Que celui-ci se voie placé sous présidence britannique au lendemain du 29 mai est – autre signe ironique là aussi – le gage qu'au moins la fusion entre CEE et AELE aura, elle, réussi! Faute d'avoir su construire l'Europe puissance, nous aurons donc un Grand Marché à l'échelle du Continent. Car si la Constitution a été rejetée, les traités antérieurs, eux, demeurent en vigueur.

Parmi les Etats membres, certains apparaissent de plus en plus décidés à réformer l'édifice et à le débarrasser du fatras socialiste et dirigiste dont nous avons cru côté français devoir l'encombrer depuis des lustres. Il n'est cependant pas davantage certain qu'ils y parviennent. L'hypothèse la plus probable, au moins jusqu'à l'élection présidentielle française prévue en 2007, est celle d'un blocage durable du système européen en l'état. C'est-à-dire la persistance d'un désaccord ouvert, plus ou moins poli, entre les Etats membres tant sur la marche à suivre pour sortir de la crise, et plus fondamentalement sur le devenir européen. Tout cela est pour le moins regrettable : car le monde, lui, n'attend pas, et avance sans nous.

CHAPITRE 3

Une ambition multipolaire

La France, architecte de la démocratie mondiale

La France – c'est là un trait de notre caractère national que je revendique moi aussi avec fierté – n'a nullement abandonné sa vocation universelle. Notre vieille nation, puissance dominante en Europe aux temps de Richelieu et de Louis XIV, avant-garde démocratique et révolutionnaire après 1789, Empire continental au temps de Napoléon, héroïque combattante pendant la Grande Guerre, indépendante et souveraine sous la présidence du général de Gaulle, cultive depuis des siècles son goût de la « grandeur ».

Si le mot fait désormais sourire la plupart de nos voisins ou partenaires, il recèle néanmoins une revendication profonde : celle d'une place singulière pour la France parmi les nations. Parce que nous sommes les dépositaires – avec la République américaine que nous avons aidée à faire naître – des valeurs fondamentales de liberté et de démocratie, ces valeurs à vocation universelle nous obligent précisément ; et donnent à la voix de la France cette dimension-là : unique.

En 2005, comme pour exorciser la spirale du déclin qui semble s'être installée dans le pays, ces aspirations-là semblent plus vivaces que jamais, marquées par cette longue tradition héritée d'un brillant passé, qui a vu la France triompher sur les champs de bataille, diffuser ses idées généreuses et modernes, briller de mille feux dans les domaines des arts et des lettres. Le français, langue exquise et raffinée, était parlée de toutes les élites, dans les cabinets diplomatiques et les cours royales ; sa littérature et sa poésie rayonnaient dans les salons de la vieille Europe. Aujourd'hui comme hier, la France n'a jamais cessé de se voir en phare des nations.

Et c'est bien comme cela. Reste à savoir de quelle lumière nous voulons briller dans le monde chaotique et dangereux de l'après-Guerre froide : les paillettes de l'air du temps ? Ou le bâtisseur du chemin de la liberté et de la démocratie...

« La voix singulière de la France dans le monde, au service de la paix, du droit et du respect des peuples, pour les dialogues des cultures, pour le développement durable... » En ce 4 janvier 2005, le Président Chirac présente ses vœux aux « forces vives » de la nation. Il y déclame une énième fois les ambitions françaises en matière de politique étrangère. Derrière les mots et les expressions répétées à l'envi depuis onze ans dans (toutes) les arènes des quatre coins de la planète, perce la volonté tenace de s'ériger à la fois en conscience morale de la communauté internationale, et en architecte de sa transformation en un monde meilleur. Vaste programme, aurait dit le Général. La planète a beau vivre au rythme d'une compétition économique acharnée, être confrontée à l'émergence de nouvelles puissances et à la faillite de certains Etats, doublées d'une croissance démographique inédite dans les annales de l'Histoire, d'une pauvreté endémique et du risque hyper-terroriste du fondamentalisme islamiste, elle a beau enfin être menacée d'une prolifération nucléaire désordonnée au profit d'Etats-voyous, en délicieuse et délicate puissance post-moderne, la France ne parle que de paix, de droit, de fraternité, de dialogue et de justice sociale. La patrie des Droits de l'homme n'a d'yeux que pour les opprimés et les sans-droits. Ayant décidé de moraliser le monde, elle donne l'exemple chez elle en pratiquant la repentance publique : à l'égard de Vichy, de son passé esclavagiste même ou de son Histoire coloniale. Au fil des voyages présidentiels, de l'Algérie à Madagascar, nous passons notre temps à nous excuser pour nos pères... Face aux guerres et au terrorisme du Nouveau Monde, nous nous autoproclamons leader du « camp de la paix », toujours en première ligne pour faire avancer les bonnes causes de l'humanité. Chantre de la protection de l'environnement et de la lutte contre le réchauffement du climat, champion du développement des pays les plus pauvres, apôtre d'une mondialisation maîtrisée, du dialogue des cultures et des civilisations, thuriféraire d'une Europe au service de la paix et promoteur d'une gouvernance mondiale dans le cadre des Nations unies et autres « volapük » bien intentionnés, la France de Chirac, convoquant, dans une étrange fusion doctrinale, les mânes d'Aristide Briand, de Jules Moch voire de... Woodrow Wilson ou d'Olof Palme, s'est érigée en référence morale de notre temps.

A l'opposé du nationalisme farouche de Clemenceau ou de De Gaulle, la « Weltanschauung » de la France, à l'orée du XXIᵉ siècle, et le nouvel ordre international qu'elle porte sur les fonts baptismaux, reposent sur quelques principes résolument internationalistes : la responsabilité collective dans l'action, l'équité afin de réguler la mondialisation, la solidarité des nantis dont les pauvres doivent bénéficier, la diversité (culturelle, linguistique, biologique...), le « principe de précaution », la liberté pour garantir la démocratie et les Droits de l'homme [1]. Au cœur du dispositif, l'ONU est devenue le cadre de prédilection où s'exprime le génie universel français et où s'exercent ces nobles postulats. Le

---

1. Vœux au corps diplomatique, Paris, 7 janvier 1998.

« machin », jadis moqué par le général de Gaulle, est désormais considéré comme l'instance suprême du système international, le juge et le gendarme du monde. Il dit le droit, prévient et contient les crises, maintient la paix, règle les conflits. Qu'importe si l'ONU est composée en grande majorité d'Etats non démocratiques et si la Libye préside depuis deux ans la Commission des Droits de l'homme ! Qu'importe si, à l'exception de la guerre de Corée (1950-53) – en l'absence du représentant soviétique – et de la première guerre du Golfe, elle n'a également jamais été capable de mettre sur pied des interventions armées comme le prévoit le chapitre VII de sa Charte, en dépit de violations flagrantes de ses principes fondamentaux [1]. Qu'importe enfin si l'ONU a été tout aussi impuissante face aux massacres perpétrés au Rwanda ou au Darfour. Rien de tout cela n'ébranle les certitudes françaises. Notre pays jouit de l'immense privilège d'un siège permanent au Conseil de sécurité qui lui assure un droit de regard exclusif sur tous les problèmes de la planète. Ce siège – envié par nombre de nations émergentes, sans parler de l'Allemagne ou du Japon, permet à la France de demeurer incontournable sur la scène internationale, même si notre pays ne dispose plus des forces pour peser militairement ou financièrement sur l'ensemble du globe. L'Organisation des Nations unies étant la meilleure garante de l'influence française, elle est par conséquent le vecteur premier de la nouvelle architecture mondiale qu'entend promouvoir Paris.

On est loin, très loin, on le voit, des combats menés par la diplomatie française, il n'y a pas si longtemps, contre la machine onusienne au temps de la guerre d'Algérie, de la

---

1. Entre autres exemples de l'impuissance onusienne : les invasions soviétiques de la Hongrie, de la Tchécoslovaquie ou de l'Afghanistan ; les guerres ayant opposé les Etats issus de l'ex-Yougoslavie, sans oublier Srebrenica où les forces de l'ONU assistèrent en voyeurs impuissants à un mini-génocide sous leurs yeux !

crise de Suez, ou même plus récemment des essais nucléaires français, condamnés par la « communauté internationale »...

Devenue le meilleur élève de la classe onusienne, la France post-moderne rêve de mettre en place une gouvernance mondiale qui s'appuierait sur deux nouvelles instances – un « Conseil économique et social » et un « Conseil de l'environnement » –, dont les missions seraient de réguler la mondialisation et ses effets pervers sur les économies, les sociétés et les cultures, comme Jacques Chirac l'a d'ailleurs suggéré lors du sommet de Johannesburg en septembre 2002. Le premier conseil, dont la création avait été promue par... le Département d'Etat américain pendant la Seconde Guerre mondiale, mais qui n'a jamais véritablement fonctionné, coordonnerait les différentes agences onusiennes intervenant dans les champs de l'économie et du développement, les institutions financières internationales (FMI, Banque mondiale), ainsi que l'Organisation mondiale du commerce (OMC). A la suite du tsunami qui a ravagé l'Asie du Sud à Noël 2004, la France a même proposé que le Conseil de sécurité dispose de brigades de « casques rouges » – (rouge sans doute pour la couleur des pompiers ?) –, d'escouades internationales de professionnels de l'humanitaire et de gestion des catastrophes naturelles. Le tsunami, à dire vrai, a beaucoup « inspiré » notre diplomatie : à la fin de janvier 2005, le Président Chirac inaugurait en grande pompe la conférence internationale sur « Biodiversité, science et gouvernance » à l'Unesco. Au nom de la France, il lança depuis cette tribune un vibrant appel en faveur de la constitution d'une « véritable police de la nature » visant à sauvegarder la biodiversité de la planète. Une sorte d'ONF mondiale en quelque sorte, revisitée par Nicolas Hulot et « Thalassa »... Quant aux deux nouvelles instances onusiennes dont la France fait la promotion, elles permettraient, selon Paris,

d'établir à l'échelle internationale le dialogue social fondamental dont la démocratie mondiale en cours de construction a tant besoin. Les délocalisations industrielles, qui
touchent toutes les vieilles économies industrielles, ou
encore les législations sociales « flexibles » des pays en
voie de développement, trouveraient enfin un forum de
discussions universel. La Chine et l'Inde ne se sont pas
exprimées sur la question à ma connaissance : sans doute
ont-elles d'autres priorités dans l'immédiat...

Pour financer la nouvelle gouvernance économique et
sociale, la France, pays le plus taxé du monde, évoque, en
une sorte de réflexe pavlovien, de nouvelles contributions
fiscales, cette fois à l'échelle planétaire, bien sûr ! La
réduction de la pauvreté, la promotion et la protection
des ressources rares, de l'environnement et de la santé
publique passent en effet par la mise à disposition de la
communauté internationale de moyens supplémentaires
colossaux. Il n'est pas question d'augmenter les contributions nationales à l'ONU (que les plus pauvres ne peuvent
pas payer ou que les plus mal intentionnés, les Etats-Unis
en premier lieu, rechignent à régler). La France veut donc
promouvoir de nouvelles taxes internationales pour réduire
la « fracture sociale mondiale ». Rappelons-nous les propos que Jacques Chirac tenait dans les colonnes du *International Herald Tribune* du 20 mars 2002. Il y mentionnait
la taxe Tobin, certes « inapplicable et impossible tech-
niquement mais qui, repensée, doit pouvoir trouver le
moyen de faire financer par les bénéfices de la mondialisation une partie de l'effort nécessaire au développement et
pour un développement durable ». Après le tsunami de la
fin de l'année 2004, le Président français a d'ailleurs jugé
« inéluctable » l'instauration d'une taxation internationale.
Ces dernières années, Jacques Chirac a creusé à plusieurs
reprises ce sillon, évoquant tour à tour une taxe sur les
émissions de CO^2, les billets d'avion, la consommation

d'eau ou des consommations courantes [1]... Paradoxale-
ment, malgré son engagement ardent aux côtés des damnés
de cette terre, la France n'a toutefois jamais songé à réformer sérieusement la Politique agricole commune (PAC),
principal obstacle aux exportations agricoles des pays
du Sud et dont elle bénéficie très largement depuis des
décennies. Sait-on qu'en l'an 2000 l'Union européenne a
consacré 8 dollars d'aide par habitant de l'Afrique
subsaharienne contre 913 dollars par vache sous forme de
subventions dans le cadre de la PAC [2]? Le Président
Chirac et le gouvernement Jospin, alors en cohabitation,
ont même – ensemble ! – fait capoter les négociations sur
la libéralisation du commerce agricole lors des négociations de l'OMC à Doha à l'automne 2001. Quant à l'aide
publique au développement (APD) que la France destine
aux pays du Sud, elle représente à peine 0,4 % du PIB
français contre 0,62 % en 1992. Loin de l'objectif de 0,7 %
que se sont fixé les pays riches en... 1970 et que les pays
scandinaves sont aujourd'hui seuls à respecter. Comme
toujours chez nous, le verbe et le rêve sont bien éloignés
de la réalité... Si l'APD française a – un peu – augmenté
ces dernières années, après avoir touché un point bas
(0,32 % du PIB) en 2001 sous le gouvernement de Lionel
Jospin, c'est parce que la France s'est engagée à annuler
les dettes de plusieurs pays parmi les plus pauvres, mais
non parce que notre pays a dénoué les cordons d'une
bourse d'ailleurs vide, pour affecter plus de moyens au
développement. De surcroît, l'Etat français a non seulement diminué sensiblement les montants d'aide publique
au développement alloués aux ONG, mais a aussi multiplié
les retards de paiement sur des programmes pourtant

---

1. Yves Michaud, *Chirac dans le texte. La parole et l'impuissance*, Stock,
2004, page 130.
2. Tony Judt, « Europe vs America », *The New York Review of Books*,
Volume 52, Number 2, 10 février 2005.

approuvés [1]. Mais qu'importent la cruauté des chiffres et les langueurs bureaucratiques, l'essentiel est de maintenir le verbe haut et d'animer les nombreux sommets qui débattent de l'essor des pays les plus pauvres, à l'instar de la conférence de Brazzaville sur la gestion durable des forêts du bassin du Congo que Jacques Chirac a tenu à honorer de sa présence en février 2005.

Telle est la vision altruiste, généreuse, humaniste et spectaculaire du nouvel ordre mondial cosmopolitique dont la France, parangon de vertu, se fait désormais le porte-drapeau. « La paix perpétuelle » de Kant, ce « doux rêve » du grand philosophe prussien, paraît bien fade et bien modeste à l'aune de cette nouvelle et ambitieuse architecture internationale à faire rougir de plaisir la vague montante des altermondialistes et des lecteurs assidus du *Monde diplomatique*. Avec la France, « un autre monde est possible », il est au coin de la rue ; inutile, donc, de courir les forums de Porto Alegre ou de Bombay – où l'Elysée délègue en masse nos ministres ; pas la peine non plus d'affronter les polices de Seattle ou de Gênes. Faites confiance au « Chi » de l'Elysée. Amélie veille au bien-être, à la félicité du genre humain.

La vision française s'articule autour de quelques grands principes immuables tirés de la Charte des Nations unies de 1945. La pierre angulaire de ce bel édifice est le droit international, norme suprême des affaires internationales, mais appréhendé depuis quelques années dans sa concep-tion la plus classique. Ce choix est a priori incontestable : le droit international a permis au cours des siècles de nor-maliser, voire de pacifier en certaines circonstances, la jungle hobbesienne des relations internationales, faute d'un Léviathan universel. Néanmoins, les juristes ne tar-

---

1. Laurence Tovi, « Les ONG s'inquiètent des retards de paiement de l'Etat français », *Les Echos*, 19 avril 2004.

dèrent pas à faire remarquer que le droit international et l'objectif suprême qu'il vise – la paix – étaient moralement indifférents. Car, ils peuvent impliquer, comme l'a écrit Raymond Aron dans *Paix et guerre entre les nations*, le sacrifice de la justice sur l'autel de la stabilité et de la sécurité ou la préférence de la « paix par l'Empire » au détriment de la « paix par le droit ».

De fait, derrière le discours optiquement « moderniste » d'une diplomatie qui cherche à épouser les modes du temps et à incarner le mouvement, se dissimule un conservatisme absolu. En se cherchant un rôle dans les « grands problèmes transnationaux » que sont le développement, le sida ou l'environnement (problèmes certes considérables mais dont les « solutions » par nature sont multiples, souvent vagues ou fumeuses), tout se passe comme si la France visait surtout à préserver ce qui peut l'être de l'ordre existant – à commencer par sa propre place à l'ONU. D'où l'insistance, au sommet de l'échafaudage diplomatique français, sur le principe de l'inaliénable souveraineté étatique et, partant, sur son corollaire immédiat, l'interdiction de toute ingérence dans les cuisines et dépendances d'un autre Etat. La France respecte en cela à la lettre l'article 2 du paragraphe 7 de la Charte des Nations unies qui stipule que les Nations unies ne sont pas autorisées à intervenir dans les affaires relevant essentiellement de la compétence nationale d'un Etat. Ce principe, éminemment favorable à la permanence de l'ordre en place, avait été adopté dès la conférence de San Francisco, en 1944, en réaction aux errements wilsoniens de 1918, ceux de la Charte de la SDN qui, tout au contraire, avait comme objectif l'autodétermination des peuples. On sait ce qui devait en découler pendant l'entre-deux-guerres : Hitler, en particulier, en usa et abusa sous le prétexte de la défense des minorités allemandes afin de s'immiscer dans les affaires de ses voisins, pour finir par les avaler ou les démembrer.

L'ennui, c'est que les Droits de l'homme figurent aussi évidemment en bonne place, dans les priorités diplomatiques françaises – héritage révolutionnaire oblige – tout comme le droit des peuples à disposer d'eux-mêmes. Or, que le respect des libertés fondamentales et des droits inaliénables de la personne puisse entrer en collision frontale avec les principes de souveraineté nationale et étatique et de non-ingérence, ne semble guère émouvoir Paris. Pourtant, le principe onusien de la non-ingérence, cohérent avec le partage du monde à Yalta, s'était avéré de plus en plus problématique au fil du temps : la non-ingérence s'imposant comme le meilleur rempart des dictateurs pendant la Guerre froide, et comme la plus sûre de leurs protections contre l'exercice d'un droit de regard de la communauté internationale. Les passagers clandestins du système international que sont les tyrannies, profitent en effet de la souveraineté, attribut suprême de l'ordre étatique, pour martyriser leurs sujets en toute impunité. André Glucksmann a raison lorsqu'il écrit que « le droit des peuples à disposer d'eux-mêmes – droit à l'indépendance – se renverse, par la grâce du principe absolu et universel de souveraineté, en droit des gouvernants à disposer de leurs peuples – droit à la dictature [1] ».

La disparition de l'ogre soviétique avait pourtant ouvert de nouvelles voies à l'ingérence, d'abord présentée dans sa dimension humanitaire. Bernard Kouchner, on s'en souvient, en fut le héraut médiatique, auprès d'un François Mitterrand pourtant soucieux de ne bousculer en rien l'ordre hérité de Yalta, tant en Allemagne que dans l'ex-Yougoslavie. La France, à l'époque de la guerre des Balkans, envoya des « soldats humanitaires » mandatés

---

1. André Glucksmann, « Notre mirage : plutôt Poutine que Bush ! », in *Irak, an 1*, sous la direction de Pierre Rigoulot et Michel Taubmann, Editions du Rocher, 2004.

expressément pour ne pas faire la guerre (quarante-six d'entre eux périrent ainsi...).

Dans la foulée des massacres de Bosnie, puis de l'épuration ethnique entreprise par Milosevic au Kosovo, l'ingérence prit un tour plus militaire, soutenu d'ailleurs par des opinions publiques, en France notamment, écœurées de revoir, tous les soirs à la télévision, les images d'une Europe rappelant celle de 1945... Jacques Chirac, dès son arrivée au pouvoir en juin 1995, ainsi que John Major, utilisèrent donc la force contre la Serbie, puis parvinrent à amener enfin l'Amérique à entrer dans le conflit. Ce fut ensuite la guerre (la première !) de l'OTAN contre la Serbie et les bombardements de Belgrade dont les traces sont toujours visibles aujourd'hui, pour conduire les forces serbes à se retirer d'une province pourtant partie intégrante de l'ex-Yougoslavie. Non seulement le principe de non-ingérence était-il ouvertement ignoré, mais cette guerre, rappelons-le, fut décidée sans mandat de l'ONU, face au risque de veto russe et chinois. En lieu et place de la doctrine classique de la Charte, un nouveau principe de droit international semblait donc s'imposer : des Etats, voire une alliance militaire régionale (en l'occurrence l'OTAN), pouvaient s'ériger en garants des droits fondamentaux de la personne humaine bafoués ailleurs. Là où un « Etat-voyou » se livrait à des actes moralement intolérables de génocide ou d'épuration ethnique contre sa propre population, le principe de souveraineté et la non-ingérence devaient cesser de s'appliquer...

Mais la France de Jacques Chirac, qui avait été l'un des fers de lance de l'intervention armée contre les exactions du régime de Milosevic, changea radicalement de pied quelques années plus tard, sur l'affaire irakienne.

S'agissant de l'Irak, il ne devait plus être question d'ingérence d'aucune sorte : la France, dorénavant, s'en tiendrait au respect sourcilleux du principe de souveraineté d'un Etat, aussi tyrannique que pouvait l'être le régime baassiste de Saddam Hussein. Slobodan Milosevic n'était pourtant qu'un gentil amateur à côté du « Saladin » irakien dont la maxime : « Ceux qui veulent me prendre le pouvoir retrouveront après moi un pays vidé de son peuple », fit véritablement office de programme de gouvernement pendant trente ans. Le régime baassiste avait beau avoir causé la mort de 2 millions d'Irakiens [1], poussé à l'exil 3 à 4 millions de personnes, procédé à un nettoyage ethnique de grande ampleur avec l'anéantissement de villes et de villages au Kurdistan et à l'extrême sud du pays chez les Arabes des marais, gazé des milliers de civils kurdes lors de l'opération Anfal en 1988, éliminé des centaines d'opposants politiques, de journalistes et d'écrivains et maillé l'ensemble de la société qui vivait au rythme des dénonciations et de la terreur [2], il n'a jamais été question pour la France de s'ingérer dans la tyrannie saddamiste, pour cause de respect de sa souveraineté étatique. Dans une interview accordée au *New York Times* parue le 9 septembre 2002, Jacques Chirac déclarait ainsi que « jamais le Conseil de sécurité ou la communauté internationale n'a été saisi de la volonté de changer le régime en Irak ». Surtout pas par la France, pourrait-on ajouter... La « patrie des Droits de l'homme » n'a jamais dénoncé les crimes de Saddam Hussein à l'ONU, et se satisfaisait pleinement des services du « maître de Bagdad ». Plus généralement, la France, par mauvaise conscience, peut-être, face à son

---

1. Il s'agit en l'espèce non seulement des Kurdes, qui ont subi les représailles du régime baassiste depuis 30 ans, mais aussi des Chiites : les Arabes des marais du sud de l'Irak, victimes des répressions sanglantes de 1991, ainsi que des morts des guerres successives initiées par Saddam Hussein, avec l'Iran en 1980, puis avec le Koweït et les pays de la Coalition en 1990, sans compter les citoyens irakiens de toutes origines torturés et exécutés dans l'anonymat au cours des 35 années d'une dictature parmi les plus sanguinaires de la planète.

2. Pour une description exhaustive de l'Etat totalitaire baassiste de Saddam Hussein voir notamment Kanan Makiya, *La Machine infernale : Politique de l'Irak moderne*, Lattès, 1991 qu'il publia sous le pseudonyme de Samir Al-Khalil.

passé colonial, estime désormais que les réformes ne peuvent être impulsées que de l'intérieur d'un pays et d'une manière graduelle, selon « sa chronologie propre, son histoire, sa mémoire [1] », pour reprendre les termes de Dominique de Villepin, alors ministre des Affaires étrangères de Jacques Chirac. Comment les sujets d'une dictature ou d'un régime autoritaire s'y prendront-ils pour amener les pouvoirs à se libéraliser ? Nul ne le sait et la France se garde bien de s'exprimer sur cette question délicate...

Ainsi se dégagent progressivement les formes voluptueuses du monde d'Amélie. Ses aspirations sont la justice, la paix, le droit, le développement, l'équité, la solidarité, la protection de l'environnement, la maîtrise de la mondialisation et la gouvernance économique et sociale. Son cadre est l'Organisation des Nations unies où se dit le droit international, norme suprême de la communauté des Etats interdépendants, dans le respect de la souveraineté et de la culture de chacun – c'est-à-dire du statu quo ! Quant aux modalités politiques d'organisation de ce cosmos nouveau, elles devront marquer, selon Dominique de Villepin, l'apogée d'une « démocratie des nations à l'échelle mondiale, fondée sur [...] le partage et la prise de conscience d'une vraie communauté de valeurs [2] ». La « démocratie mondiale » serait donc, à en croire la France d'Amélie, en marche ! Mais en attendant qu'émerge doucement cette « communauté de valeurs », que personne ne bouge ! Il faut surtout ne rien brusquer, ne rien faire qui puisse entraver la progression souhaitée par Paris vers un « monde multipolaire ». Je serais tenté de résumer cette étrange doctrine, mélange de rêverie politique et de cynisme absolu,

---

1. « Diplomatie et action », Entretien avec Dominique de Villepin, supplément de *Politique internationale*, n° 102, hiver 2003-2004, page 13.
2. *Ibid.*

en paraphrasant Edgar Faure : « la multipolarité dans le statu quo »...

Le monde multipolaire et le modèle européen

« Les grands pôles de développement – l'Europe, l'Amérique du Nord, l'Amérique du Sud, l'Asie du Sud-Est et naturellement la Chine et le Japon – se développeront de façon harmonieuse et non pas dans un esprit de confrontation. » Cette citation, extraite d'une interview accordée par le Président Chirac à la première chaîne de télévision chinoise en mai 1997, résume en quelques mots la nouvelle lubie de la diplomatie française. L'idée paraît simple et pleine de bon sens. De nouvelles puissances ont émergé ou sont sur le point de le faire. Aux côtés des traditionnels pôles de puissance que sont les Etats-Unis, l'Europe, la Russie, le Japon et la Chine, s'ajoutent ou s'ajouteront bientôt l'Inde, l'Afrique du Sud et le Brésil qui formeront autant de « pôles » appelés à coopérer et à bâtir ensemble un nouvel équilibre international. La France, qui désire parler au nom de l'Union européenne (même si nombre de ses membres, notamment la Grande-Bretagne, les nouveaux entrants de l'Est mais aussi les Pays-Bas, le Danemark et l'Italie, sont loin de partager la vision multipolaire de Paris), s'est donné une mission à la hauteur de ses ambitions : « travailler à ce que le monde soit organisé pour accueillir [les nouveaux pôles] et garantir une stabilité durable [1] »; les insérer dans un ensemble de règles, de normes et d'institutions qui structurerait un monde multilatéral pour aboutir à l'émergence « d'une démocratie mondiale qui doit permettre la maîtrise des

---

1. Interview de Dominique de Villepin, *op. cit.*

risques et une authentique coopération à l'échelle de la planète [1] ».

Rien de moins ! A la lecture de ce discours programme planétaire, plein de panache et de verve, on imagine les représentants nationaux de l'Assemblée générale des Nations unies réserver une standing ovation, la larme à l'œil, à cette vision pacifiste touchante d'humanisme, pendant que les ambassadeurs de la Corée du Nord, de l'Iran, du Zimbabwe, du Belarus, de la Russie, de l'Ouzbékistan ou de la Syrie échangeraient des sourires complices, car il savent d'instinct que le droit sans la force est une aubaine pour les Etats qu'ils représentent. On retrouve là les idées des grands philosophes des Lumières – Voltaire et Montesquieu – ou de l'historien Emmerich de Vatel qui officiait à la même époque. Tous considéraient que les Etats d'Europe du XVIIIe siècle vivaient en harmonie et souscrivaient à des principes de politique et de droit public identiques, différents des autres parties du monde. L'approche française, fondée sur les notions de coopération, de collaboration, de respect, de partage et de souveraineté, s'est internationalisée, et s'étend désormais à la planète entière.

Mais compte tenu des rapports de forces actuels du système international, que signifie concrètement cette approche multipolaire ?

Le point de départ consiste naturellement à considérer, comme le fait Jacques Chirac, qu'une « société » où il n'y a qu'une seule puissance est toujours une société « dangereuse et provoque des réactions ». La France parle ici en orfèvre : l'Europe entière ne s'était-elle pas liguée contre Louis XIV puis contre Napoléon pour mettre fin à l'hégémonie française ?

Tout empire étant amené à périr parce qu'il attire toutes sortes de coalitions contre lui, ergo, l'intérêt bien compris de la France, surtout si elle entend préparer « la démocratie

---

1. *Ibid.*

mondiale », est de faire dès à présent contrepoids à l'hyperpuissance américaine. Certes, l'Amérique est notre « amie » et notre « alliée », comme les célébrations du 60ᵉ anniversaire du Débarquement en Normandie sont venues opportunément nous le rappeler. Mais, au fond, cette nation multiculturelle étrange, dotée d'une « sous-culture » et d'un instinct belligène, administrée de façon totalement erratique, ne saurait prétendre gouverner le monde. Au demeurant ne s'attire-t-elle pas déjà un ressentiment presque unanime : en Europe, en Asie, en Amérique latine et bien sûr dans la totalité des pays musulmans ? En « rééquilibrant » l'omnipuissance américaine (« l'hyper-puissance » selon Hubert Védrine), la France rendrait donc un grand service à la stabilité du monde et à la paix. Pour cela, la France s'appuie sur trois pôles : « l'Europe puissance » bien sûr, qu'elle prétend emmener derrière elle et détacher, ce faisant, du parapluie américain ; et bien entendu, la Russie et la Chine, candidats naturels, comme chacun sait, à la démocratie mondiale. S'agissant de « l'Europe puissance », on a pu voir lors du chapitre précédent, que le pari français d'entraîner le reste du Continent contre l'Amérique ne paraît pas gagné d'avance. C'est le moins qu'on puisse dire...

Quant à la Russie et la Chine, il n'est que de voir de près les régimes en place, les exactions commises chaque jour en Tchétchénie, dans le Caucase Nord par la première, ou les menaces militaires proférées contre Taïwan, sans parler du Tibet pour la seconde, pour mesurer l'inanité d'une telle contre-alliance. A moins que d'autres intérêts plus prosaïques (le gaz russe par exemple, ou l'accès au fabuleux marché intérieur chinois) n'expliquent en partie notre engouement pour cette coalition indécente.

Premier partenaire du « Camp de la Paix » avec la Russie, premier avocat de la levée de l'embargo sur les armes, s'agissant de la Chine, voici donc la France embarquée dans un vaste exercice de rééquilibrage de la puissance américaine.

L'entreprise en tout cas sert parfaitement les desseins des dirigeants russes et chinois, qui ont leurs propres relations avec Washington bien sûr, mais qui abusent de notre vanité – et des divisions des Occidentaux – pour négocier en meilleure position avec les Etats-Unis.

Quant à savoir si cette politique-là sert vraiment la France, c'est là une tout autre question, trop rarement posée par nos intellectuels et commentateurs patentés, tant est grand chez nous le tropisme anti-américain.

Est-il pourtant « moral » ou même sage – sur le seul plan de la Realpolitik – de laisser, sans rien dire, notre grand voisin russe démolir pierre à pierre l'édifice fragile de la démocratie, ou s'enfoncer dans une guerre sans fin dans le Caucase ? Est-il vraiment dans notre intérêt bien compris d'encourager la militarisation de la Chine, au prix demain d'une nouvelle course aux armements nucléaires – sino-américaine cette fois ? Et, si l'on tient absolument à aider la Chine à acquérir (chez nous, par exemple) les technologies les plus modernes en la matière, avons-nous au moins obtenu, en retour, l'arrêt de l'aide chinoise aux programmes nucléaires ou de missiles dans des pays tels que la Corée du Nord, le Pakistan, voire l'Algérie ?

La France, décidément, ferait bien de se méfier des mirages de la multipolarité dont Henry Kissinger a montré combien elle était intrinsèquement instable et belligène. Une division du monde « à l'amiable » entre plusieurs pôles par définition concurrents, de même qu'un nouvel équilibre des puissances, se discutent rarement autour d'une table entre amis ! Un tel arbitrage découle plus généralement d'une période de conflits entre puissances émergentes et/ou contre la puissance dominante. De ce point de vue, les précédents systèmes multipolaires ne sont guère encourageants ! Il aura fallu plus d'une décennie de combats sur les champs de bataille européens pour faire rentrer dans le rang la France napoléonienne, et lui imposer de nouvelles règles assurant une paix relative sur le Vieux Continent pendant quelques décennies. Et combien de millions de vies humaines ont-elles été sacrifiées pour ramener l'Allemagne à la raison au siècle dernier ? Le monde multipolaire que la France appelle de ses vœux suscite ainsi une première interrogation. A supposer, comme feignent de le croire certains, que Bush = Hitler, et que l'Amérique soit aussi dangereuse à terme que l'Allemagne nazie d'hier (!), comment s'y prendra-t-on pour réduire la prépondérance américaine puisque telle est semble-t-il la principale condition à l'avènement du monde multipolaire ? Les Américains, gens fort pragmatiques et ayant toujours eu une sainte horreur de l'équilibre des puissances – une vieille tradition européenne qu'ils assimilent aux monarchies de l'Ancien Régime –, ne réduiront pas leurs budgets de recherche, de défense et le dynamisme de leur économie, pour participer au monde multipolaire avec leurs petits camarades émergents : la future Europe puissance, la Chine et la Russie ou d'autres ! Faudra-t-il alors en venir aux mains avec l'hyperpuissance ? Les volontaires ne se bousculent pas, même si d'augustes généraux chinois menacent déjà les Etats-Unis d'attaque nucléaire au cas où ceux-ci prendraient la défense de Taïwan après une invasion chinoise[1]. Alors, que faire ? Certains intellectuels français ont trouvé la parade. A les écouter, il suffirait d'attendre l'écroulement imminent de l'Amérique. A l'instar d'Emmanuel Todd, dont l'ouvrage *Après l'empire* a connu un succès de librairie en 2002, ils sont nombreux à guetter le « collapsus » de l'hyperpuissance, persuadés depuis fort longtemps que les déséquilibres de l'économie, le multiculturalisme et ses ghettos et les aventures mili-

---

1. *Financial Times*, 20 juillet 2005.

taires de la première puissance mondiale, ne vont pas tarder à provoquer sa chute.

Un monde multipolaire – à supposer qu'il soit dans notre intérêt – ne se construit pas si facilement. En réclamer l'avènement ne saurait suffire. Il nécessite notamment l'existence de l'interface d'un élément régulateur qui puisse appuyer les plus faibles ou les plus menacés afin de maintenir l'équilibre international. Au xviiie et au xixe siècle, ce pivot était la Grande-Bretagne et sa politique de « splendide isolement » initiée par le roi Guillaume III contre les ambitions hégémoniques de Louis XIV : « pas d'alliés éternels, ni d'ennemis permanents », avait coutume de dire Lord Palmerston, le chef de la diplomatie de sa Majesté. La France se voit-elle désormais en interface du monde multipolaire ? Y serait-il véritablement de l'intérêt de l'Europe ? Une telle configuration présupposerait de fait la destruction de l'Alliance transatlantique, et la rupture entre le Japon et les Etats-Unis, au profit de partenariats ad hoc selon les rapports de forces du moment. Est-ce là vraiment notre intérêt national ?

Les discours enthousiastes de la France sur le monde multipolaire négligent un autre aspect essentiel d'un système de ce type. Pour fonctionner, l'équilibre doit reposer sur la reconnaissance de valeurs communes par les différents pôles. Au lendemain du Congrès de Vienne, toutes les puissances européennes partageaient ainsi une philosophie conservatrice, pour ne pas dire réactionnaire. De plus, ces monarchies possédaient toutes des institutions compatibles, une donnée essentielle, dans la mesure où les institutions déterminent le comportement d'un Etat sur la scène internationale. Qu'en est-il aujourd'hui ? La Chine et la Russie partagent-elles véritablement les mêmes valeurs que l'Europe et les Etats-Unis ? Ces « blocs » disposent-ils d'institutions éminemment compatibles ? Qu'on me permette d'en douter : entre les démocraties post-modernes de

l'Union européenne et la dictature du PC chinois, la simili-
tude des institutions et des pratiques politiques ne saute
pas aux yeux ! Tel n'était cependant pas l'avis de Dominique de Villepin, alors ministre des Affaires étrangères,
qui estimait qu'« aujourd'hui tous les grands Etats sont
soit démocratiques, soit engagés sur le chemin de réformes
qui portent en elles des ferments d'ouverture, de débat de
responsabilité » et que « jamais les valeurs universelles
n'ont autant mérité leur nom [1] ». Quant à Jacques Chirac, il
avait même qualifié en 2003 la Russie de « modèle de
démocratie » (sic). Dans ce pays, on assiste bien, au
contraire, à une reprise en main par le Kremlin de la vie
politique, des médias, de l'économie et de l'ensemble de la
société russe, pour ne rien dire des atrocités commises
contre la population civile par les « boïevikis » de l'un ou
l'autre camp en Tchétchénie, ni la réouverture des « camps
de filtration », où torture et disparitions forcées sont le lot
quotidien.

Mais pour assurer la pérennité d'un monde multipolaire,
encore faudrait-il, en outre, que toutes les puissances
soient satisfaites et s'en tiennent à l'ordre donné. L'Europe
a assurément perdu le goût des aventures militaires. Mais,
encore une fois, quid de la Chine et de la Russie ? Il me
semble que Pékin n'a pas définitivement abandonné le
rêve de reconquérir Taïwan. A l'horizon du milieu du
XXIe siècle, la Chine, à juste titre, se voit en seule vraie
rivale des Etats-Unis. Ce que ses dirigeants ont en tête,
c'est un nouvel ordre bipolaire sino-américain, que la
Chine finirait d'ailleurs par dominer – non le système multipolaire rêvé par la France. Quant à la Russie, dont l'histoire a été marquée par « l'engouement maniaque pour les
nouvelles conquêtes [2] », elle n'a pas renoncé à lâcher la
bride de ses anciennes possessions du Caucase, d'Asie

---

1. Interview de Dominique de Villepin, *op. cit.*
2. Henry Kissinger, *Diplomatie*, Fayard, 1996, page 159.

centrale ou de la partie européenne de ses anciennes possessions.

La diplomatie française, fort heureusement, ne s'embarrasse pas de telles considérations historiques et géopolitiques. Du moins, elle ne les exprime pas. A entendre nos responsables, le monde multipolaire se fera « de façon harmonieuse », entre « puissances installées et puissances émergentes, dans le respect de la dignité de chacun, dans le respect aussi du droit international [1] ». L'élargissement de la composition du Conseil de sécurité aux nouveaux pôles dans l'intention de « mettre en place une démocratie de nations à l'échelle mondiale », serait la clé de ce nouveau monde. Le bel ordonnancement du village global se réaliserait ainsi de manière autonome, par un coup de baguette magique. Il y aurait donc une « main invisible » sur la scène internationale, une « grande horloge » comme l'appelaient les philosophes des Lumières, qui conduirait au monde multipolaire. Tel est le plaidoyer plein d'optimisme que tient Amélie à la communauté internationale.

---

1. Discours de Jacques Chirac aux ambassadeurs, Paris, 26 août 1998.

CHAPITRE 4

Face au terrorisme : la tentation de la pénitence

La « positive attitude » appliquée par la France au système mondial se veut non seulement généreuse, universelle et humaniste, mais elle aurait surtout, aux dires de ses zélateurs, l'immense mérite de couper net les racines du terrorisme, ce fléau de notre temps. Le discours officiel le dit et le répète : ces racines ne sont autres que « la frustration qui naît des conflits non résolus, la misère, le désespoir, l'humiliation [1] ». Dès lors, la gouvernance mondiale, le monde multipolaire, le respect du droit international ou encore la réduction de la pauvreté promus par la France, seraient les remèdes évidents, presque naturels, à la multiplication des attentats terroristes de ces dernières années. Chaque attentat est l'occasion pour nos gouvernants – mais aussi pour les nombreux clercs dont le métier semble être de relayer la pensée officielle – de marquer un peu plus notre différence avec l'Amérique belligène, de souligner par exemple combien l'Irak n'a fait que multiplier la terreur, au lieu de la vaincre. « Ne pas ajouter la guerre à la guerre », disait Mitterrand dans les Balkans. « Ne pas répondre par la guerre à ce qui n'en est pas une », dit-on aujourd'hui chez son successeur. Et de rappeler là encore que la France a bien entendu mieux compris que d'autres

---

1. Yves Michaud, *op. cit.*, p. 143.

la nature du problème et les remèdes qu'il convient d'appliquer.

Le problème? « Rien n'a autant encouragé l'extrémisme, explique Dominique de Villepin, que l'impasse du sentiment national, que l'impression d'avoir été le jeu de l'intérêt des autres. L'anti-américanisme et la haine de l'Occident n'ont pas d'autres causes. » « L'impasse du sentiment national », « l'impression d'avoir été le jeu de l'intérêt des autres », voilà en effet qui est clair et précis! L'ennemi est identifié. Dans la même veine, Laurent Fabius avait déjà déclaré en 2001, lors des négociations de l'OMC à Doha, qu'il nous fallait « agir sur les déséquilibres dont se nourrissent les terroristes, c'est-à-dire la mondialisation ». Plus tard, en 2003, Jack Lang lâchera même sur Europe 1 : « Bush égale Saddam. »

Ce touchant consensus national frappe là encore par son goût pour la confusion des concepts et son éloignement de la réalité. Tout est fait pour noyer le poisson et surtout ne pas désigner l'ennemi. Pour ne pas se poser les questions difficiles sur l'origine des terroristes (y compris chez nous), et ajourner les choix politiques difficiles – notamment à l'égard d'un certain nombre de régimes arabes « amis » de la France – que nous nous gardons bien de heurter le moins du monde. Et surtout, tout est fait pour éviter toute référence, politiquement risquée, à l'islam. Tout se passe comme si tous les tueurs « de Croisés et de juifs » qui se revendiquent de Dieu, de son prophète et de la religion musulmane étaient, soit des imposteurs, soit des martiens!

Mais la pensée unique à la française tourne tranquillement à plein, mélange d'aimables généralités, de bons sentiments et de non-dits sur les banlieues de nos villes, sur les potentats arabes que nous flattons, mais qui par leur incurie font le lit du désespoir et du nihilisme islamiste.

Soyons clairs : en désignant l'islam radical, cette frange extrême qui se réclame entre autres d'Abdel Wahab, comme les tenants d'un nouveau fascisme déterminé à livrer aux démocraties une guerre planétaire, je n'entends en aucune façon incriminer la religion musulmane en tant que telle, ni l'immense majorité des musulmans de la planète (1,5 milliard d'individus !), qui aspirent, la plupart du temps, comme tout un chacun, à la paix et à une vie si possible heureuse.

En revanche, faire comme s'il n'existait pas l'ombre d'une connexion entre le terrorisme islamique et la religion qu'il tente d'instrumentaliser, revient à ignorer la réalité. Cela revient aussi à méconnaître la nature du problème posé – et qui l'est tout autant, soit dit en passant, à tous les Etats musulmans du monde – et, donc, à se leurrer sciemment sur les conséquences politiques que l'on devrait en tirer pour y répondre, et, si possible, l'éradiquer.

Sur tout cela, règne chez nous une véritable omerta de la « bien-pensance », qui refuse de dénoncer comme telle l'idéologie islamiste, laquelle pourtant nous fait la guerre. Nous avons préféré jusqu'ici biaiser, pérorer à grands renforts d'envolées lyriques sur la « pauvreté » et les « humiliations ». Mais comme rien n'est simple au royaume d'Amélie, pendant que nous exhortons la communauté des nations à établir un monde plus juste, libéré des injustices, donc du terrorisme, nous votons chez nous une loi sur le voile et nous expulsons les imams jugés dangereux. Il arrive même que, passant du Quai d'Orsay à la Place Beauvau, un même responsable public puisse successivement tenir les deux discours !

Mais qu'importent ces détails !

Les causes du terrorisme sont ainsi considérées comme identifiées par la diplomatie française, et c'est l'essentiel ! Comment cette dernière envisage-t-elle toutefois les « martyrs », kamikazes et autres volontaires au suicide qui se sont illustrés récemment de New York à Bali, de Casablanca à Istanbul, de Londres à Sharm El Sheik ? Ce sont des « fous furieux » – terme employé à plusieurs reprises par Jacques Chirac pour désigner Oussama Ben Laden –, des illuminés, des fanatiques mal intentionnés, des cerveaux humains dévoyés. L'explication psychiatrique remplace ainsi subrepticement une réflexion lucide sur les causalités idéologiques. Le chef spirituel d'Al Qaïda est ainsi assimilé non pas à un doctrinaire, porte-drapeau d'un fascisme globalisé d'un nouveau type, mais simplement à l'un de ces criminels aussi redoutables que géniaux qui furent au centre des intrigues les plus loufoques des *James Bond* des années 70 ou de la série des *Austin Power*, plus récemment.

Qu'importe si les études détaillées réalisées sur le profil des combattants du Djihad par des équipes de psychiatres et de sociologues montrent qu'à de rares exceptions près, aucun ne souffre de troubles du comportement ; qu'importe s'il s'agit en l'occurrence de personnes plutôt issues de milieux favorisés, et que nombre d'entre elles ont pu bénéficier d'études secondaires ou supérieures. L'explication d'individus rendus « fous » par « l'humiliation » ou « l'injustice » semble se suffire à elle-même.

Qu'importe aussi si, sur les 373 moudjahidines (étudiés par un institut de recherche américain, le Nixon Center) qui s'étaient livrés à des activités terroristes aux Etats-Unis et en Europe entre 1993 et 2004, on a identifié deux fois plus de ressortissants français que de Saoudiens, et davantage de sujets de Sa Majesté que de Soudanais, Yéménites, Emiratis, Libanais ou Libyens; ces faits-là aussi n'ont le plus souvent pas droit de cité dans la nouvelle pensée française.

Dans ces conditions, « déclarer la guerre au terrorisme » comme l'ont fait les Etats-Unis, pompiers pyromanes depuis le 11 septembre 2001, constitue par conséquent un non-sens aussi aberrant que contre-productif. L'expression même de « guerre » est considérée comme « inexacte et dangereuse » par Dominique de Villepin alors en charge de notre diplomatie. En France, mais aussi dans bon nombre de pays européens, le terrorisme, comme le note justement un analyste américain, « relève du domaine pénal, non de l'entrée en guerre [1] ». Pour riposter, la France, touchée par plusieurs vagues de terrorisme ces dernières décennies, s'en tient à des mesures contre-terroristes classiques qu'elle pratique au demeurant plutôt mieux que d'autres. Les arsenaux policier, judiciaire et pénal de l'Etat sont mobilisés à cette fin. Les services secrets français coopèrent avec leurs homologues européens et américains [2].

Leurs compétences sont louées : la France compte en effet parmi les meilleurs spécialistes au monde de la lutte antiterroriste, à l'image du juge Bruguière, et peut se targuer de succès certains en la matière. Mais si le diagnostic de nos politiques était faux ? Si Oussama Ben Laden n'était pas aussi fou qu'on veut bien le croire ? Si Al Qaïda n'était pas une organisation terroriste « clas-

---

1. Robert Leiken, « Europe's angry Muslims », *Foreign Affairs*, juillet-août 2005.
2. On apprenait même récemment l'existence depuis 2002, à Paris, d'une cellule de renseignement franco-américaine, dédiée à la lutte contre Al Qaïda. Une cellule ultra-secrète dénommée « Alliance Base » par référence directe à l'ennemi, pour une fois désigné...

sique », comparable à ce que l'Europe et la France ont eu à connaître dans les années 70-80 (Kurdes du PKK, Arméniens de l'ASALA, Irlandais de l'IRA, sans parler des Européens de la Rote Armee Fraktion, d'Action directe ou des Brigades rouges...), mais au contraire le porte-drapeau d'une nouvelle idéologie totalitaire et anti-occidentale, dont le combat poursuivrait des objectifs éminemment politiques, et pas seulement nihilistes ou destructeurs ? Mystère : ces questions sont très rarement évoquées dans notre pays. L'idée que se fait la France du terrorisme est à la fois réductrice – ses commanditaires et ses auteurs seraient des ultra-minoritaires isolés – et très générale – l'humiliation, l'injustice, le désespoir et la misère... en sont, entend-on, les racines exclusives. Dans sa quête inlassable du bien, la France d'Amélie sait pourchasser et enfermer les fous. En revanche, parce qu'elle veut croire en une démocratie multipolaire aux valeurs partagées, elle réfute d'emblée les thèses toxiques, à la Huntington du « choc des civilisations », lesquelles l'entraîneraient, immanquablement, à repenser entre autres de fond en comble sa politique de statu quo à l'égard du monde arabe. Une fois posé le principe que le terrorisme est un problème marginal qui relève du droit pénal ordinaire, ceux qui évoquent encore un choc entre des modèles civilisationnels ne peuvent être au mieux qu'une poignée de guérilleros barbus et fanatiques cachés dans des grottes à la frontière du Pakistan et l'Afghanistan et des idéologues américains fascisants en manque d'aventures militaires et de croisades idéologiques depuis la disparition de l'URSS.

La France possédant des forces de police et des magistrats aussi talentueux qu'efficaces pour lutter contre les « détraqués nihilistes » poseurs de bombes et suicidaires, il lui reste à dénoncer les « fauteurs de troubles », les responsables des frustrations et des humiliations pour en finir avec le terrorisme. Qui sont-ils ? Les Saoudiens qui depuis trente ans financent, à coups de pétrodollars, les islamistes les plus radicaux de la planète et propagent leur idéologie fanatique ? Le Pakistan, dont les milliers d'écoles coraniques servent à répandre, partout dans le monde, le poison du Djihad ? Le régime stalinien de Corée du Nord qui affame sa population et tente de se doter par tous les moyens de l'arme nucléaire ? La « mollahchie » atomique iranienne ? L'Irak de Saddam Hussein quand celui-ci gazait et martyrisait sa population ? Les nombreux tyrans du monde arabe qui oppriment leurs peuples et les poussent à traverser la Méditerranée sur de frêles esquifs ou à verser dans le combat djihadiste ? Il n'en est rien. Les responsables des pires déséquilibres de ce monde, de ses dérèglements les plus iniques et les plus dévastateurs, ne sont autres que les Etats-Unis, le « grand Satan », et bien sûr Israël, son fidèle vassal.

Le « crime originel » de l'Amérique

Entre Washington et Paris, entre ces deux Républiques aux ambitions universelles, les relations n'ont jamais été simples. Faites de fascination, voire d'admiration réciproques (attrait pour la culture d'un côté, pour la puissance et la modernité de l'autre), elles contiennent aussi une bonne dose d'irritants et de sujets de friction. Fondamentalement, les Etats-Unis tiennent aujourd'hui la France pour une puissance secondaire, dont seule la capacité de nuisance mérite l'attention. Quant à la France, en dépit ou peut-être à cause des interventions décisives des Etats-Unis lors des deux guerres mondiales – interventions dont elle a toujours été la première bénéficiaire –, elle ne s'est jamais vraiment résignée à l'irruption de l'énorme puissance américaine en Europe, puis dans le monde, à partir de 1918. Après le retour de De Gaulle aux affaires, la France joua à plusieurs reprises à la « mouche du coche » américain, contestant quelquefois spectaculairement ses choix politiques – on se souvient des diatribes du Président de Gaulle contre la guerre du Vietnam ou de la sortie du commandement intégré de l'OTAN – à l'époque de la Guerre froide. Le général de Gaulle avait mal vécu les humiliations que lui avaient infligées les puissances anglo-saxonnes, et notamment le Président Roosevelt pendant la Seconde Guerre mondiale. Revenu au pouvoir 14 ans après la Libération, son premier soin, son obsession, fut de doter la France de la clé du pouvoir dans le monde de l'après-Hiroshima : l'arme nucléaire. Et, à partir de ce socle, sa priorité fut de construire pour la France des espaces de liberté dans les interstices de la confrontation bipolaire. Les points d'orgue de cette politique – car ce fut là une vraie politique ! – furent, chacun s'en souvient, l'amorce de la politique de détente avec l'URSS, la reconnaissance (pionnière) de la Chine de Mao, la recherche d'un dialogue avec les non-alignés. Mais de Gaulle n'oublia jamais la réalité. Pas davantage qu'il ne manqua d'assortir toujours le vocable « indépendance » revendiqué haut et fort à celui de « solidarité ». Le retrait du commandement intégré de l'OTAN en 1966 ne prit donc jamais la forme d'un retrait de l'Alliance, quelle qu'ait pu être la légende bâtie à Paris et dans bon nombre de capitales européennes sur le sujet. De fait, à chaque moment clé de la confrontation Est-Ouest, de Berlin à Cuba, de la Tchécoslovaquie aux Euromissiles (s'agissant, pour ce dernier cas, de François Mitterrand), la France fut toujours au rendez-vous, d'une solidarité sans faille auprès de son allié américain. Plus récemment, après avoir participé à la guerre du Golfe pour déloger l'armée de Saddam Hussein du Koweït, la France a entretenu des rapports cordiaux avec le Président Clinton, « l'Evangile de la paix démocratique », selon l'expression de Pierre Hassner, plus préoccupé de croissance et de diplomatie commerciale que de géopolitique. Avec la Grande-Bretagne et les Etats-Unis, la France figura aussi parmi les principaux artisans de l'opération de l'OTAN au Kosovo et en Serbie.

Quand vint le 11 septembre, la France, dans la ligne tracée depuis le début de la Ve République, afficha sans ambages sa solidarité avec le peuple américain, frappé au cœur par la plus grande attaque terroriste de l'Histoire. Symbole de cette solidarité, Jacques Chirac fut le premier à se rendre lui-même à New York, à survoler les ruines encore fumantes des Twin Towers. Nous étions « tous » alors des « Américains », selon la formule de Jean-Marie Colombani, dans son éditorial du *Monde*...

Quelques semaines plus tard, nos marins, nos aviateurs, nos forces spéciales participèrent aux côtés des Etats-Unis au renversement du régime taliban en Afghanistan.

Vint ensuite 2002 et la glissade inattendue au début de l'administration Bush vers le renversement de Saddam. La France chercha-t-elle à infléchir alors le cours des débats au sein de l'administration américaine ? Ou bien notre calendrier électoral (au demeurant assez chaotique pendant la première moitié de 2002) nous fit-il oublier « la guerre contre le terrorisme » menée par Washington, et ignorer les menaces pourtant de plus en plus directes en direction de Bagdad ? A ma connaissance, rien du côté français, et ce jusqu'à la mi-janvier 2003, ne fut entrepris pour contredire la logique américaine en direction d'une intervention en Irak. On crut même entendre début janvier le Président de la République, lors d'une cérémonie de vœux aux armées, leur demander de « se tenir prêtes ». Puis tout bascula dans les semaines qui suivirent, et la France adopta une position particulièrement véhémente.

Ce fut donc la rupture. Une rupture violente et équi-
voque, comme seuls deux vieux amis ou des cousins
proches peuvent en connaître. A partir du début 2003 et à
mesure qu'une intervention américaine en Irak se préci-
sait, la France prit même la tête d'une vaste coalition pour
lutter contre les plans de guerre américains. La planète
assista alors à une tragi-comédie d'une rare intensité entre
les deux « alliés » : les passes d'armes médiatisées à travers toute la planète au Conseil de sécurité, par ministres
interposés ; Dominique de Villepin dans la roue de Colin
Powell en Afrique pour rallier les indécis du Conseil de
sécurité... à tel point qu'en France on en vint pour un peu
à oublier l'enjeu de ces bisbilles, l'Irak de Saddam Hussein, cette tyrannie moderne responsable de la mort de
millions d'Irakiens, exécutés, déportés, gazés et torturés
par les sbires du dictateur. Même si pour Ismaël Kamandar Fattah, écrivain irakien en exil en France, le régime
baassiste « produit d'un étrange mélange des systèmes stalinien et nazi, nourri de tribalisme et usant des pires
méthodes de terreur par le biais d'une mafia grossie à
l'échelle d'un Etat, était de par sa nature complètement
irréformable [1] », l'essentiel, pour une grande majorité de
Français, était d'arrêter coûte que coûte l'emballement
belliciste américain, accusé d'être sur le point de déclencher une guerre aussi illégale qu'injuste pour étancher sa
soif de pétrole. Il reviendra aux historiens de déterminer
comment et pourquoi les relations franco-américaines se
sont dégradées à ce point, et si vite, au tournant de l'année
2003. Paris et Washington ont certainement et réciproque-
ment sous-estimé la détermination de chacun à poursuivre
sa propre logique.

---

1. Ismaël Kamandar Fattah, « La guerre unique issue pour sauver le peuple
irakien de la république des fosses communes », in *Irak an 1, op. cit.*, page
184.

Toujours est-il que la France, mobilisée au nom de la « paix », et galvanisée par les nombreuses manifestations antiguerre organisées aux quatre coins du monde, ne se contenta pas d'exprimer diplomatiquement ses réticences vis-à-vis des Etats-Unis. Elle ne chercha pas non plus un compromis avec ses alliés historiques américain et anglais. Et elle ne s'essaya pas davantage à faire pression sur Saddam Hussein pour qu'il abdique son pouvoir et quitte l'Irak. Non, comme on s'en souvient, la France devint le principal opposant des Etats-Unis et essaya même de dresser le reste du monde contre eux. A la différence de la Russie et de la Chine, Jacques Chirac n'hésita pas à brandir l'arme du veto en cas de vote sur une seconde résolution du Conseil de sécurité autorisant une intervention armée contre l'Irak. Même le projet de résolution britannique qui visait à établir un calendrier plus serré pour les inspecteurs de l'ONU à la recherche d'éventuelles armes de destruction en Irak et ouvrant, le cas échéant, la porte à une opération militaire, fut immédiatement rejeté par la France. Au cours des mois précédant l'offensive foudroyante des Anglo-Saxons, notre pays ne perdit jamais une occasion de faire la leçon à l'Amérique, évoquant avec grandiloquence « la force du droit et de la culture contre le droit de la force et des armes ». Bush avait choqué le monde et la France en particulier en indiquant, certes avec des résonances religieuses malencontreuses, qu'après le 11 septembre, chacun devait choisir son camp : « pour ou contre l'Amérique ». Sûr de son bon droit, Jacques Chirac fit de même avec les nouveaux Européens de l'Est, en leur intimant l'ordre de « se taire », alors qu'ils prenaient fait et cause pour Washington. Une escalade qui fit des ravages, tant à l'intérieur de l'OTAN, paralysée et court-circuitée pendant cette phase du conflit irakien, qu'à l'intérieur de l'Union européenne.

Ne nous y trompons pas : la rupture franco-américaine à propos de l'Irak n'est pas un simple incident de parcours. Cette rupture-là est profonde et ses traces resteront indélébiles, des deux côtés de l'Atlantique. Quelque chose de fondamental s'est brisé dans la vieille complicité franco-américaine.

Ce qui m'intéresse ici est de comprendre pourquoi nous sommes allés si loin dans cette cassure, alors que nous avions pourtant, à notre disposition, d'autres options.

Que la France ait décidé de ne pas participer à cette guerre, c'était son droit le plus strict. Et beaucoup aujourd'hui verraient dans l'actuel dérapage de l'Irak vers la guerre civile, une confirmation de la sagesse de ce choix.

Mais fallait-il pour autant chercher à bloquer, voire à infliger une sorte de vote sanction à l'Amérique, alors que la terre entière – nous compris – savait que rien ne changerait leurs plans, que la guerre aurait lieu, quoi qu'il arrive à l'ONU ?

Fallait-il transformer cette crise en « happening » planétaire anti-américain, en oubliant Saddam... Fallait-il n'utiliser que l'incantation et les grands principes, alors que des arguments plus rationnels auraient peut-être pu influer sur les Etats-Unis, et plus encore sur la Grande-Bretagne ?

Pourquoi par exemple n'avons-nous jamais fait valoir – du moins publiquement – qu'une expédition militaire à grande échelle en Irak, en détournant l'essentiel des ressources militaires alliées sur le sol irakien, affaiblirait l'Occident dans sa guerre contre le terrorisme sur d'autres théâtres d'opération, et notamment en Afghanistan, où la situation demeurait (et demeure toujours) précaire ?

Pourquoi n'avons-nous pas insisté sur les retombées d'une telle brouille sur un autre programme nucléaire – intact celui-là – celui du voisin iranien ?

Et surtout pourquoi, à aucun moment, ne nous sommes-nous pas souciés du sort du peuple irakien ? Car en plaidant pour que les inspecteurs disposent de plus de temps, donc en fait pour le report sine die de l'invasion de l'Irak, nous faisions de la France l'allié objectif du statu quo à Bagdad, c'est-à-dire du maintien de Saddam et de sa dynastie pendant encore 30 ans. Avec à la clé, nous le savions aussi, une humiliation inacceptable, infligée à l'Amérique, laquelle aurait été contrainte de s'incliner une fois de plus devant le dictateur irakien. Quelle alternative avons-nous proposée aux Etats-Unis, autre que leur défaite politique et la victoire de Saddam ?

Toujours est-il que l'intransigeance et le symbolisme de la rupture ont payé, du moins un temps, en politique intérieure tout au moins. Les Français étaient ravis : leur Marianne devenue pacifiste, façon Amélie, retrouvait sa vocation éternelle et résistait aux puissants présumés. De surcroît, au nom de la paix ! Pouvait-il y avoir plus noble motif ? Son intransigeance valut à Jacques Chirac une popularité exceptionnelle – 85 % de bonnes opinions selon un sondage IFOP paru dans *le Journal du Dimanche* du 23 mars 2003 – qui révélait aussi l'étendue de l'anti-américanisme dans notre pays. Mais une politique étrangère digne de ce nom ne saurait être la simple confirmation, pour paraphraser Clausewitz, de la politique intérieure par d'autres moyens. De même, si une politique étrangère doit laisser leur place aux symboles et à la posture, elle ne peut cependant se résumer à cela. Sous peine de se transformer en un exercice de « communication » ou de politique spectacle, dont la vacuité finira par s'imposer – y compris même aux yeux de l'opinion publique intérieure un moment séduite ou flattée... Une politique étrangère doit partir des rapports de forces, c'est-à-dire de la réalité, quitte à essayer de les faire évoluer, de peser sur eux pour infléchir le cours des événements.

A cette aune, il est clair que nous n'avons aucun intérêt à voir les Américains échouer en Irak. Et il est heureux de noter qu'après tant de désaccords, l'ensemble de la communauté internationale (ONU et France comprises) travaillent à sauver les chances d'un Irak démocratique.

Reste que le bilan de la guerre d'Irak – par les erreurs commises par les Américains eux-mêmes – est largement négatif, et vient valider a posteriori le « non » français, et de façon plus préoccupante pour l'avenir, la philosophie qui le sous-tendait.

Contrairement à ce que tous les experts (y compris ceux de l'ONU) et tous les gouvernements croyaient avant le déclenchement de la guerre, les stocks d'armes chimiques et bactériologiques constatés par l'UNSCOM dix années auparavant, et dont on avait des raisons sérieuses de penser qu'ils pouvaient encore se trouver dissimulés, avaient bien été détruits ou abandonnés. Au grand dam de Washington, les soldats américains n'eurent rigoureusement rien à exhiber devant les caméras occidentales ou arabes, après la prise de Bagdad. Pas le moindre baril de V-X, pas l'ombre d'un SCUD ou d'un barreau d'uranium enrichi... La justification de la guerre par la lutte contre la prolifération avait explosé en plein vol ! Conséquence : le monde entier est désormais convaincu que l'Amérique a menti sciemment, qu'elle a intoxiqué son propre peuple et toutes les nations démocratiques pour déclencher une guerre préventive illégale et sans objet. Résultat tragique pour l'avenir : comment ferons-nous, après le précédent irakien, pour convaincre nos peuples de risquer une opération de guerre préventive contre un autre proliférateur, alors que, par définition, il ne sera jamais possible d'apporter la preuve absolue (comme on le ferait devant un tribunal) que tel Etat est « sur le point » de posséder la bombe ?

C'est l'un des paradoxes les plus tragiques de l'expédition irakienne : alors que celle-ci était supposée mettre un coup d'arrêt aux ambitions atomiques de Saddam, elle vient en définitive renforcer l'Iran et de facto sanctuariser son propre programme nucléaire. Empêtrée en Irak, l'Amérique en effet n'a plus d'options militaires à court et à moyen terme contre le programme atomique iranien. Quant à l'Europe, la question ne se pose même pas – même si les missiles balistiques Shahab iraniens seront bientôt à portée de nos villes...

Autre conséquence néfaste : la mobilisation de l'essentiel des forces militaires disponibles aux Etats-Unis sur le front irakien, affaiblit là aussi tous les autres fronts de la lutte contre le terrorisme. Du fragile Afghanistan (en proie aux trafiquants de drogue, aux seigneurs de la guerre et aux Talibans toujours actifs) au Pakistan, sans parler de la péninsule Arabique.

Enfin, en Irak même, l'invraisemblable accumulation d'erreurs commises par les Américains, après la phase purement militaire, dans la reprise en main politique du pays, a ruiné les résultats, pourtant positifs et prometteurs au départ, du renversement de Saddam. Le peuple irakien (y compris une partie des Sunnites) souhaitait un changement de régime. Il voulait – comme il l'a montré en janvier 2005 – pouvoir lui aussi aller voter et se prononcer sur son avenir. En revanche, il espérait la sécurité, indispensable pour la reconstruction de l'Etat. Or de ce point de vue, « l'occupation » revendiquée par les Américains eux-mêmes (!) a viré en un épouvantable fiasco, faute de préparation politique en amont avec les différentes forces du pays. Il en résulte une situation chaotique, et les progrès incontestables réalisés vers la reconstitution de l'Etat irakien sont anéantis jour après jour par l'escalade de la violence. En Irak, les ex-baassistes des services spéciaux de Saddam ont fait jonction avec les djihadistes d'Al Qaïda pour faire capoter l'expérience démocratique irakienne.

Mais la principale tragédie est ailleurs. Par ses propres erreurs, l'administration Bush a validé la campagne anti-américaine menée par la France, donnant plus généralement raison au refus de suivre l'Amérique dans sa guerre contre le terrorisme. Ainsi se trouve confortée l'approche, à la fois lénifiante et dangereuse pour nos démocraties, qui voit dans le terrorisme la conséquence des « humiliations » causées par l'Occident lui-même, à commencer bien sûr par les Etats-Unis. L'Irak vient donc apporter la preuve par neuf de ce terrorisme « made by USA ». De toutes parts, dans les cercles altermondialistes comme dans les chancelleries « réalistes », l'argument est le même : loin d'avoir fait reculer le terrorisme, la guerre d'Irak l'a installé durablement dans un pays où il n'existait pas... et ce par la faute des Américains !

L'Amérique aurait donc, par une monumentale erreur stratégique, ouvert un nouveau front ; mieux, elle aurait donné de nouvelles forces au terrorisme djihadiste. Jacques Chirac lui-même, au début de la crise irakienne, avait d'ailleurs dénoncé ce même danger, prévoyant que l'intervention de l'armée américaine entraînerait l'apparition « de milliers de petits Ben Laden ». La boucle est donc bouclée : si le terrorisme naît de l'humiliation, et que l'humiliation (songeons à Abou Ghraib) est, comme chacun sait, une grande spécialité américaine, alors l'Irak, avec son cortège de désastres, est le prototype même de cette responsabilité américaine, voire anglo-saxonne, comme l'affirment désormais à Londres les opposants de Tony Blair.

L'argument paraît imparable. Mais il est en fait vicié. Ni le terrorisme, ni Ben Laden, ni Al Qaïda ne sont nés début 2003 avec l'invasion américaine de l'Irak. Car ils ne procèdent en aucun cas d'un réflexe de riposte, mais d'une hostilité fondamentale et viscérale à l'égard du principe même de la « société ouverte ». La première attaque contre les Twin Towers de New York remonte, rappelons le, à 1993, dix années plus tôt. La seconde attaque contre ces mêmes tours s'est produite en 2001, tout comme un grand nombre d'attaques à travers le monde – avant l'Irak donc. S'il est vrai de constater que le terrorisme est omniprésent aujourd'hui en Irak sur fond de guerre ethnique larvée entre Sunnites, Chiites et Kurdes, il est faux de prétendre que les Occidentaux, Américains en tête, en sont la cause première.

A moins de considérer – mais beaucoup sont dans ce cas, notamment chez nous – que les Américains sont également responsables des attentats à répétition en Egypte, au Maroc, en Tunisie, en Arabie Saoudite, en Turquie, en Indonésie, sans parler bien sûr de Londres et Madrid, et même de New York ; le 11 septembre constituant alors la punition directe et ultime de toutes les « humiliations » et autres « injustices » infligées aux déshérités de la terre par l'impérialisme américain !

La guerre d'Irak, et en arrière-plan le débat autour du terrorisme et de la « guerre contre le terrorisme », auront donc marqué un tournant majeur, un pas supplémentaire dans la marche triomphale de l'anti-américanisme français.

Chez nous, ce sentiment d'aversion est fort ancré, et il n'est pas dans notre propos ici d'en retracer l'histoire [1]. Communistes, souverainistes, nationalistes de tous bords, unis par leur haine du libéralisme, reprochent depuis longtemps aux Etats-Unis leur universalisme arrogant, leur matérialisme décadent et leur messianisme démocratique.

---

1. Voir notamment Jean-François Revel, *Ni Marx ni Jésus*, Laffont, 1970 et *L'Obsession anti-américaine*, Plon, 2002 ; Philippe Roger, *L'Ennemi américain*, Le Seuil, 2002.

On connaît les termes de ce vieux procès : leur société prétendue « multiculturelle » serait en réalité « communautariste », injuste, fondamentaliste même et, à coup sûr, raciste [1]. Elle serait aussi inégalitaire, hyper-violente et régressive, comme en témoigne l'usage de la peine de mort encore en vigueur dans de nombreux Etats de l'Union. La sous-culture primitive américaine, exportée aux quatre coins de la planète par des multinationales sans âme, nivellerait par le bas les cultures authentiques des autres civilisations, qui n'auraient pas la force de résister à cet impérialisme « soft ». A la fin des années 90, la mouvance altermondialiste, très populaire en France à l'image d'Attac, a remis au goût du jour la vulgate communiste de la Guerre froide et fait de l'Amérique et du capitalisme néolibéral qu'elle propage la source unique de tous les problèmes de notre planète. L'univers de l'oncle Sam s'est donc peu à peu imposé dans le « rôle douteux du vainqueur », a écrit un penseur pourtant peu suspect d'être directement perméable aux simplifications des « alters », Jürgen Habermas. Un vainqueur « auquel il est demandé des comptes pour ce qu'il a fait, en l'occurrence, moderni-

---

1. Un reportage de Fabrice Rousselot, correspondant de *Libération* aux Etats-Unis, conforte l'image que se font désormais les Français des Américains. Dans un article publié le 20 janvier 2005 intitulé « A Franklin, l'Amérique droite dans son vote », le reporter français va à la rencontre du petit peuple de Bush dans cette ville du Tennessee, qu'il considère comme échappant « aisément à la caricature du Sud redneck et raciste, pauvre et illettré ». Les habitants de Franklin, où « les églises se succèdent à deux cents mètres les unes des autres », lui expliquent leurs convictions politiques. Pour Christine « ce qui est important ce sont les valeurs de l'Amérique des Pères fondateurs : la famille, la religion, le sens des responsabilités ». « Jésus est le guide suprême » selon le pasteur de la commune. Pour Diane, « l'homosexualité est un péché et c'est à cause des homosexuels que nous avons le sida. [...] Nous voulons le retour de la prière à l'école, le serment au drapeau, l'imposition des Dix Commandements dans les tribunaux ». Jeremy quant à lui « ne se sépare jamais de son revolver » et le juge Hoover explique que « si un enfant manque l'école cinq jours et qu'il récidive [...], les parents passeront vingt-quatre heures en prison ». Fabrice Rousselot a pris soin de mentionner que les habitants de Franklin ne sont pas des « fanatiques » : ils ne sont que des Américains moyens...

ser à marche forcée des cultures », « coupées de leurs propres racines ». Voici donc, tout trouvé, l'antimodèle de celui que nous nous choisissons, nous Européens, instruits, comme l'assure Habermas, par la « distance réflexive » que nous donne « notre expérience du déclin » et du « vaincu ».

Une aversion « relookée »

Les attentats du 11 septembre, l'irruption du terrorisme de masse, et surtout la guerre en Irak, n'ont pas seulement réactivé et exacerbé la vieille haine tenace que, depuis Charles Maurras et Maurice Thorez, certains Français vouent aux Etats-Unis. Ils ont fait changer de nature le traditionnel anti-américanisme français. La nouveauté du « précipité idéologique » qu'on a vu naître dans la mobilisation antiguerre [1] est que George Walker Bush n'a plus seulement été considéré par un très grand nombre de Français comme un « crétin congénital » à la piété fondamentaliste et au caractère extrémiste, mais comme le danger public n° 1 pour la planète... avec Sharon bien sûr ! Passé le choc des attentats et la retenue qu'imposaient les milliers de victimes, les reproches n'ont ainsi pas tardé à fuser à destination de l'hyperpuissance. Même si Ben Laden et ses 19 « salopards » à cutters étaient considérés comme des fous furieux, les attaques qu'ils avaient lancées n'étaient-elles pas justifiées ? Les Américains n'étaient-ils pas au moins en partie responsables des drames qui les frappaient ? En somme la France – elle n'était pas la seule reconnaissons-le – recommandait aux Américains de faire leur devoir d'inventaire. Lionel Jos-

1. Alain Minc, *Ce monde qui vient*, Grasset, 2004.

pin, alors Premier ministre, les appelait « à tirer les leçons » du 11 septembre...

Pour nombre de Français, les Etats-Unis l'avaient bien cherché. Leur néolibéralisme forcené et la mondialisation dont ils sont les parrains affament les peuples et créent d'insupportables inégalités. L'Amérique, malgré son soi-disant credo démocratique, a soutenu les pires tyrannies, par pure Realpolitik. Ce 11 septembre 2001 ne coïncidait-il pas avec le 28e anniversaire du coup d'Etat de Pinochet, réalisé avec le concours de la CIA, contre Salvador Allende, comme le rappelèrent quelques bonnes âmes de gauche ? Cette même CIA n'était-elle pas responsable de la montée en puissance des djihadistes ? Oussama Ben Laden n'était-il pas la créature des Etats-Unis, qu'ils avaient armée et financée pour terrasser l'Armée rouge en Afghanistan ? Le milliardaire saoudien était le Frankenstein ou le Golem – ces êtres fantastiques créés de toutes pièces qui finissent par se retourner contre leur maître – du Pentagone. Il était, en d'autres termes, le Robin des bois que la planète attendait et le David qui, enfin, frappait le Goliath américain en son cœur. Les attaques du 11 septembre constituaient en réalité la meilleure réplique des opprimés du Tiers-Monde à des décennies de prédation américaine. « Qui sème le vent récolte la tempête », entendait-on aux zincs des bars de l'Hexagone, mais aussi dans nombre de bureaux très officiels.

Au petit jeu du « Blame America first », pour reprendre la judicieuse formule du directeur de la revue américaine *Dissert,* le philosophe Michael Walzer, les « alliés » français sont sans conteste les champions. Les attentats du 11 septembre 2001, loin de provoquer en France une prise de conscience des dangers qui guettent désormais l'Occident, incitèrent plutôt un grand nombre de nos concitoyens à s'en prendre à la victime américaine qui avait mérité son châtiment, selon un vieux syndrome déjà vérifié dans l'entre-deux-guerres à propos de la Tchéco-slovaquie, notamment. Quant à la guerre en Irak, devenue guerre civile où la terreur est un phénomène quotidien, elle a achevé de convaincre la France d'Amélie et de ses nombreux émules idéologiques que les Etats-Unis sont les principaux responsables des « frustrations » et des « humiliations » de cette planète. D'autant que l'Amérique apporte un soutien prétendument aussi inconditionnel qu'inconsidéré à un autre spécialiste patenté de l'humiliation du monde arabe : l'Etat d'Israël.

Israël « petit Etat de merde »

Pour nombre de Français mais aussi d'Européens, Israël, parce qu'il n'en finirait plus de martyriser les Palestiniens depuis le début de la seconde Intifada et occupe illégalement leurs terres depuis la guerre « préventive » de 1967, déstabiliserait gravement le Moyen-Orient et compromettrait son développement. Un sondage réalisé en 2003 indiquait ainsi que, pour une majorité d'Européens, l'Etat hébreu constituait le plus grave danger pesant sur la sécurité du monde. La diplomatie française ne s'exprime pas en ces termes, mais son message, pour peu qu'on en décrypte les sous-entendus, n'est pas très éloigné de ces conceptions. Un ambassadeur alors en poste à Londres, et de sensibilité de gauche, a été entendu prononcer, au cours d'une réception à sa résidence, cette exquise définition : « Israël, ce petit Etat de merde »; d'autres hauts responsables ne cachent pas leur pronostic : tôt ou tard, Israël est condamné à être rejeté à la mer, ou voué au triste destin du fugace Royaume des Croisés (ou Royaume franc de Jérusalem). Le sous-entendu est clair : le plus tôt sera le mieux, tant ce corps étranger planté au flanc du monde musulman est lourd de ressentiments, d'humiliations pour les Arabes... dont le monde entier fait les frais, via la violence terroriste notamment. La boucle, là aussi, serait bouclée : la tradition du Quai depuis la Déclaration Balfour [1] n'ayant jamais été précisément philo-sioniste, ni philo-sémite... (pour utiliser une aimable litote). Toujours est-il que la religion française est depuis longtemps fixée sur le sujet, faisant de la résolution du conflit israélo-palestinien l'alpha et l'oméga de toute transformation démocratique de la région, et donc, à terme, le plus sûr remède au terrorisme. Selon cette logique, du Maroc au Pakistan, de l'océan Atlantique aux contreforts de l'Himalaya, en pays sunnite comme en terres chiites, des républiques laïques aux monarchies les plus conservatrices, l'ouverture de l'économie et du système politique, la justice sociale, la libéralisation de sociétés comptant plusieurs centaines de millions d'individus, seraient suspendues au sort de dix millions d'Israéliens et de Palestiniens dont les territoires sont grands comme la Bourgogne. « On voit bien que le destin du Moyen-Orient se joue là [en Israël et en Palestine, ndlr]. Toutes les situations sont liées : Bagdad, Jérusalem, le rapport de forces entre les pays arabes, modérés ou radicaux, l'évolution de l'Iran [2] », expliquait Dominique de Villepin, quelques mois avant son départ du quai d'Orsay.

En écho, un rapport parmi des centaines d'autres de la même eau, d'un sénateur socialiste, Josette Durieu, rédigé dans le cadre de l'Assemblée parlementaire de l'UEO [3], affirme sans nuances : « La misère constitue le terreau sur lequel se développe le terrorisme... le principe du règlement du conflit israélo-palestinien et de la paix au Moyen-

---

1. Article de David Pryce-Jones publié dans *Commentary*, mai 2005 « Jews, Arabs and French diplomacy ».
2. Entretien avec *Politique internationale*, *op. cit.*, page 45.
3. Doc A/1894, 15 juin 2005.

Orient est considéré comme prioritaire parce qu'à l'origine de tous les problèmes. »

Bien entendu, vu de Paris, les responsabilités de la dégradation de la situation, ces dernières années, ne sont toutefois pas partagées. Parce qu'il occupe des terres qui lui sont illégitimes; parce qu'il a isolé jusqu'à sa mort Yasser Arafat, le président faiseur de paix et démocratiquement élu des Palestiniens à qui la France, après son décès dans un hôpital de la région parisienne, a réservé des honneurs dignes des plus grands héros de la nation; parce qu'il boucle les territoires palestiniens et asphyxie leur économie; parce qu'il construit un mur de « la honte » ou de « l'apartheid » au tracé de surcroît illégal; parce qu'il procède à des assassinats ciblés, même sur des vieillards chenus et aveugles comme le cheikh Yassine, l'ancien leader spirituel du Hamas assassiné en mars 2004, Israël est désigné comme le coupable idéal. « L'exigence de justice » qui anime, le croit-elle, la France impose cette stigmatisation.

La victimisation systématique des Palestiniens avec, pour vis-à-vis, la dénonciation, la culpabilisation voire la criminalisation permanentes de l'Etat juif, sont ainsi devenues une constante essentielle de la vision française du Proche-Orient, à tel point que nombre d'intellectuels et de leaders du « mouvement social » au plus fort de l'Intifada en 2002, en vinrent à justifier les attentats suicides contre des civils innocents, et à expliquer l'inexplicable. José Bové, spécialiste mondialement reconnu du Proche-Orient, évoque, à son retour de Ramallah où il a serré la main du camarade Arafat, un « nettoyage ethnique » des Palestiniens par l'armée israélienne. « Depuis la " rupture " de 1967, l'image de l'Etat d'Israël n'a cessé de dériver au point de produire à son endroit une véritable anesthésie victimaire. Les civils israéliens bombardés à la roquette, les enfants tués dans des bus par des kamikazes n'émeuvent apparemment personne, tandis que la répression organisée par l'Etat hébreu suscite à juste titre l'émotion quand elle atteint des innocents », soulignait Jean-Christophe Rufin, auteur d'un rapport courageux en 2004 sur la lutte contre le racisme et l'antisémitisme en France. Le message est si bien passé que l'absence de réformes dans cette région est désormais liée, selon la plupart des médias et des responsables politiques, au blocage du processus de paix : lisez à la politique de puissance dangereuse et inconsidérée de l'Etat hébreu et aux brimades qu'il fait subir quotidiennement au peuple palestinien. En France, il est désormais fréquent de lire ou d'entendre, à l'encontre d'Israël, les accusations de « racisme », d'« apartheid » et de « nazisme », aux implications morales extrêmement graves.

Comme le dit justement Alain Finkielkraut [1], « la criminalisation constante d'Israël » dans le discours français a atteint un degré tel qu'« aujourd'hui, le sionisme n'est plus une catégorie politique : c'est une insulte synonyme de racisme... soit j'adhère à la vision simpliste du conflit, soit je suis classé parmi les assassins ».

Cette délégitimisation systématique de l'Etat d'Israël en tant qu'Etat, cet antisionisme aux couleurs de l'antiracisme et de la morale constituent par ailleurs l'un des puissants facilitateurs du passage à l'acte, l'un des instruments privilégiés de l'antisémitisme, nouvelle manière, en France même : la haine raciale justifiée par la haine antiraciste ! Pendant l'Intifada, dans les manifestations organisées pour la cause palestinienne par l'extrême gauche et divers collectifs musulmans, on a pu entendre le cri de « mort aux Juifs ! » dans les rues de Paris, tandis que des jeunes militants pacifistes juifs appartenant à une organisation de gauche, l'Hashomer Hatzaïr, étaient, eux-mêmes, molestés. Les humiliations et les frustrations endurées par

---

1. Entretien avec Alain Finkielkraut, in *Médias*, septembre 2004.

les Palestiniens seraient ressenties comme telles par tous les musulmans, de Djakarta à la Courneuve. Or, dans le même temps, le petit Etat d'Israël se permet de telles libertés et fait fi du droit international et des résolutions de l'ONU parce qu'il a le soutien de l'hyperpuissance américaine, dont les centres de décision seraient, selon certains observateurs bien informés, aux mains d'un lobby juif et sous l'influence néfaste des néoconservateurs. Ces intellectuels intriguants, liés aux « faucons » du Likoud. J'ai entendu, pour ma part, pendant la crise irakienne, nombre de responsables français affirmer que cette guerre-là avait été pensée, organisée au bénéfice d'Israël, par un certain nombre de juifs américains influents, qui, alliés à la droite religieuse américaine, avaient de facto pris le contrôle du pays le plus puissant du monde.

Là encore, la boucle est bouclée. Et les « causalités diaboliques », que Léon Poliakov a démontées, sont de retour. La thèse classique que l'on croyait enterrée depuis les années noires de l'entre-deux-guerres, celle du complot juif pour dominer la planète, est toujours là bien vivante... jusque dans les palais de la République. Les Etats-Unis déséquilibrent la planète et son feudataire sioniste déstabilise le chaudron bouillant du Moyen-Orient. Ces deux Etats font le lit du terrorisme et attisent les rancœurs anti-occidentales de millions de musulmans. Par sa retenue et son sens de la justice, la France est, au contraire, une référence morale garante du fragile équilibre international. Inlassablement, nos responsables politiques de tous bords, l'immense majorité des commentateurs patentés n'ont qu'une vérité à la bouche : « La guérison de cette zone qui va du Pakistan au Maroc, où l'islamisme concentre aujourd'hui tant de frustrations accumulées depuis plus d'un siècle, prendra d'autant plus de temps que le mal s'est largement répandu. Pour y parvenir, il ne suffit pas de raisonner en termes de " guerre

contre le terrorisme ". Un point de départ s'impose : le
règlement de la question israélo-palestinienne [1] », écrit
Thierry de Montbrial, le directeur de l'Institut français des
relations internationales (IFRI). Ministre des Affaires
étrangères, Dominique de Villepin estimait, on l'a vu, que
« le destin du Moyen-Orient se joue là [en Israël et Palestine, ndlr] [2]. » Son prédécesseur au Quai d'Orsay, le socialiste Hubert Védrine, est exactement de son avis. Il
déclare : « D'abord, je le répète, on ne pourra rien faire de
sérieux pour changer le monde arabe si, au moins, on ne
traite pas en même temps la question palestinienne [3]. » Ce
bel unanimisme fait désormais partie de nos grands
Commandements nationaux. Au même titre que notre religion du « modèle social à la française », que la glorification de « l'Europe puissance », que le rejet du libéralisme
ou que la méfiance à l'égard de l'Amérique.

Mais là encore, le credo sonne faux. Factuellement,
d'abord. Si le problème palestinien était effectivement la
racine, voire seulement l'une des racines principales, du
terrorisme islamiste, comment se fait-il alors que la première attaque contre les tours de New York en 1993 ait
coïncidé avec le début du processus d'Oslo – époque
d'enthousiasme et d'optimisme inégalé s'agissant du
règlement de paix dans la région?

Si la souffrance du peuple palestinien aux mains de la
soldatesque israélienne était le moteur principal des djihadistes, pourquoi, alors, tuer d'abord des musulmans dans
des attentats aveugles en Indonésie, en Turquie, au Maroc,
en Egypte, en Arabie Saoudite? Pourquoi exécuter des

---

1. Thierry de Montbrial, « Des idées simples pour l'Orient compliqué », *Le
Monde*, 16 juillet 2004.
2. Entretien avec Dominique de Villepin, *Politique internationale*, *op. cit.*,
page 45.
3. Entretien avec Hubert Védrine, « Pour une Europe puissance », *Politique
internationale*, n° 106, hiver 2004-5, page 220.

diplomates algériens ou égyptiens à Bagdad ? Pourquoi tuer des Madrilènes ? Que je sache, la position espagnole sur le conflit au Moyen-Orient n'est guère éloignée de la nôtre ?

Il suffit de lire – on y viendra plus loin plus en détail – ce qu'écrivent les têtes pensantes d'Al Qaïda, pour comprendre que la terreur fait flèche de tout bois, dans sa guerre planétaire contre la liberté : la Palestine bien sûr, mais aussi la Tchétchénie, l'Afghanistan, la Bosnie même (que l'Occident a pourtant sauvée !), et d'abord la haine des régimes en place : des Saoud en Arabie, à Moubarak en Egypte, en passant par Musharraf au Pakistan et Mohammed VI au Maroc.

Tout ramener, comme nous le faisons complaisamment en France, au seul problème israélo-palestinien, pour en faire l'épicentre du terrorisme mondial, est là encore ignorer la réalité (mais nous en avons l'habitude) et surtout, c'est le plus grave, se tromper d'enjeu et, donc, de réponses adaptées. Ceci sans compter que la délégitimisation permanente d'Israël n'est pas sans incidence en France même, sur la prolifération d'un antisémitisme proprement effrayant, dans une partie heureusement minoritaire de la communauté musulmane de France et dans les franges extrêmes d'une ultragauche qui cultive désormais l'antienne du « complot américano-sioniste ». Au sein de la communauté musulmane, on entend aujourd'hui des expressions qui glacent le sang, tant elles dépassent même l'antisémitisme ordinaire des années 30 !

Ceci posé, et qu'on me comprenne bien, je milite moi aussi pour le règlement de la question israélo-palestinienne ! Il n'est pas question de renoncer à une résolution juste, équitable et définitive de la discorde qui enflamme le Proche-Orient depuis des décennies. Les Palestiniens doivent obtenir leur Etat et les Israéliens vivre en sécurité. Les paramètres d'un règlement sont d'ailleurs connus : ils ont été discutés entre Israéliens et Palestiniens dans la station balnéaire égyptienne de Taba en janvier 2001. Les propositions du Président Clinton consistaient à restituer aux Palestiniens la bande de Gaza et entre 94 et 96 % de la Cisjordanie. Pour compenser les 4 à 6 % qu'ils auraient annexés, les Israéliens auraient ajouté des terres représentant entre 1 et 3 % de la Cisjordanie. Les quartiers arabes de Jérusalem Est seraient tombés sous souveraineté palestinienne, tandis que Jérusalem Ouest plus les quartiers juifs seraient restés sous contrôle israélien.

Mais Arafat n'a pas voulu de cet accord, plongeant les négociateurs israéliens dans le désarroi et préférant rentrer à Ramallah en Saladin acclamé par la foule au son des kalachnikovs, plutôt que de prendre le risque – personnel – de la paix. « Il a gravement manqué à sa mission historique qui était de saisir toutes les occasions de s'engager dans un chemin qui conduisait inéluctablement à un Etat palestinien [1] », reconnaît Jean Daniel, après le négociateur américain Dennis Ross qui, dans ses Mémoires [2], décrit les valses-hésitations du Raïs. Résultat prévisible du double échec de Camp David et de Taba : Ehud Barak, le Premier ministre israélien de l'époque, se voyait balayé par Ariel Sharon aux élections quelques semaines après ces pourparlers ; quant à Bill Clinton, il quittait la scène peu après, au profit de George W. Bush et de la nouvelle administration républicaine, résolue à ne pas s'immiscer dans le conflit. On connaît le déchaînement de violences et de douleurs qui ont suivi l'échec de ces négociations. Plus de 5 000 personnes (pour l'essentiel des civils israéliens et palestiniens) ont payé de leur vie l'épisode de Taba. Quatre ans plus tard, les deux peuples sont épuisés et une équation nouvelle s'est mise en place, ouvrant pour la première fois depuis Oslo et Taba de réelles perspec-

1. *Le Nouvel Observateur*, 10 février 2005.
2. *The Inside Story of the Fight for Middle East Peace*, op. cit.

tives de règlement. Du côté palestinien, la fin du long règne d'Arafat, suivie de l'élection réellement démocratique de Mahmoud Abbas, au début de l'année 2005, ouvre enfin la voie à la constitution d'un authentique gouvernement palestinien capable de reprendre le contrôle des 12 ou 13 milices armées que le fondateur du Fatah avait laissées prospérer. Du côté israélien, Ariel Sharon, contre son propre parti, mais avec le soutien d'une vaste majorité de l'opinion publique, a décidé d'en finir avec la présence des colonies à Gaza, réussissant, en août 2005, le retrait de toute présence israélienne civile et militaire. A l'extérieur, George W. Bush, réélu en novembre 2004, a décidé de s'impliquer cette fois dans le processus de paix. Les Européens poussent dans le même sens, conscients que nul n'a intérêt à un échec : Sharon lui-même est accueilli en « ami » par Jacques Chirac à Paris en juillet 2005 !

Bref, jamais depuis Oslo ou Taba, les circonstances n'ont paru aussi favorables à la reprise du processus, voire à un règlement de paix, dont l'OTAN pourrait même, si les conditions étaient réunies, être le garant, rôle qu'elle assuma avec le succès que l'on sait en Bosnie après les accords de Dayton.

Reste que les obstacles sur le chemin de la paix demeurent considérables. Ariel Sharon, qui a abandonné le mirage du grand Israël, comme Mahmoud Abbas prompt à dénoncer la militarisation de l'Intifada, devront mettre au pas leurs extrémistes respectifs, s'ils veulent entrer dans l'Histoire. Il faudra, au Premier ministre israélien, dompter les colons d'extrême droite, et mener à bien, après le retrait de Gaza accompli unilatéralement, une reprise des pourparlers avec l'Autorité palestinienne. Vis-à-vis du Hamas, du Jihad islamique et des brigades Al Aqsa, Mahmoud Abbas, dont le slogan de campagne était : « Un homme, un vote, un fusil », devra faire preuve du même courage et de la même détermination que Ben Gourion vis-à-vis de la Haggana et de l'Irgoun, deux mouvements « terroristes » qui avaient lutté contre l'occupant anglais, au lendemain de la création de l'Etat d'Israël. C'est pourquoi Hubert Védrine a tort, lorsqu'il affirme que « de toute façon, le plus important est ce qui se passe en Israël [1] ». Cette assertion incarne la quintessence du parti pris quasi systématique des élites françaises à l'encontre des Israéliens : ils seraient les seuls détenteurs des leviers permettant d'aboutir à la paix. C'est oublier un peu vite le pouvoir de nuisance des extrémistes islamistes palestiniens du Hamas et du Jihad qui n'ont jamais reconnu le droit à l'existence de l'Etat hébreu et qui peuvent profiter du retrait israélien de Gaza pour déstabiliser le Fatah. Le plus difficile, pour Abbas, sera peut-être de passer d'une logique de gangs, celle d'Arafat qui faisait de la maxime « diviser pour mieux régner » son principe de gouvernement, à une logique d'Etat. Les Israéliens pourront l'aider en adoptant des mesures de confiance, visant par exemple à décongestionner l'économie palestinienne, et en levant le blocus des villes des territoires.

Le conflit israélo-palestinien est donc aujourd'hui extraordinairement limité : il ne concerne que ces deux peuples qui, à défaut de vivre ensemble, doivent apprendre, pour l'un, à accepter de fixer définitivement ses frontières, et pour l'autre, à construire un Etat en renonçant aux chimères du droit au retour des réfugiés. Ce conflit-là, extraordinairement complexe et difficile, n'est cependant plus l'otage de la rivalité des deux superpuissances, comme il le fut au temps de la Guerre froide ; le monde arabe ayant officiellement reconnu le droit à l'existence d'Israël dans les frontières de 1967 depuis le sommet de la Ligue arabe de Beyrouth en 2002, le conflit devrait

---

1. Entretien avec Hubert Védrine, *op. cit.*, page 217.

pouvoir échapper à une logique d'affrontement régional entre Israël et ses voisins arabes. A la réserve près du pouvoir de nuisance de la Syrie, bien qu'affaiblie, et de son allié iranien, très présent dans la région via son affidé du Hezbollah intégriste au Sud Liban. Mais les circonstances sont plutôt favorables : l'administration Bush II, qui semble enfin décidée à s'impliquer dans le règlement du conflit, a besoin de montrer des gages de sa bonne volonté au monde arabe ; elle peut compter sur le soutien de l'Europe et de la Russie sur ce dossier.

L'accord Bush-Sharon conclu en 2005 et que le Premier ministre israélien est venu présenter à Paris à la fin juillet, trace les grandes lignes des frontières d'Israël : retrait de Gaza, maintien en Cisjordanie sous souveraineté israélienne des trois grands blocs de peuplement que sont Ariel, Gush-Etzion et Maale Adoumim, renonciation au droit au retour des Palestiniens sur la Terre d'Israël. Reste à savoir si Mahmoud Abbas sera en mesure d'accepter ce tracé territorial (moins favorable donc que celui de Taba) en échange d'un Etat, et si surtout il sera capable de mettre fin à la violence terroriste dans les rangs palestiniens.

A l'heure où ces lignes sont écrites, j'ignore bien sûr si les espoirs nés de la configuration de la région en 2005 seront ou non confortés par les processus électoraux engagés tant en Palestine qu'en Israël en 2006 et s'ils permettront d'aboutir à un règlement.

Je souhaite ardemment qu'un tel règlement intervienne au plus vite. Pour faire cesser le bain de sang entre ces deux peuples tout d'abord. Mais également pour « dépolluer » si j'ose dire le débat, au sein des démocraties, et singulièrement en France, sur la nature du terrorisme islamique.

Tant que durera ce conflit, nous pourrons toujours prétendre, à l'unisson de tous les potentats arabes, que nous soutenons, que tout se résume au problème palestinien et qu'aucune réforme démocratique d'aucune sorte ne sera possible à l'intérieur du monde arabe.

Ce discours commode mais particulièrement pernicieux n'est sans doute pas le meilleur service que la Patrie de la Liberté peut rendre aux peuples musulmans livrés aujourd'hui au sous-développement et à l'incurie de gouvernements partout autoritaires, voire dictatoriaux. D'autant que de plus en plus de voix courageuses s'élèvent à l'intérieur même du monde arabe pour dénoncer l'alibi commode que la Palestine fournit pour différer d'indispensables réformes démocratiques. C'est l'Emir de Dubaï, le Sheikh Maktum Bin Rashid-Al-Maktum, qui s'interrogeait ainsi publiquement : « Je ne vois pas en quoi une crise internationale, même sérieuse, devrait retarder des réformes économiques ou la lutte contre l'illettrisme ! Quel est le lien de causalité entre les affaires étrangères et la corruption [1] ? » C'est un haut fonctionnaire pakistanais qui dénonce l'ambiguïté de la politique de Musharraf dans la lutte antiterroriste : les sondages en font le favori des Pakistanais (86 % d'opinions favorables)... devant Ben Laden (65 %) [2]. C'est un éditorialiste jordanien d'*Al Hayat* qui note avec ironie que l'autocratie est telle dans le monde arabe, que les seules élections libres dans la région (Irak et Palestine) ont été provoquées par l'occupation étrangère [3] !

Toujours est-il que la France, prenant là encore ses distances avec les thèses américaines sur la démocratisation du « Grand Moyen-Orient », préfère reprendre, parfois

---

1. Cité dans *Newsweek*, Fareed Zakaria, 27 décembre 2004.
2. Husain Haqqani, « Why Muslims Always Blame the West », *International Herald Tribune*, 16-17 octobre 2004.
3. Salameh Nematt, entretien dans *Newsweek*, 13 décembre 2004.

presque mot pour mot, l'argumentaire en forme d'alibi des régimes arabes en place.

« Tant que la cause palestinienne n'aura pas été reconnue par les Etats-Unis et tant qu'Israël occupera un pouce de territoire arabe, la rue arabe grondera et servira de terreau aux islamistes. Aucune réforme démocratique en profondeur ne sera donc possible tant que ce préalable n'aura pas été levé. En tout état de cause, nous, régimes arabes, sommes réformistes, mais nous conduisons nos réformes à notre rythme malgré toutes les erreurs américaines et les provocations permanentes d'Israël. »

Ce discours, combien de fois ne l'ai-je pas entendu dans la plupart des capitales arabes, y compris du nouveau Roi d'Arabie Abdallah (alors Prince héritier), m'expliquant une demi-heure durant (en réponse à une question impertinente de ma part) pourquoi l'Arabie Saoudite avait mille autres réformes en cours, avant d'autoriser les femmes saoudiennes à conduire leur voiture ! Discours pratique, qui les exonère ainsi de toute responsabilité alors qu'ils sont les principaux, sinon les seuls responsables des tensions actuelles au sein de leurs sociétés. Comme le notent de plus en plus nettement certains intellectuels arabes courageux [1], depuis des décennies, ces potentats prennent prétexte du différend israélo-palestinien pour étouffer toute velléité de changement, quand ils n'attisent pas eux-mêmes les passions de la rue – via une presse aux ordres, férocement anti-israélienne, voire carrément anti-sémite. Ainsi, les télévisions par satellite panarabes qui passent inlassablement et sous forme de clips les images de victimes palestiniennes ne font que plus rarement la lumière sur les frustrations sociales, économiques, intellectuelles, politiques et sexuelles qui, au sein même des sociétés arabes, font le lit de l'islamisme radical et nihi-

---

1. Je pense notamment aux auteurs du rapport annuel 2004 du PNUD sur le développement dans le monde arabe.

liste. Là aussi, la boucle est bouclée. La politique française érigeant le règlement du conflit israélo-palestinien en alpha et oméga de tout aggiornamento des régimes autoritaires encourage, de fait, leur immobilisme, sur lequel prospère le fondamentalisme islamique.

Le discours des potentats arabes sur Israël est bien rodé et il est désolant de voir la France s'y être associée avec autant de constance ces dernières années. « L'entité sioniste » est systématiquement stigmatisée, diabolisée, déshumanisée. Elle est responsable des malheurs de la région et de tous les blocages. « Ce qui se passe en Palestine touche tous les peuples. [...] Les gens ressentent une sorte de frustration. La cause principale du terrorisme est l'injustice », expliquait ainsi le Président égyptien Hosni Moubarak en avril 2004 lors d'une visite officielle à Paris [1]. Israël constitue le coupable idéal, le seul facteur d'unité – par défaut – du monde arabo-musulman, l'unique point de ralliement négatif qui met fin à ses dissensions internes et ressoude sa cohésion. Sa politique fait l'unanimité contre elle : dans les enceintes internationales et régionales, dans les médias, les représentants arabes élèvent la voix, tapent du poing sur la table, et l'Etat hébreu est invariablement accablé. La condamnation univoque de l'Etat hébreu pour sa violence, ses assassinats ciblés, son traitement dégradant des Palestiniens, ses « crimes contre l'humanité », « l'apartheid qu'il fait subir à ses citoyens arabes » constitue l'exutoire du monde arabo-musulman et le cache-sexe des tyranneaux de la région. Il leur permet d'entretenir à peu de frais la diversion des peuples et de canaliser à bon escient leurs frustrations vers un ennemi commode et bien identifié, à qui sont imputés les échecs et le marasme politico-économique. La surestimation de l'affaire palestinienne et la surmédiatisation du conflit entretiennent « deux mythes

---

1. *Le Monde*, 21 avril 2004.

de compensation et de revendication chez les Arabes ». Le premier mythe se formule ainsi : si les Arabes s'unifiaient, ils pourraient redevenir une immense puissance, quant au second, son corollaire, il veut qu'Israël, cette « épine dans le corps de la nation arabe », cette cellule cancéreuse qui la ronge depuis des décennies, soit l'entrave à l'unification, si ardemment souhaitée.

A l'antisionisme officiel originel s'est donc greffé ces dernières années un antisémitisme virulent venu de la société civile, que nombre de gouvernements arabes, toujours enclins à renforcer leur stratégie de diversion pour échapper à leurs responsabilités, tolèrent et manipulent consciemment et sans remords. Le *Protocole des Sages de Sion*, la bible de nombre d'islamistes, est devenu incontournable dans la vie culturelle des masses arabomusulmanes. Non seulement disponible en librairie, il a servi de scénario à plusieurs séries télévisées. Il a d'abord été adapté en Egypte en 2002 pour le feuilleton « Cavalier sans monture » qui, diffusé à une heure de grande écoute pendant la période du Ramadan, a remporté un franc succès. Normal. Cette production télévisuelle joue à plein des « causalités diaboliques ». L'intrigue de « Cavalier sans monture » décrit la création de l'Etat d'Israël comme le prologue... à la conquête du monde par les juifs. Lors de sa diffusion, près de 200 artistes et intellectuels égyptiens s'étaient mobilisés pour défendre le feuilleton dont les Etats-Unis – où étaient les Européens ? – avaient demandé la déprogrammation [1]. L'année suivante, « Diaspora », une saga diffusée par Al Manar, la chaîne du Hezbollah, montre un Rothschild expliquant sur son lit de mort que Dieu a commandé aux juifs « de diriger le monde par l'argent, la connaissance, la politique, le meurtre, le sexe et tout autre moyen ». « Diaspora » reprend les légendes antisémites les plus nauséabondes du Moyen Age euro-

1. AFP, 17 juin 2004.

péen : elle met notamment en scène le meurtre rituel d'un enfant chrétien par des religieux juifs qui recueillent son sang pour fabriquer du pain azyme et celui, tout aussi horrible, d'un homme qui a eu tort de ne pas respecter le shabbat. Après moult allers et retours entre le CSA, le Conseil d'Etat et le gouvernement (auxquels j'ai activement participé !), la France a finalement interdit la diffusion d'Al Manar en France... non sans lui avoir un temps concédé son agrément !

Une chaîne d'Etat iranienne a pour sa part diffusé un documentaire affirmant que les juifs, bien que dénués de toute créativité artistique, ont pris le contrôle du cinéma mondial pour y développer leurs thèses et corrompre les esprits. Et une télévision d'Abou Dhabi, la capitale des Emirats arabes unis, a mis en scène en novembre 2001 un Ariel Sharon rapace et sanguinaire, inventeur d'une boisson nouvelle à succès, le « Dra-Cola », fabriqué avec du sang arabe récolté grâce aux tueries de l'armée israélienne. Et la place me manque pour détailler ici les torrents de haine antijuive que diffusent en ce moment même de nombreuses télévisions arabes (et iranienne) : « les sionistes vendent de la drogue pour corrompre la jeunesse égyptienne » ; « ils enlèvent les enfants, victimes du tsunami en Asie du Sud-Est, pour les revendre sur le marché des esclaves » ; « il existait un accord entre Hitler et les sionistes pour tuer les juifs » ; « c'est le sionisme mondial qui a organisé les attentats du 11 septembre », etc., etc., etc.[1]. La haine primaire du juif est un créneau porteur que les despotes encouragent : il détourne l'attention des populations et canalise leur énergie. Les journaux,

---

1. Un outil de veille remarquable existe sur cette terrible dérive : les transcriptions réalisées par le MEMRI (Middle East Media Research Institute) à partir des émissions diffusées par ces médias. Ces transcriptions sont disponibles en traduction anglaise sur le site du MEMRI (www.memritv.org). Le mensuel *L'Arche* a publié en français certains de ces extraits d'où les exemples cités sont tirés (numéros de septembre 2004 et juin 2005).

sous contrôle des gouvernements, donnent aussi libre cours à leur imagination sordide. Dans les colonnes du journal saoudien *Al-Riyad* on pouvait lire en 2002 que les « juifs utilisaient du sang humain pour leurs pâtisseries de la fête de Pourim (mardi gras) et que pour la Pâque, il leur fallait du sang d'enfants chrétiens et musulmans de moins de 10 ans ». Des médias ont averti que des ceintures bon marché venant de Thaïlande étaient en fait des produits israéliens sournoisement camouflés et munis de puces propageant un mal incurable. Une presse aux ordres accuse systématiquement le Mossad d'ourdir les plus grandes tragédies de l'humanité. Le massacre de Louxor de 1997 ? Le fruit d'un complot des services secrets israéliens. Les attentats du 11 septembre 2001 ? Mohammed Atta, le chef d'escadrille des avions suicides, s'est fait enlever par le Mossad pour nuire à l'Egypte et l'islam, selon la thèse de son propre père reprise telle quelle par la presse officielle syrienne ! Certains responsables politiques ont été contaminés par la gangrène antisémite. Lors du sommet de l'Organisation de la conférence islamique (OCI) d'octobre 2003, Mahathir Bin Mohammad, alors Premier ministre de Malaisie, accusa avec une rare violence les juifs « de diriger le monde par procuration » devant un parterre de chefs d'Etat et de monarques. Aucun d'entre eux ne broncha et n'émit la moindre protestation.

Il est dommage que sur tout cela la France soit aussi discrète. Derrière les grands mots, la tentation du statu quo... toujours et encore.

Amélie chez les « barbaresques »

La sévérité française vis-à-vis d'Israël n'a d'égale que l'affectueuse compréhension sans cesse renouvelée à l'égard de la quasi-totalité des régimes arabes (l'une de ces exceptions, jusqu'à une date récente étant la Libye de Kadhafi après l'attentat du DC-10 d'UTA... mais les choses sont désormais rentrées dans l'ordre).

Tout se passe comme si la Patrie de la Liberté s'interdisait de parler de liberté pour l'Orient compliqué. Comme si, pour de mystérieuses raisons « culturelles », et pourquoi pas biologiques !, les peuples arabes étaient en quelque sorte disqualifiés par avance sur le terrain des efforts vers la démocratie. De facto, l'universalisme dont la France aime à se réclamer s'arrête brutalement aux portes de nos anciennes possessions d'Afrique du Nord et d'Orient.

Ainsi, quand Alger, Tunis, Le Caire, Rabat, ou jusqu'à une époque récente, Damas même !, plaident pour le « respect des processus locaux d'ouverture politique », faux nez de l'immobilisme qui les caractérise, Paris entonne, en stéréo, le couplet du « gradualisme ». Quand les monarques absolus dénoncent emphatiquement le projet américain de « Grand Moyen-Orient » et s'abritent derrière leur souveraineté pour protéger leurs privilèges, couvrir leurs prébendes et assurer la pérennité de leurs trafics, la France cloue au pilori les « missionnaires de la démocratie » mandatés par Washington.

L'action de la France s'inscrit dans la droite ligne de sa « politique arabe » à l'œuvre depuis 1967, année de la rupture brutale de sa relation particulière avec l'Etat d'Israël, alors principal allié de la France dans la région depuis la fin des années 40, et particulièrement pendant la période de la guerre d'Algérie et l'expédition de Suez. De Gaulle dénonça, dans une célèbre conférence de presse de novembre 1967, « l'ambition conquérante [...] d'un peuple d'élite, sûr de lui-même et dominateur » et décida en 1969 un embargo total sur les ventes de matériel militaire à destination d'Israël. Après la guerre d'Algérie qui valut à la France une solide inimitié de la part des nouveaux régimes nationalistes arabes, Paris vit dans sa brouille avec l'Etat hébreu le moyen de retrouver une influence au Proche-Orient, « par opposition à une politique américaine désormais jugée trop favorable à Israël [1] », explique l'historien Maurice Vaisse. Du jour au lendemain, la très intime coopération militaire – et nucléaire – développée par la IVe République en direction d'Israël fut stoppée net. Progressivement, la France s'attacha à réinvestir le monde arabe, s'imposant comme une alternative à la fois aux Etats-Unis et à l'URSS. Cette nouvelle politique arabe devint en effet l'une des principales facettes de la politique française en direction du Tiers-Monde, une politique marquée par la volonté de pratiquer un équilibrage entre les deux blocs ; elle visait aussi à assurer l'approvisionnement pétrolier du pays et à fournir des débouchés aux industries d'armement, que de Gaulle voulait reconstruire autour de la force de frappe, de façon indépendante des Etats-Unis. En 1980, deux tiers des exportations françaises de matériels de guerre prirent en effet le chemin du Moyen-Orient. La France entretenait des relations particulièrement cordiales avec l'Irak baassiste, liaison dangereuse mais ô combien lucrative : parmi les nombreux accords liant les deux Etats, un contrat pour la construction de la centrale nucléaire Osirak fut signé. Entre Paris et Bagdad, les relations s'intensifièrent après l'arrivée au pouvoir de Khomeiny et, plus encore, pendant la guerre avec l'Iran, où nous allâmes jusqu'à « prêter » à Bagdad des « Super-étendard » armés de missiles Exocet, l'Irak laïque étant supposé faire office de rempart pour l'Occident face au messianisme théologique des mollahs de Téhéran. Le discours communément admis alors à Paris consistait à assimiler le régime de Saddam à une variante de « gaullisme arabe » !

---

1. Maurice Vaisse, « Enquête sur la politique arabe de la France », *L'Histoire*, n° 282, décembre 2003.

Dans le monde arabe, la Realpolitik française n'a jamais cessé de faire preuve du même cynisme que celle des Etats-Unis à la même époque [1]. Les dérives autoritaires et la confiscation du pouvoir et des leviers de l'économie par une petite clique n'indignent personne. C'est particulièrement le cas dans les anciennes colonies et protectorats français au Maghreb. « La quasi-totalité des acteurs politiques français et des secteurs ayant partie liée avec l'Afrique du Nord considèrent qu'il convient de fermer les yeux, de laisser les Maghrébins régler leurs affaires. Après la période coloniale où l'ingérence politique était érigée en système de gouvernement, on prône le retour à la normale [2] », analyse fort justement l'historien Pierre Vermeren. L'immunité des nouveaux régimes est garantie par une omerta complète du monde politique français. La gauche se tait, inhibée par la culpabilité bienpensante – en proie au « sanglot de l'homme blanc » dénoncé par Pascal Bruckner. Elle conserve sa confiance, dans le cas de l'Algérie, au FLN pour « éduquer et relever » le peuple algérien. La droite se fait plus discrète par manque d'intérêt ou, plus sûrement, mue par la raison d'Etat, en ces temps de Guerre froide où les services de sécurité coopèrent activement. Les exactions des régimes du roi Hassan II, de Bourguiba et de Boumediene confortent l'idée que la force est le seul moyen de diriger ces pays, légitimant d'une certaine façon a posteriori les pratiques « musclées » de la France coloniale.

Pourtant, Paris ne pouvait pas ne pas savoir. Ses milliers de coopérants au Maghreb, sa proximité avec les nouvelles élites et les hauts gradés militaires, formés pour la plupart dans les universités et les écoles d'officiers français, ne pouvaient que la conduire à être parfaitement

---

1. Voir chapitre 8.
2. Pierre Vermeren, *Maghreb la démocratie impossible*, Fayard, 2004, page 184.

informée des 100 000 morts occasionnés par les règlements de comptes des premières années de l'Algérie indépendante, des 60 000 disparitions qui eurent lieu sous le
long règne d'Hassan II ou de l'élimination physique de
milliers d'opposants... Pendant des décennies, la France
ne voulut pas remuer son lourd passé algérien et ses antécédents coloniaux, alors qu'elle tentait de se refaire une
virginité au Moyen-Orient arabe, pour y affirmer son
influence.

L'après-Guerre froide, à vrai dire, ne change pas les
grandes orientations de la politique arabe de la France.
Jacques Chirac en fait l'une des priorités de sa diplomatie.
Il multiplie les déplacements dans la région et appuie
ostensiblement ses dirigeants les plus conservateurs. A
Tunis, il tresse des lauriers de démocrate au Président Ben
Ali, dont les scores aux élections présidentielles sont
devenus légendaires et les portraits désormais de mise
dans les lieux publics tunisiens. Le Président français
s'affiche régulièrement avec son « ami » le Président Bou-
teflika – hôte privilégié du G8 d'Evian en 2003 –, alors
qu'un Algérien sur quatre est au chômage – dont un jeune
sur deux –, malgré des richesses naturelles fabuleuses. Il
entretient aussi d'excellentes relations avec Hosni Moubarak qui maintient l'état d'urgence en Egypte depuis son
arrivée au pouvoir en 1981. Malgré les états de service
peu recommandables du défunt, le Président fut le seul
dirigeant occidental à se rendre aux obsèques du dictateur
syrien Hafez el-Assad en 2000 et à offrir ses conseils ami-
caux à son héritier. Pourtant, malgré son poids démographique et économique modeste, la Syrie n'a cessé
d'être l'un des acteurs les plus toxiques du Proche-Orient :
occupant le Liban, soutenant la fuite en avant d'Arafat
dans l'Intifada, servant de relais, via le Hezbollah, à
l'intégrisme chiite iranien. A croire que la France, amné-
sique, a perdu tout souvenir de l'assassinat de l'ambassa-

deur Delamare ou de l'attentat contre nos soldats de l'opération Drakkar. Il aura fallu attendre l'assassinat de Rafic Hariri, le Premier ministre libanais, ami personnel du Président de la République, pour qu'enfin Paris exige (avec l'Amérique) le retrait syrien du Liban. Quant à l'Irak, la France, chantre de la légalité internationale aura, finalement, protégé jusqu'au bout le régime dictatorial de Saddam Hussein.

Un tel constat n'a guère droit de cité chez nous, tant y règne en maître, là encore, l'unanimisme national. La politique arabe de la France fait en quelque sorte partie des meubles de la Ve République, avec le domaine réservé et la force de frappe.

Rares sont ceux qui osent poser la question de son bilan : qu'avons-nous gagné en termes d'influence réelle dans le monde ? Sommes-nous davantage présents ou efficaces dans le règlement de la paix israélo-palestinienne ? Avons-nous au moins sécurisé « notre pétrole » à des conditions plus favorables que d'autres ? Avons-nous enfin, nous qui nous réclamons de la liberté, rendu service aux peuples arabes qui subissent ces régimes ? Qui dénonce chez nous, entre autres (!), le scandale de la mal gouvernance au Maroc, avec ses 50 % d'illettrés, ses 40 % de citoyens qui vivent avec moins de deux dollars par jour (!), ses 40 % de mosquées tenues par les salafistes saoudiens et, au bout du chemin, une large majorité de la population qui soutient les attentats kamikazes ?

Poser ces questions, c'est y répondre. Sans doute est-ce la raison pour laquelle nul ne s'y risque... Reste que, face au danger réel que représente la nouvelle forme de fascisme qu'est le terrorisme intégriste, un jour ou l'autre, la tentation de l'« appeasement » et de la dénégation, cette illusion gauloise-là, volera en éclats – elle aussi.

II

RÉALITÉS

CHAPITRE 5

Transitions

Les évolutions de la démographie

Depuis plus de 500 ans, l'Occident est le phare du monde. Les idées, les inventions, les modes, les techniques, les révolutions industrielles, les concepts, les mœurs, les guerres, les réussites les plus brillantes et les drames les plus atroces ont eu pour épicentre l'Occident, plus particulièrement l'Europe et, depuis quelques décennies, les Etats-Unis d'Amérique. Ce « moment occidental » né avec la Renaissance brille aujourd'hui de ses derniers feux. Selon toute vraisemblance, dès le milieu du XXIe siècle, l'Occident, d'abord en sa partie européenne, aura perdu sa suprématie dans les affaires mondiales.

Plusieurs forces immenses sont à l'œuvre, qui dessinent sous nos yeux les nouveaux rapports de forces au sein de l'Humanité tout entière. La première est bien entendu l'évolution de la démographie, dimension déterminante de la puissance. A l'horizon 2030, la population mondiale devrait être de 8 milliards d'individus, dont 55 % vivront en Asie. Pour paraphraser Paul Valéry, l'Europe deviendra vraiment, d'ici à quelques décennies, d'un point de vue politique et économique, ce qu'elle est en réalité depuis toujours au sens de la géographie, à savoir « un

petit cap du continent asiatique ». Car, en 2030, la population européenne, Russie comprise, représentera moins
de 10 % de la population mondiale. Selon les estimations
des Nations unies, la population de l'Union européenne à
15, en 2050, équivaudra à seulement 4 % de la population
mondiale, contre 6 % aujourd'hui et... 14 % il y a un
siècle. Avec l'appoint de l'immigration, les mêmes statistiques de l'ONU prévoient que l'Union européenne perdra
7,5 millions d'habitants dans les 45 ans qui viennent. Une
hémorragie sans précédent depuis les grandes épidémies
de peste (« la Mort noire ») du XIVe siècle [1].... Les populations de l'Allemagne, de l'Italie, de l'Espagne et de nombreux pays d'Europe centrale et orientale auront diminué,
et un tiers de leur population, en moyenne, aura plus de
65 ans en 2050. Quant à la Russie, elle pourrait perdre un
tiers de sa population (passant à 100 millions d'habitants
contre 145 actuellement) alors que celle de l'Afrique,
malgré les pandémies, les famines, la pauvreté et la mauvaise gouvernance de ses dirigeants qui l'accablent, pas-
serait des 785 millions actuels à 1,3 milliard d'habitants
en 2030. La population du monde arabe, à elle seule,
devrait égaler celle de l'Europe dès 2020 ! Plusieurs pro-
jections montrent que, d'ici à cinquante ans, sous l'effet
accélérateur de la mondialisation et de leur immense
réservoir humain, l'Inde et la Chine pourraient être les
deux principales puissances économiques mondiales.
Alors qu'avec le nombre toujours croissant de personnes
âgées, les dépenses de retraite et de santé grèveront toujours davantage les budgets de la vieille Europe, de nouvelles puissances émergentes, dynamiques et en forte
croissance, vont s'affirmer sur la scène internationale. Si
la France et l'Europe veulent structurer les relations et la
communauté internationale de demain, il leur faut agir
dès à présent, tant qu'elles détiennent encore des attributs

---

1. Niall Fergusson, « Eurabia », *New York Times*, 4 avril 2004.

de la puissance. D'ici à quelques décennies, il sera trop tard : l'Europe n'aura plus ni les moyens ni la volonté de s'affirmer dans un monde qui lui sera largement étranger. Le temps presse : l'Histoire montre qu'une civilisation riche mais déclinante attire toujours les convoitises de ses voisins plus pauvres et plus jeunes. Le moment est donc on ne peut plus mal choisi pour la crise de la construction européenne que nous avons, nous Français, si brillamment précipitée lors du référendum du 29 mai 2005.

Pour l'Europe en tout cas, le XXIe siècle (du moins à l'horizon 2030-2050 qui est l'horizon de « visibilité » des démographes) sera celui d'une chute sans précédent de sa richesse humaine. Non par les saignées des guerres, comme au XXe siècle, mais par une sorte de lent suicide collectif, passif et indolore, qui voit s'installer peu à peu un vieillissement généralisé des populations et se profiler même une réduction nette du nombre d'habitants dans la plupart des nations européennes.

Au milieu de ce siècle, si les taux de fécondité européens devaient demeurer ce qu'ils sont aujourd'hui, 60 % des Italiens ne sauraient jamais ce que signifie avoir un frère, une sœur, une tante, un oncle ou un cousin. L'Allemagne aura perdu l'équivalent de l'ex-RDA ; quant à l'Espagne, elle verrait sa population fondre d'un quart. Dans ces pays, un habitant sur trois aura plus de 65 ans, et des bébés européens nés en 2005 seront astreints à des prélèvements sociaux et fiscaux de 75 % de leurs revenus, faute de quoi les retraites actuellement versées comme les remboursements d'assurance-maladie devront être supprimés [1].

Les chiffres publiés en juillet 2005 à Tours, lors du XXe Congrès international de la population méritent éga-

---

1. Nicholas Eberstadt, *What if it's a World Population Implosion ? Speculations about Global De-population*, Harvard, 1998.

lement d'être médités : sans recours à l'immigration, l'Europe perdra près de 15 millions de ses citoyens d'ici à 2030. L'Espagne, 1,6 million ; l'Italie, 5 millions ; l'Allemagne, 7,5 millions. D'ailleurs dans ces trois pays, le taux de natalité se situe entre 1,3 et 1,4 enfant par femme. A l'Est, la situation est plus dramatique encore : la Pologne perdant, selon ce scénario, 1,6 million d'habitants dans les 25 prochaines années, la Lituanie 4,2 % de sa population, l'Estonie et la Lettonie 10 %.

La France, pour sa part, avec un taux de natalité de 1,88 % (alors que le taux de renouvellement de la population est de 2,1 enfants par femme) est, avec l'Irlande, le pays de plus « forte » natalité dans ce désert d'enfants qu'est en train de devenir l'Europe. L'accroissement naturel de la population sera donc chez nous de 3 millions de personnes (contre 850 000 au Royaume-Uni), ce qui donnerait une France de 65 millions d'habitants en 2030 contre 62 aujourd'hui et une Allemagne tombée à 74 millions d'habitants (contre 82 millions aujourd'hui).

Mais la grande révolution géopolitique et humaine qui attend l'Europe au cours de la première moitié du siècle ne se limite pas à son vieillissement, ni même à l'hémorragie humaine que nous venons de mesurer à grands traits. La vraie révolution, c'est la coïncidence entre cet appauvrissement humain et la poursuite de l'expansion démographique sur la rive méridionale de la Méditerranée. Le décalage de l'Europe et de l'Afrique relativement à ce que les démographes appellent les « transitions démographiques » (vers la stagnation puis la baisse de population) entraînera des conséquences immenses.

Dépression démographique au nord de la Méditerranée, mais doublement de la population africaine d'ici à 2030 : le système des vases communicants de l'immigration Sud-Nord, que j'avais déjà analysé, il y a une quinzaine d'années[1], et que nous voyons aujourd'hui se déployer sous nos yeux, sur les côtes espagnoles comme à nos frontières méridionales, ira en s'amplifiant, entraînant des flux migratoires sans précédent dans l'Histoire.

Malgré l'importance fondamentale de ce phénomène qui n'a cessé de se développer depuis un quart de siècle, et que par ailleurs toutes les études démographiques (nationales : INED, ou internationales : ONU, OCDE...) avaient clairement identifié depuis longtemps[2], la prise de conscience de ses conséquences pour le devenir même de nos pays demeure extrêmement parcellaire.

C'est qu'en effet le temps du débat politique dans nos démocraties de l'information instantanée n'est pas celui du long terme et encore moins celui de la réflexion sur les grands infléchissements stratégiques à venir. Le politique, obsédé par la prochaine échéance électorale toujours très proche – 2 ans, 3 ans ou au minimum, 4 ans –, n'a que faire d'une projection à 30 ans et de l'anticipation très précoce de situations dont il ne sera pas lui-même le témoin, qu'il ne verra pas, ou qu'il verra au mieux une fois à la retraite. Il est convaincu (et ce n'est pas toujours faux, hélas !) que l'électeur attend, tout de suite, des réponses immédiates à ses problèmes d'aujourd'hui, pas à ceux d'après-demain. Enfin, l'immigration est par définition le sujet sensible par excellence, car elle touche à l'altérité, à la relation d'une communauté humaine à une autre, à la relation de chaque citoyen même à l'autre. Hier, c'est-à-dire au début du siècle dernier, bon nombre d'Etats européens étaient des nations d'émigration : les plus pauvres parmi les Italiens, les Irlandais, les Scandinaves ou les Allemands quittaient en masse leur pays et allaient s'établir dans les Amériques. « L'autre » d'alors, l'immigré venu s'installer en France surtout, était, dans

---

1. *Le Nouveau Monde, op. cit.*
2. Jean-Claude Chesnais, *La Revanche du Tiers-Monde*, Seuil, 2002.

l'immense majorité des cas, lui-même un Européen : Italien, Espagnol, Portugais, Russe ou Polonais, le plus souvent catholique et, en minorité, juif d'Europe centrale ou de l'Est. On sait quelle fut alors la difficulté d'intégration de ces immigrés-là en France comme aux Etats-Unis, les deux grandes nations d'immigration de l'époque : poussées d'antisémitisme et de racisme, réactions parfois violentes contre telle ou telle communauté. Le « melting pot » à l'américaine ou le « creuset républicain » n'ont pas toujours été, malgré l'imagerie d'Epinal entretenue dans les deux pays, une partie de plaisir. Ou un long fleuve tranquille.

N'empêche. L'immigration que nous vivons aujourd'hui en Europe n'a plus grand-chose à voir avec la situation d'il y a un siècle.

« L'autre » aujourd'hui arrive du Sud. Il est pour l'essentiel africain, turc ou arabe, et majoritairement aussi, musulman. Longtemps, cette différence a été occultée dans les discours officiels. La peur d'être immédiatement taxé de racisme, la mauvaise conscience héritée de l'ère coloniale, la volonté – estimable – de traiter de la même façon tous les êtres humains, donc de gommer a priori toute différence culturelle ou religieuse entre les hommes ou les communautés, tout cela a concouru à ne pas faire de l'immigration le sujet capital qu'il est. Un sujet, qui pourtant est digne d'un vrai débat national serein, intelligent... et nécessaire. En l'espace de 20 ou 25 ans, au moins 20 millions de musulmans se sont installés en Europe, dont un quart en France. Mais cette réalité-là a longtemps été niée en tant que telle. Qu'importait la religion ! Tout le monde devait s'intégrer, comme tout le monde, par le passé, avait réussi finalement à le faire. Et à chaque pays sa méthode : intégrationniste en France, multiculturelle en Angleterre comme aux Pays-Bas, séparatiste en Allemagne. Abandonnés à la seule extrême droite qui, partout, en a fait ses choux gras (en Hollande et en Belgique, en Autriche comme en France), les problèmes et les enjeux de la coexistence, sinon du « choc » des cultures et des religions à l'intérieur même de nos sociétés, celui tout aussi essentiel de l'identité de nos nations, donc de l'Europe elle-même qui ne peut se passer d'une identité, ont été tout simplement occultés, évacués, forclos. Sans discussion.

De sorte que cet immense dossier de la démographie n'a été traité qu'à la marge. D'abord sous l'angle du vieillissement et de son impact sur les systèmes de retraites – et l'on a vu avec quelles difficultés il l'a été en France par Jean-Pierre Raffarin, après des décennies d'immobilisme. Très timidement enfin, et de façon parcellaire encore, s'agissant de la prise en compte du fait musulman. Là en effet demeure le grand tabou.

C'est que l'évocation même de cette réalité musulmane en tant que telle pose problème. Notre propre culture démocratique y répugne : à juste titre, nous nions toute différence entre les hommes. Le modèle français issu de la Révolution va plus loin encore puisqu'il refuse la notion même de « communauté », hormis celle juridique et politique, que constitue la nation. Ergo, la communauté musulmane n'existe pas en tant que telle. Du moins, l'avons-nous longtemps considérée ainsi, jusqu'à ce que s'impose d'elle-même la nécessité de l'organiser en interlocuteur structuré face aux autorités de la République – d'où la mise en place, ces dernières années, du Conseil français du culte musulman (CFCM).

Mais la reconnaissance du fait musulman pose aussi problème parce qu'elle nous force à admettre que cette intégration, que nous pensions aller de soi, se passe mal et ce, indépendamment des modèles nationaux employés. Qu'il s'agisse des modèles multiculturels, à l'anglaise ou à la hollandaise, de la séparation de fait de la communauté turque en Allemagne, ou du creuset républicain en France. Elle se passe mal, non pas parce que l'immense majorité des musulmans installés en Europe ou devenus citoyens européens cherchent aussi autre chose qu'une participation paisible à leur pays d'accueil, l'accès au travail et à l'éducation de leurs enfants, mais pour deux raisons de fond qui touchent les deux côtés, les sociétés d'accueil, comme les immigrés et leurs enfants.

Du côté du pays d'accueil d'abord, les conditions d'une assimilation réussie sont contredites par la dépression économique européenne, le chômage de masse, surtout des moins qualifiés, la ghettoïsation, le racisme ordinaire... Mais à ce premier facteur s'ajoute un second : la recherche d'une affirmation identitaire, autour de la religion et de ce qu'elle implique dans le quotidien (du choix de prénoms musulmans au statut inférieur de la femme), recherche identitaire qui établit une barrière supplémentaire avec la société d'accueil. Cette barrière aurait pu s'éroder avec le temps si, comme les religions du Livre qui l'ont précédé, l'islam en tant que tel avait accompli sa réforme et son aggiornamento et s'était volontairement ouvert aux modes de vie et aux valeurs des sociétés occidentales. Or cette « réforme »-là, de l'intérieur, qui passe par une critique du dogme, est non seulement exclue par la tradition (on n'interprète pas le Coran, on l'applique), mais l'idée même d'ouverture vers les valeurs occidentales est souvent vécue comme une « corruption » de l'islam. Un véritable viol, farouchement combattu par un courant rigoriste de plus en plus présent, qui propagé par des riches fondations saoudiennes n'a cessé de croître depuis 30 ans, à travers l'ensemble du monde musulman. Dès lors, la fracture historique qui déchire en ce moment le monde islamique autour de la question de la modernité et de ce qu'elle implique dans le mode de vie de chaque musulman, en termes de liberté individuelle, d'égalité des sexes, de séparation de la religion et de l'Etat, n'a fait que renforcer la barrière qui sépare « le minoritaire » comme dit Memmi, de son pays d'accueil.

On touche ici, outre l'émergence de la Chine, l'une des deux grandes questions fondamentales de cette première moitié du XXIe siècle. L'islam et son milliard et demi d'individus va-t-il choisir de se réconcilier avec le modèle de société fondamentalement démocratique qui s'est imposé à l'échelle de la planète, à la fin du XXe siècle, après sa douloureuse victoire contre le double défi du nazisme et du soviétisme – un modèle, en l'occurrence, marqué par la liberté individuelle, l'économie de marché, la séparation de « l'Eglise » et de l'Etat, l'égalité entre l'homme et la femme ? Ou bien, au contraire, choisira-t-il de rejeter ce système de valeurs, de le combattre même, dans une sorte de fuite en arrière historique vers la pureté de l'islam originel ? Cette question-là, que j'identifiai dès le début des années 90 comme la question dominante de l'après-Guerre froide [1], n'a cessé de s'imposer dans l'actualité internationale, à mesure que le monde entrait dans une véritable guérilla terroriste planétaire.

On ne redira jamais assez que l'immense majorité des musulmans installés sur le Vieux Continent n'ont rien à voir avec l'intégrisme et moins encore avec le terrorisme. Mais, qu'on le veuille ou non, il n'empêche que l'Europe a importé chez elle une partie de cette fracture planétaire, dont les ondes de choc sont désormais visibles dans tout le Continent : de l'équipe d'Atta à Hambourg préparant les attentats du 11 septembre aux Marocains de Madrid auteurs de l'attaque d'Atocha, aux kamikazes « homegrown » de Londres, à l'assassin lui aussi d'origine marocaine de Theo Van Gogh à Amsterdam. Acceptons d'en convenir, avec l'immigration musulmane,

---

1. Voir *Le Nouveau Monde, op. cit.*

l'Europe a importé une part de la violence qui mine l'ensemble du monde islamique, de l'Indonésie au Pakistan, de l'Egypte au Maroc.

Voici donc la haine. Une haine qui se traduit d'abord par ce qu'il est convenu d'appeler pudiquement les incivilités; qui peut déraper ensuite dans des délits voire des crimes de droit commun plus graves; avant d'être recyclée – par la rencontre de tel prêcheur (souvent en prison d'ailleurs) – dans la violence politique au nom de Dieu.

Combien de djihadistes français ont-ils suivi le même parcours « initiatique » du « gangsterrorisme » si bien analysé par Alain Bauer : de la banlieue parisienne ou de celle de Villeurbanne... aux champs de bataille d'Afghanistan, de Bosnie ou d'Irak ?

Car, ne nous y trompons pas : certains de ces nouveaux soldats du Djihad se recrutent aussi dans nos banlieues. Une vidéo diffusée le 5 août 2005 sur la chaîne de Dubaï, Al Arabya, montrait par exemple un djihadiste d'Al Qaïda s'exprimant dans un français sans accent : « nous, les Moudjahidins, nous jurons aux musulmans oppressés que nous égorgerons les Américains et les juifs ». Quelques semaines plus tard, dans une cassette diffusée par Al Jazira, l'un des auteurs britanniques des attentats de Londres du 7 juillet 2005 exprimait dans sa langue maternelle, c'est-à-dire l'anglais, les raisons qui l'avaient amené à se faire sauter dans le métro de Londres : « Punir l'Occident et l'Angleterre pour les souffrances infligées au peuple irakien. » Les services français RG, DST et DGSE, sont parfaitement au fait de ces recrutements terroristes en Europe et en France. L'islamologue Olivier Roy [1] a bien sûr raison de pointer « un processus de déculturation » dans ses basculements individuels vers le Djihad, car les jeunes qui passent à l'acte « se définissent par rapport à un islam qui n'est ni traditionnel, ni cultu-

---

1. Cité par Pierre Prier dans *Le Figaro*, 12 août 2005.

rel », mais artificiellement recomposé. Et c'est bien là le problème...

De tout cela, bien sûr, Amélie ne parle guère. Pas plus qu'elle n'a voulu regarder en face la violence ordinaire des cités, jusqu'à l'intifada urbaine de trois semaines en novembre 2005. Mais depuis combien d'années laissions-nous, sans rien dire, brûler 400 véhicules de particuliers autour de Paris chaque 14 Juillet, 350 autour de Strasbourg chaque Noël ? Pourquoi était-il si difficile, voire impossible d'en désigner clairement les coupables, au lieu de se réfugier derrière l'expression consacrée de « jeunes » ? La même chose est requise à mon sens pour les trop nombreuses agressions contre les pompiers et les forces de l'ordre. La République vote des lois – sur le voile ou sur la violence raciste et antisémite – et, très vite, « passe à autre chose » en se rassurant comme elle le peut : n'avons-nous pas la meilleure législation en la matière ? Pour avoir pris l'initiative d'une proposition de loi introduisant dans notre Code pénal des circonstances aggravantes afin de mieux sanctionner les violences et attaques intentionnellement racistes ou antisémites, je crois pouvoir témoigner de l'ampleur de cet arsenal législatif. Mais son application par la justice est une autre affaire, et le travail pédagogique en amont (c'est-à-dire dès l'école) demeure malheureusement très difficile et très insuffisant [1].

Pendant ce temps en effet, l'immigration légale et illégale continue : les frontières internes de l'Europe ayant été démantelées par ce grand mythe collectif qu'est Schengen, les ghettos en France continuent d'enfler au rythme de ces « primo-arrivants » qui arrivent sans cesse. Ce n'est que quand 23 Maliens dont 12 enfants périssent dans des conditions horribles dans un petit hôtel 2 étoiles

---

1. Article de Pierre Lellouche, « Une loi tragiquement inappliquée », *Le Monde*, 15 juin 2004.

du centre de Paris, que l'on s'aperçoit que des milliers de familles « en attente de papiers » sont ainsi logés, aux frais du contribuable, dans des dizaines et des dizaines d'hôtels parisiens. Amélie cultive la cécité.

La surdité, aussi. Car la moindre évocation de « quotas », tentée courageusement par Nicolas Sarkozy, entraîne la levée immédiate de tous les boucliers bien-pensants ; l'idée même de recenser les étrangers, ainsi que les Français pour savoir « combien » et « qui est qui » sur le sol français demeure rigoureusement inenvisageable. Trois millions d'étrangers ? Quatre ou cinq ? Quatre ou six ou huit millions de musulmans en France ? Nul ne le sait, ni ne veut le savoir. Et pourtant, il faut gérer la viande hallal, ouvrir des carrés musulmans ou des lieux de culte décents, promouvoir cette communauté (car c'en est une) dans notre vie économique et politique. 5 millions de musulmans et un seul député de cette confession (de la Réunion de surcroît). Est-ce normal ? Est-ce souhaitable ? Ce qui va de soi dans les autres grandes nations d'immigration (Etats-Unis, Canada, Australie) demeure impensable chez nous. Et l'on s'étonne ensuite que notre « modèle d'intégration », qui, comme notre « modèle social » est bien entendu le meilleur du monde, s'enflamme dans nos banlieues comme en novembre 2005 ?

Tabou sur les chiffres, tabou sur les conséquences sociales (chômage, insécurité), tabou sur les conséquences politiques (on se contente de diaboliser le FN – qui ne demande que cela – et de désigner à la vindicte vertueuse ses électeurs qui, dès lors, se radicalisent encore plus), tabou sur les dérives terroristes (du moins jusqu'à Khaled Kelkal et Moussaoui), mais aussi tabou sur les conséquences de cette immigration de masse sur notre politique étrangère. Là aussi, là surtout, Amélie pratique l'esquive, l'ellipse, le non-dit systématiques. Et pourtant, que dire de ces murs de banlieue qui, après le 11 septembre, furent tagués de joyeux « Vive Ben Laden » ? Du soupir de soulagement général de nos élites quand elles s'aperçurent que les musulmans de France condamnaient les prises d'otages de journalistes français (pourquoi ? avions-nous douté du contraire ?). Et qu'auraient été nos manifs pacifistes contre la guerre en Irak, où la communauté musulmane était – quelle litote ! – si bien représentée, dans l'hypothèse où, par extraordinaire, la France se serait jointe à la coalition anglo-américaine ? De cela, on ne parle guère.

Mais tel est pourtant le processus en cours, produit du phénomène migratoire du quart de siècle écoulé, mais aussi de l'incurie collective de la société française de le gérer sérieusement. Un phénomène qui ne peut que se faire sentir davantage sur l'identité et le destin des Européens, et particulièrement de la France, dans les décennies à venir.

Le minimum, c'est que nous ayons au moins conscience de ce qui arrive à la France et à l'Europe tout entière. Et que nous cessions de faire comme si cela ne nous concernait pas ou n'avait aucune importance.

Les données démographiques sont là, incontournables. L'Europe vieillissante et vaguement suicidaire va inévitablement recevoir des millions, peut-être plusieurs de dizaines de millions d'immigrés supplémentaires, en provenance des pays du Sud, dans les trente prochaines années. Allons-nous la subir, cette immigration ? Où allons-nous à l'inverse la choisir en lui donnant ainsi toutes les chances d'une intégration réussie ? Saurons-nous, sans verser dans la xénophobie, maintenir l'identité et donc l'unité de nos sociétés ? Parviendrons-nous enfin à contrôler chez nous la fracture islamique qu'inévitablement nous importerons avec les nouveaux venus ?

Ces questions, je le sais, comme tous les développements qui précèdent, sont politiquement très incorrectes.

Mais n'est-il pas temps au moins de les poser? Car tel est le monde qui vient à nous, à la fois remis en cause en profondeur par les grandes évolutions démographiques et bouleversé par la mondialisation en marche.

« Mondialisation heureuse » ou mondialisation chinoise?

Vilipendée, adulée ou fantasmée, la mondialisation a donné un formidable coup d'accélérateur à l'Histoire. Créatrices de richesses fabuleuses – le PIB mondial a triplé en vingt ans – et d'inégalités sans cesse croissantes entre les nations mais en leur sein aussi – les fameuses fractures « sociale » et « numérique » –, les immenses mutations économiques en cours, « qui tendent à créer un seul marché mondial pour les biens et les services, le travail et le capital [1] », bouleversent l'économie internationale et sont en train de rebattre les cartes de la puissance à l'échelle du monde. Depuis les révolutions reaganienne et thatchérienne, l'économie internationale est entrée dans une nouvelle phase de son histoire. La libéralisation des échanges commerciaux et des marchés financiers; la révolution des nouvelles technologies de l'information et de la communication; l'apparition de nouveaux produits financiers; la dérégulation des transports et la baisse de leurs coûts; la multiplication des flux d'investissements directs étrangers et de capitaux transfrontaliers; la déverticalisation des systèmes de production, c'est-à-dire leur fragmentation sur différents sites, pouvant être répartis aux quatre coins de la planète si nécessaire – les délocalisations; la puissance des multinationales et l'importance croissante des échanges « intra-

---

1. Suzanne Berger, *Notre première mondialisation*, Le Seuil, 2003, page 6.

firmes » – deux tiers des échanges internationaux de nos jours : de ces différents bouleversements initiés au début des années 80 par les puissances anglo-saxonnes, ont émergé une gigantesque transformation des circuits économiques traditionnels en place depuis la Première Guerre mondiale, ainsi que les prémices d'une nouvelle organisation du monde. Dans ce vaste espace intégré qu'est désormais le marché global, l'allocation des facteurs de production et des capitaux, mobiles, se réalise selon les coûts et les opportunités, faisant fi ou presque des frontières et de la souveraineté des Etats.

La montée en puissance de nouveaux marchés et de nouveaux producteurs est sans conteste le phénomène le plus marquant de la mondialisation. Car si elle est une création de l'Occident, si ses principes et ses règles sont d'inspiration néolibérale et anglo-saxonne, si elle s'est propagée à l'échelle de la planète après la chute du Mur de Berlin et semblait signifier, pour un temps seulement, le triomphe de l'Amérique toute-puissante et la « fin de l'Histoire », la mondialisation a aujourd'hui pour premiers bénéficiaires des économies émergentes en passe de changer les règles et les grands équilibres de l'économie mondiale. Son impact politique est tout aussi fondamental : elle bouleverse la hiérarchie des puissances et menace la vieille « Trilatérale » Etats-Unis-Europe-Japon, dont le leadership paraissait encore incontestable au sortir de la Guerre froide.

Ce glissement vers des pôles de puissance nouveaux ne fait en effet que commencer. Ainsi, l'extraordinaire croissance des Etats-Unis au cours de la décennie passée a été alimentée par les changements structurels induits par la mondialisation : les gains de productivité et la création de millions de nouveaux emplois ont été le résultat direct de la révolution des communications et de l'information – Internet –, de celle des nouveaux instruments financiers, à l'effort en R&D, combinées à la flexibilité du marché du travail et à la dérégulation de pans entiers de la première économie mondiale. La « destruction créatrice », chère à l'économiste autrichien Joseph Schumpeter, a trouvé en l'Amérique de Bill Clinton son terrain de prédilection et d'épanouissement. Au cours des années 90, de nombreux autres pays ont pris en marche le train de la mondialisation. En premier lieu la Grande-Bretagne de Tony Blair qui, sans remettre en question les grandes réformes de l'ère Thatcher, en a adouci les contours et a ancré durablement la croissance de l'activité et le dynamisme du marché du travail britannique ; les pays scandinaves qui ont remarquablement modernisé et assaini leur vieux modèle social-démocrate ; l'Irlande ultra-libérale et dopée aux fonds structurels européens ; l'Espagne de José Maria Aznar ; le Canada ; la Nouvelle-Zélande ; nombre de nouvelles démocraties d'Europe centrale et orientale... Le train de la mondialisation, pour reprendre cette image, lancé à toute vitesse, s'est allongé au fil des mois et des années tout au long de la décennie précédente ; ses passagers y étaient de plus en plus nombreux mais son pilotage restait entre les mains des « cheminots » américains – financiers et capital-risqueurs de Wall Street ; jeunes chercheurs et entrepreneurs de la Silicon Valley – qui en assuraient la direction.

Un monde nouveau

Mais si la mondialisation des années 90 était encore placée sous le sceau de l'Occident, celle des années 2000 est d'un ordre tout autre. On perçoit encore mal, particulièrement en France, les bouleversements qui sont en train d'affecter l'ordonnancement de l'économie internationale. Les délocalisations, l'invasion de t-shirts et autres produits textiles chinois à très bas prix sur les marchés occidentaux ou encore le déficit de la balance commerciale américaine ne constituent que la face émergée de la mondialisation qui est, c'est une certitude, entrée dans une deuxième phase de son développement. Observer l'Inde, le Brésil et bien sûr la Chine sous le seul angle de leurs exportations et de leurs excédents commerciaux, c'est manquer l'essentiel de la révolution économique qui se déroule sous nos yeux. Nous n'en ressentons que les effets les plus visibles et les plus douloureux, notamment en termes d'emplois, à défaut d'en saisir les mécanismes les plus complexes et ses effets, de long terme, les plus déstabilisateurs. Ici, le terme de « révolution » n'est ni galvaudé ni exagéré : l'arrivée sur le marché ouvert et mondialisé de nouveaux acteurs majeurs, de « global players », comme disent les Anglo-Saxons, est en train de causer la mutation la plus importante du système capitaliste depuis 1945. En quelques années seulement, l'économie s'est véritablement mondialisée : les choix économiques de Pékin, Delhi et Brasilia comptent désormais tout autant que ceux arrêtés à Washington, Londres... ou Paris.

Quelques données essentielles permettent d'illustrer l'ampleur de cette révolution économique. Alors que les quatre grands émergents (Brésil, Russie, Inde et Chine) étaient encore régis il y a peu par des systèmes économiques collectivistes et planifiés dans le cas des deux puissances communistes, et par des économies dirigistes et très protectionnistes pour les géants indien et brésilien, leur arrivée sur le marché international a soudainement doublé la taille de la main-d'œuvre mondiale. De fait, on assiste depuis quelques années à un choc de l'offre, gigantesque et unique dans les annales de l'Histoire par sa célérité, d'autant que cette main-d'œuvre, très nombreuse et de plus en plus qualifiée, travaille à des coûts de trois à cinq fois moindres en moyenne que celle des pays industrialisés. Et dans la mesure où les marchés sont pour la plupart désormais intégrés et unifiés, la grande majorité des produits peut être fabriquée partout dans le monde et notamment dans les pays où la main-d'œuvre est docile et abondante. L'immense vague de délocalisations, qui affecte toutes les économies industrialisées – les Etats-Unis pourraient perdre plus de trois millions d'emplois dans l'industrie d'ici à 2020 – et ne cesse de s'accélérer, s'explique ainsi par ce double phénomène. Le secteur des services est également affecté par cette tendance de fond : le traitement des paies et la comptabilité; la gestion des ressources humaines, l'analyse financière, les services financiers... La plupart des activités tertiaires sont d'ores et déjà délocalisables et sont dès à présent développées « off-shore », notamment en Inde. Pour les économies industrialisées, le choc est d'autant plus rude que l'émergence de ces nouveaux concurrents se réalise dans le cadre d'une ouverture certaine en matière de commerce et d'investissements directs étrangers, à la différence du Japon et des premiers dragons asiatiques, qui avaient jadis adopté des stratégies de développement très protectionnistes.

A l'exception de la Russie, trois pays – le Brésil, l'Inde et la Chine – sont désormais à la tête d'économies performantes et de plus en plus diversifiées. Le Brésil, à l'évidence, est en passe de devenir la « terre d'avenir » que Stefan Zweig pressentait dès les années 40, lors de son dernier exil dans la station balnéaire de Petropolis. Mais c'est la Chine, avant tout, qui, depuis près de vingt ans, connaît une croissance vertigineuse et s'affirme comme une grande puissance mondiale qui à terme sera la seule vraie rivale des Etats-Unis. C'est elle aussi qui est sans conteste la grande bénéficiaire de la mondialisation néolibérale, et en même temps « est en train de devenir le facteur principal de déstabilisation de l'économie mondiale », comme l'écrit justement Erik Izraelewicz [1]. Sa contribution au PIB mondial a été ces dernières années le double de celles combinées des trois autres grands émergents. Deux tiers de la croissance des échanges commerciaux mondiaux entre 2002 et 2003 sont à mettre à l'actif de la seule Chine ! Avec un salaire moyen d'ouvrier à 80 euros par mois, elle est devenue l'usine du monde : la Chine est désormais le premier producteur mondial d'acier, de textile et d'habillement, de chaussures, de produits électroniques, de jouets et d'articles de sport. Elle a réussi à attirer des centaines de milliards d'euros d'investissements étrangers, les entreprises du monde entier se bousculant pour pénétrer le plus grand marché du monde, en pleine expansion de surcroît. Sa diplomatie commerciale tous azimuts, très active et agressive, bouleverse les grands équilibres mondiaux. De l'Amérique du Sud à l'Afrique subsaharienne, du Moyen-Orient à l'Asie centrale, la politique étrangère chinoise se déploie pour assurer des débouchés à son industrie, attirer des capitaux et assouvir ses besoins gigantesques et croissants en matières premières, notamment en pétrole (un tiers de la croissance de la demande en pétrole depuis 2000) et autres minerais (la Chine est la première consommatrice mondiale d'aluminium, d'acier, de cuivre et de charbon). Ses centaines de milliards de dollars de réserve de changes lui permettent de soutenir à bout de bras le déficit courant des Etats-Unis en achetant les bons du Trésor américain. En contrepartie d'un taux de change fixe du yuan avec le dollar jusqu'en juillet 2005, des flux massifs de capitaux chinois se sont dirigés vers Wall Street. La Chine est devenue en quelque sorte le banquier

1. Dans son remarquable ouvrage *Quand la Chine change le monde*, Grasset, 2005.

de l'Amérique, lui permettant de maintenir des taux de crédit très bas et de relancer son moteur économique après la récession de 2001.

Compte tenu de sa taille et de sa population, la rapidité de la modernisation chinoise, économique mais aussi, de plus en plus, militaire [1], est un phénomène unique dans les annales de l'Histoire. La Chine est condamnée à croître. Elle ne peut se permettre une quelconque stagnation sous peine de graves tensions économiques et sociales. Revers de la médaille pour Pékin, le développement économique est à deux vitesses et les écarts de richesse à l'intérieur du pays ne cessent de se creuser : un milliard de Chinois ne disposent pas à court et moyen terme de perspectives de développement accéléré ; les déséquilibres et les disparités entre les mégalopoles vibrantes et mondialisées de la bande côtière et les campagnes pauvres et reculées où un tiers des habitants est au chômage s'accroissent ; la corruption des nouveaux riches attise la colère des masses. De violents conflits sociaux agitent régulièrement le pays. La fragilité du système financier est par ailleurs le talon d'Achille du capitalisme sauvage chinois. La croissance est financée sans aucune précaution. Le gouvernement lance d'importants projets d'infrastructures sans guère se soucier du déficit de l'Etat ; les entreprises sont financées « aveuglément » par les banques publiques.

Il n'empêche. En dépit des contradictions et des inconsistances de son modèle de développement, l'avènement de la Chine comme grande puissance économique et politique, via la mondialisation, est un tournant dans les affaires mondiales et un événement majeur de

---

1. Depuis quinze ans, les dépenses militaires chinoises se sont accrues à un rythme annuel à deux chiffres – à l'exception de l'année 2003 où le taux de progression a été en repli, à seulement 9,6 %, avant de remonter à 11,6 % en 2004. D'après la CIA, l'ensemble des dépenses militaires devrait s'élever en 2005 à 69 milliards d'euros. (Voir *Courrier international* du 31 mars 2005.)

ce début de siècle. En 2008, elle organisera les prochains Jeux olympiques et deux ans plus tard l'Exposition universelle de Shanghai. Ces deux événements exceptionnels couronneront une génération de bouleversements historiques et assureront à la Chine son statut de géant mondial.

Le rêve d'une « mondialisation heureuse » doublée d'un monde multipolaire « démocratique » et pacifique est déjà mort. De la compétition chaotique et sans merci que se livrent sous nos yeux les vieilles économies riches d'hier et les puissances émergentes d'aujourd'hui, est en train de naître un nouveau système bipolaire sino-américain à l'horizon du premier tiers de ce siècle.

Un impact majeur et parfois insoupçonné
sur l'économie mondiale

Décrire à gros traits les forces majeures des trois principales économies émergentes – la future superpuissance agricole brésilienne ; les nouvelles technologies indiennes ; l'atelier du monde de la Chine – est en effet insuffisant pour qui veut tenter de saisir les implications de leur intégration à l'économie mondiale. C'est aussi largement sous-estimer leur influence toujours croissante sur les affaires internationales. De l'inflation aux taux d'intérêt des pays développés, des salaires aux profits des entreprises, des prix du pétrole à ceux de l'immobilier des grandes capitales occidentales, les nouveaux dragons de la mondialisation, en particulier la Chine, impriment désormais leur marque aux économies développées.

En ces temps de pétrole cher, il est ainsi très étonnant de voir que l'inflation reste à des niveaux aussi faibles en Occident. On se souvient que, dans les années 70, elle avait très fortement augmenté suite à l'explosion de la facture pétrolière. Or aujourd'hui, malgré un baril de brut dont le prix a allègrement dépassé les 70 dollars à l'heure où sont écrites ces lignes, l'inflation des pays développés reste très sage. Pour quelles raisons ? Davantage que l'action des banquiers centraux, c'est la concurrence effrénée que se livrent économies émergentes et économies développées, dans le cadre de la mondialisation, qui explique la modération des taux d'inflation. Les exportations à très bas prix de la Chine, encore renforcées par la faiblesse du yuan, ont très largement contrebalancé l'augmentation du prix des matières premières. Le prix des chaussures et des vêtements a ainsi baissé de 10 % durant la dernière décennie aux Etats-Unis. Certains économistes estiment même que les exportations chinoises aux Etats-Unis ont épargné un point d'inflation à l'économie américaine ces dernières années [1]. L'inflation est également faible parce que les salaires en Occident ont très peu augmenté, dans une mesure bien moindre en tout cas que celle de la productivité. La concurrence des émergents est si forte qu'elle constitue une gigantesque contrainte à la progression des salaires dans les économies développées. Dans cette configuration nouvelle et par crainte de délocalisation, les syndicats ont perdu une bonne part de leur pouvoir de négociation, ce dont les entreprises profitent à plein pour dicter plus aisément leurs conditions à leurs employés et à leurs représentants. Ceci explique aussi pourquoi les profits des grandes multinationales sont si élevés de nos jours. Condamnées à toujours réduire leurs coûts dans ce nouvel environnement, sous la menace de leurs actionnaires, les entreprises de taille internationale profitent du formidable levier que constitue la mondialisation pour

---

1. *The Economist*, 30 juillet 2005.

accroître davantage leurs marges. La faiblesse actuelle des taux d'intérêt est le corollaire de l'inflation modeste. Elle a nourri ces dernières années un formidable boom des prix de l'immobilier : l'accroissement des liquidités globales liées notamment à l'explosion du commerce international et aux profits des entreprises n'a pas nourri d'inflation, on l'a vu, mais s'est réfugié dans le secteur de l'immobilier, d'autant que les loyers de l'argent sont si bas que quiconque disposant d'un minimum de patrimoine n'hésite plus à emprunter pour acheter de la « pierre ».

Le nouvel équilibre des puissances qui se dessine est déjà perceptible dans l'enceinte de l'Organisation mondiale du commerce (OMC). Le temps est révolu où les Etats-Unis, l'Union européenne et le Japon faisaient l'ordre du jour de l'OMC et s'y affrontaient tandis que les nations en développement servaient d'appoint à l'un ou l'autre des blocs commerciaux. Depuis l'entrée dans l'OMC de la Chine en 2001, année fondatrice du nouveau siècle à bien des égards, une logique d'affrontement Nord-Sud est à l'œuvre. Dans le cadre du cycle de Doha, les pays en développement font valoir leur point de vue. Ils réclament la libéralisation des échanges agricoles – la PAC est ainsi condamnée à terme –, et ont obtenu, sous la conduite de l'Inde qui dispose d'une forte industrie pharmaceutique, la possibilité de fabriquer des médicaments génériques pour lutter contre le sida. Un front Sud-Sud se constitue ainsi, sous la conduite du Président brésilien Lula notamment. Alors que son prédécesseur, le sociologue Fernando Henrique Cardoso, voulait absolument accrocher le Brésil au dernier wagon du « premier monde », Lula a pris le parti de faire du Brésil l'un des leaders des émergents par une diplomatie commerciale très active. Le G20, qui prend le contrepied du G8, le club des pays riches, a été créé à son initiative pour contrer l'hégémonie de l'UE et des Etats-Unis sur les négociations commerciales; il cherche à multiplier les échanges de son pays avec l'Afrique du Sud, l'Inde et surtout la Chine qui lui achète soja et matières premières; centre nerveux de l'économie sud-américaine, il se pose en interlocuteur principal de Washington dans la perspective de la zone de libre-échange de l'Alaska à la Terre de feu. La diplomatie française pronostique à juste titre l'avènement d'un monde multipolaire, mais ses zélateurs se trompent grandement quand ils le considèrent comme la parade aux déséquilibres que créerait « l'hyperpuissance » américaine. Nulle harmonie et nulle justice n'est à attendre de l'émergence de pôles dominés qui par la Chine « libérale-communiste » en Asie de l'Est, qui par l'Inde en Asie du Sud et qui par le Brésil en Amérique du Sud. Le nouvel équilibre multipolaire donnera lieu au contraire, dans le cadre de l'économie mondialisée, à une concurrence acharnée entre « vieilles » puissances et nations émergentes aux nationalismes ombrageux et dont les populations nombreuses, jeunes et dynamiques sont avides de les détrôner. Formidables vivier de main-d'œuvre − la seule Chine compte aujourd'hui 200 millions de chômeurs! − les émergents sont bien décidés à se tailler une part toujours plus importante de l'économie internationale. C'est une tendance lourde des relations internationales qui s'esquisse aujourd'hui et qui perdurera encore pendant plusieurs décennies. Selon certaines estimations, les pays développés verront ainsi leur part dans le PIB mondial baisser considérablement de presque 60 % en 2000 à près de 40 % en 2030 au profit des nouveaux pôles chers aux architectes de la diplomatie française. A cet horizon, la Chine et l'Inde seront probablement devenues respectivement les deuxième et troisième économies mondiales, talonnant de près les Etats-Unis.

Last but not least, la mondialisation a eu un effet démultiplicateur sur le prix des matières premières et notamment sur celui du pétrole à cause de la demande exponentielle des pays émergents. Désormais deuxième consommatrice mondiale de brut, l'économie chinoise verra encore très fortement augmenter ses besoins. Un chiffre donne une idée de l'ampleur des futurs besoins en pétrole de la République populaire : alors qu'on compte une voiture pour deux habitants aux Etats-Unis, il n'y en a encore qu'une pour... 70 en Chine. En 2030, la demande des économies émergentes devrait dépasser celle des économies industrialisées. Leurs besoins croissants en pétrole pourraient s'avérer la cause de tensions sans cesse grandissantes avec les Etats-Unis. La lutte s'annonce en particulier sévère avec la Chine, future superpuissance, qui pourrait se voir opposer d'ici peu aux Etats-Unis dans le cadre d'un « grand jeu » pétrolier.

Au rythme actuel de sa croissance et considérant l'intensité énergétique de son modèle de développement, très industriel, il est en effet probable qu'en 2025 la Chine devienne le premier consommateur mondial de pétrole et de gaz, détrônant de fait les Etats-Unis, l'actuel numéro un mondial en termes de demande d'hydrocarbures. Compte tenu de ses réserves limitées de pétrole et de gaz et de la hausse de ses besoins sur la période considérée, le déficit chinois devrait s'accroître considérablement et, du fait de son poids économique mondial à l'horizon considéré, constituer un enjeu d'ordre planétaire. Sur le grand échiquier mondial, la Chine a commencé à placer ses pions. Elle est d'ores et déjà présente au Soudan, en Asie centrale, en Russie et au Venezuela, le plus grand producteur de pétrole en Amérique latine ; elle s'intéresse de plus en plus au Moyen-Orient. En 2030, la carte des réserves pétrolières aura fortement évolué. Le Moyen-Orient qui détient deux tiers des réserves prouvées sera en situation de quasi-monopole pour la production de brut : la Russie, l'Afrique du Nord, le golfe de Guinée, l'Amérique du Nord et du Sud, l'Europe auront épuisé en partie sinon en totalité, dans les cas des gisements de la mer du Nord de la Grande-Bretagne et de la Norvège par exemple, la grande majorité de leurs réserves. Après avoir été l'un des terrains d'affrontement les plus sensibles de la Guerre froide – notamment pour des raisons pétrolières, déjà –, le Moyen-Orient pourrait devenir l'objet d'une lutte d'influence sévère entre les Etats-Unis et la Chine. La sécurité des voies d'acheminement, pipelines et routes maritimes, notamment le golfe Persique et les détroits au sud de la Malaisie et de l'Indonésie, par lesquels transitera le pétrole à destination de la Chine, sera cruciale dans ce grand jeu que se livreront la Chine et les Etats-Unis dans le premier tiers de ce siècle. D'ici là, le pétrole de la mer Caspienne, de Sibérie orientale, d'Amérique latine et du golfe de Guinée sera l'objet d'une concurrence toujours accrue entre les deux puissances.

Si le monde « tel qu'il vient » sera d'abord sculpté par la démographie – et pour l'Europe par les flux migratoires – ou par l'économie, il le sera aussi par l'évolution des grands rapports de forces autour de nous, qui en sont, on le voit, la résultante.

Aussi, bien loin du monde « multipolaire » onirique et démocratique auquel aime croire la France d'Amélie, celui qui émerge à la fois chaotique et dangereux sous nos yeux, avec en arrière-plan la montée en puissance de la Chine, verra cette dernière imposer bien avant le milieu du siècle une nouvelle bipolarité avec l'Amérique. Une bipolarité dont rien ne dit qu'elle ne sera pas conflictuelle – elle le sera même peut-être tout autant que la précédente –, même si ses manifestations en seront différentes. Dans l'intervalle, le problème stratégique dominant des prochaines décennies pour la France, comme pour l'Europe, sera celui du terrorisme islamiste, de ses causes, de son idéologie. C'est à ce défi majeur de l'histoire de l'après-Guerre froide que sont consacrés les chapitres qui vont suivre.

CHAPITRE 6

Des Etats arabes en faillite

Le naufrage du nassérisme

« O enfants de notre grand peuple arabe.[...] Nous sommes des millions et l'impérialisme veut nous étrangler, nous sommes des dizaines de millions, un seul peuple arabe, du Golfe à l'océan, porteur d'un message éternel. Une langue, une culture, une civilisation, des ressources illimitées, mais alors qu'est-ce qui nous manque pour nous libérer ? Je vous le dis, il nous manque seulement de nous unir, croire en nous-mêmes, relever la tête. Relève la tête, frère arabe ! [...] Nasser laissa la fureur s'épuiser et relança.[...] Il parla deux heures durant, du sommet de Bandoeng, de la guerre d'indépendance en Algérie, du Tiers-Monde, du cours du coton. Il expliquait tout, les paroles avaient un sens dans sa bouche, mais leur musique aussi, va-et-vient, corde tirée, corde lâchée, transe collective [1]. »

Ce 26 juillet 1956, à Alexandrie, le colonel Nasser, nouveau maître de l'Egypte, nationalise le canal de Suez devant une foule en délire et frissonnant de plaisir. Au pied de la statue de Saad Zaghloul, l'un des pères de l'indépendance, face à la mer, devant des dizaines de milliers

---

1. Citation tirée de l'ouvrage de Sélim Nassib, *Oum*, Balland, 1994, page 229.

d'Egyptiens et aux oreilles de millions d'auditeurs de la
« Voix des Arabes », Nasser, magicien de l'émotion collective, personnifie la volonté suprême d'indépendance
politique, l'émoi, l'effervescence, les espoirs et les rêves
de toute une nation et, au-delà, de tous ces peuples qui
viennent ou sont sur le point de conquérir leur indépendance. Nasser, nouveau César arabe, défie les vieilles puissances impériales et les anciens maîtres britanniques, qui
contrôlent toujours l'isthme de Suez et empochent les
royalties au passage des navires. Nasser symbolise la nouvelle Egypte, la régénération d'un monde arabe en quête
d'unité et de puissance, qui a trouvé, en ce tribun révolté,
son prophète des temps modernes.

C'est l'heure de gloire du nationalisme arabe. La nationalisation du canal de Suez doit financer la construction du
barrage d'Assouan sur le Nil et assurer l'indépendance
économique et énergétique de l'Egypte. Sa modernisation
est en marche, celle de la région suivra inéluctablement. A
l'instar des ambitions de Nasser, celles des nationalistes
arabes sont immenses. Ils veulent mettre sur pied des
sociétés modernes, prospères et autonomes. Les nouveaux
régimes seront dotés d'une Constitution démocratique avec
des gouvernements élus et responsables devant des assem-
blées désignées par le peuple. Ils seront laïcs, car ils ras-
semblent une communauté de gens de tendances et de
confessions différentes. Les élites nationalistes, qui se
veulent émancipées de la sharia, feront de l'islam, symbole
du génie arabe, une composante culturelle des identités
nouvelles, certes essentielle mais subordonnée. L'intérêt
général de l'Etat et de la société sera leur principal objectif. Les femmes participeront à l'entreprise de construction
de la nation. L'alphabétisation étant encore très marginale
– en 1954, 12 % des enfants marocains vont à l'école ; en
1937 les trois quarts des hommes égyptiens et la quasi-

totalité des femmes sont illettrés ; lorsque les Français quittent la Tunisie, seuls 143 médecins et 41 ingénieurs sont « indigènes »... –, l'instruction publique, en langue arabe, sera une priorité. Le temps de l'ignorance et de la superstition appartient désormais au passé. Le socialisme permettra de développer l'économie et de la doter d'une industrie florissante, source de richesses et d'émancipation de l'Occident. L'Etat contrôlera les ressources dans l'intérêt de la société, et l'économie dirigée assurera, grâce à une juste fiscalité, une redistribution équitable des revenus et la mise en place de services sociaux. L'unité des nouveaux Etats arabes sera le ferment d'une puissance collective accrue, le lien moral entre peuples et gouvernants. Elle sera le meilleur garant de leur indépendance et de leur rang retrouvé sur la scène internationale. Elle leur permettra de trouver une troisième voie anti-impérialiste, à mi-chemin entre capitalisme et communisme, et de terrasser Israël, l'ennemi sioniste, qui vient de naître, en 1948, et a réussi à repousser une première fois les offensives de ses voisins. En ces années d'après guerre, tels sont les rêves des peuples arabes, tels sont les engagements des leaders nationalistes, qui, les armes à la main dans les maquis ou complotant dans les casernes, sont sur le point de prendre le pouvoir.

Despotes, potentats et autres tyranneaux

Cinquante ans plus tard, au vu des ambitions affichées, on mesure l'ampleur de l'échec des régimes nés des indépendances. La plupart d'entre eux ont non seulement trahi les idéaux de la Nahda (la renaissance) des élites libérales de la première moitié du xxᵉ siècle, admiratrices de la démocratie parlementaire et du constitutionnalisme, mais ils ont aussi renié les mirifiques promesses qu'ils avaient fait miroiter à leurs peuples lors de leur prise du pouvoir. Les nations libérées du joug colonial n'ont pas connu la démocratie. Les Droits de l'homme et du citoyen sont certes mentionnés dans les Constitutions de ces Etats qui ont signé nombre de conventions internationales les garantissant, mais partout ces textes sont restés lettre morte. Les seules libertés accordées sont collectives, et le citoyen a plus de devoirs que de droits. A la tête d'Etats uniformément autoritaires et coercitifs, les gouvernements, rarement élus ou lors de suffrages s'apparentant à des plébiscites, n'ont pas de comptes à rendre à leurs « sujets ». Les dissidents sont persécutés, contraints au silence ou à l'exil, comme le futur écrivain à succès Tahar Ben Jelloun, qui quittera le Maroc dès 1971. Certains sont même liquidés. Ce fut le triste sort du poète Jean Sénac assassiné en 1973 par les services algériens. Les clercs qui restent au pays deviennent les « rhétoriciens de l'ordre autoritaire » – selon la formule de l'intellectuel tunisien, exilé en France, Abdelwahab Meddeb – après avoir obtenu des postes prestigieux dans les universités ou les ministères. Les élites modernistes sont obligées de se soumettre au nouvel Etat comme à un père. La presse a longtemps été muselée – elle l'est d'ailleurs toujours dans nombre de pays, comme l'Egypte, où il est impossible de critiquer le chef de l'Etat et son entourage –, et il a fallu attendre l'arrivée des médias satellitaires comme Al Jazira, « la boîte d'allumettes qui enflamme le Moyen-Orient », selon le bon mot du Président égyptien Moubarak, pour que s'entrouvre enfin l'espace public.

Les populistes, les dirigeants ont progressivement supprimé les corps intermédiaires et les médiations institutionnelles pour établir un contact « direct » avec leur population. Tous pratiquent à des degrés divers le culte de la personnalité : un portrait ou une statue de Saddam Hussein en costume de Saladin sabre au clair, en tenue de commandeur militaire ou des croyants ornaient toutes les places des villes et des villages d'Irak ; des bustes du vieux lion Hafez el-Assad trônent encore plusieurs années après sa mort, de la plaine de la Bekaa libanaise aux provinces les plus reculées de Syrie. « Par notre âme, par notre sang, nous te défendrons et nous nous sacrifierons pour toi, Bourguiba », devaient entonner les Tunisiens pour leur Président à vie. Syndicalistes et dirigeants de l'opposition ont été pourchassés, emprisonnés et, bien des fois, supprimés. A l'exception du parti du Président, les autres formations politiques ont été systématiquement interdites ou réduites à des rôles de pantins électoraux. Les services de renseignement et de sécurité – les terribles mukhabarat –, ainsi que l'armée quadrillent villes et campagnes et infiltrent la société. « Au Moyen-Orient, écrivent Gabriel Martinez-Gros et Lucette Valensi, l'Etat surveille, fait peur et sanctionne. Il bride toute expression politique qui ne lui serait pas soumise [1]. » Le premier rapport du Programme des Nations unies pour le développement (PNUD) de 2002 consacré au monde arabe et rédigé, il faut insister sur ce point, par des experts et des intellectuels arabes, souligne ainsi que, « parmi les sept régions du monde, les pays arabes ont enregistré l'indicateur de liberté le plus faible à la fin des années 1990 », notamment en matière de liberté d'expression et de responsabilité politique. Ceci se manifeste par un inquiétant repli culturel. La totalité du monde arabe – 300 millions d'habitants – traduit environ 330 livres par an, soit un cinquième du nombre de livres traduits par la Grèce et sa population de dix millions d'âmes ! Depuis le IXe siècle, 100 000 livres ont été adaptés en arabe, soit peu ou prou le nombre d'ouvrages traduits chaque année en espagnol (chiffres PNUD).

1. Gabriel Martinez-Gros et Lucette Valensi, *L'Islam en dissidence*, Le Seuil, 2004, page 202.

La liste des potentats qu'a connus et que connaît encore de nos jours le monde arabo-musulman est longue. Elle est aussi très militaire, car comme l'écrit justement le Pakistanais Hussein Haqqani : « Dans la période post-coloniale, les chefs militaires dans le monde musulman ont systématiquement joué de la fascination populaire pour la puissance militaire », produisant ce qu'il appelle un véritable « culte du guerrier » au sein du monde arabo-musulman. Les plus grandes figures de son histoire récente appartiennent à cette catégorie. Nasser puis Sadate et Moubarak, qui maintient l'état d'urgence en Egypte depuis l'assassinant de son prédécesseur en 1981, Hafez el-Assad en Syrie ; l'imprévisible colonel Kadhafi en Libye ; Saddam Hussein ; les dirigeants de l'Algérie indépendante comme Ben Bella et Boumediene ; le roi Hassan II du Maroc ; le Président tunisien Ben Ali ; Yasser Arafat et quelques autres... Autant d'hommes qui font tous partie de cette grande fratrie soudée par la dévotion rendue aux postures martiales. On peut y ajouter les pétromonarques du golfe Persique, notamment les rois saoudiens. Plus à l'est, hors de la sphère arabe, le Shah d'Iran et ses successeurs, les guides suprêmes de la révolution islamique, nombre de leaders pakistanais dont le tyrannique général Zia, sont aussi membres du club. Avant l'enracinement des régimes, la région avait connu nombre de coups d'Etat – la Syrie en enregistra pas moins de dix entre 1949 et 1970 – et de révolutions sanglantes comme en Irak en 1958 où la dépouille du Premier ministre Nouri Saïd fut attachée à une moto et fit ainsi le tour de Bagdad... Aucun dirigeant arabe n'a accédé au pouvoir par les urnes et n'a osé remettre son mandat en jeu lors d'un scrutin véritablement démocratique. La région a connu par conséquent une remarquable « stabilité » ces dernières décennies : ses dirigeants sont de facto inamovibles ! Nasser est resté au pouvoir seize ans, Sadate onze et Moubarak dirige l'Egypte depuis 1981. Quant à Kadhafi, il préside aux destinées de la Libye depuis 1969. Et Yasser Arafat a dirigé l'OLP puis présidé l'Autorité palestinienne, de la fin des années 60 à sa mort en novembre 2004. Bourguiba, lui, a passé plus de trente ans au pouvoir, son successeur Ben Ali y est confortablement installé depuis 1987. Assad a dirigé d'une main de fer la Syrie de 1970 à 2000. Le Maroc, la Jordanie et les pétromonarchies du Golfe ont à leur tête des rois qui ne quittent leur trône que « les pieds devant ». L'Arabie Saoudite est emblématique de cette extraordinaire stabilité gérontocratique, puisque le nouveau Roi Abdallah qui a succédé à son demi-frère Fahd, décédé à plus de 80 ans en août 2005, est lui-même âgé de 81 ans. Abdallah est l'un des nombreux fils du fondateur du Royaume dans les années 20 (!), le Roi Abdul-Aziz Bin Saoud. Mais la règle de transmission héréditaire du pouvoir s'applique aussi à tous les Présidents à vie de la région. Leurs fils, Bashar el-Assad en Syrie, et peut-être bientôt, Gamal Moubarak en Egypte, leur succèdent dans des Républiques en passe de devenir dynastiques. L'arrivée au pouvoir d'une nouvelle génération – le fils Assad, Abdallah II en Jordanie, Mohammed VI au Maroc –, « polyglotte, éduquée à l'étranger, rompue aux conventions, aux techniques et aux valeurs de l'Occident, n'a pas été suivie des réformes attendues. Si elles ont jamais existé, leurs velléités ont vite été abandonnées au profit de la défense des régimes concernés. Le changement escompté n'a été que de façade. La répression et l'autoritarisme ont été modernisés, non abandonnés [1] », souligne fort justement Eberhard Kienle. Jusqu'aux récents scrutins électoraux tenus en Afghanistan, en Palestine et en Irak, seule la Turquie, sur les 57 Etats que compte l'Organisation de la conférence isla-

---

1. Eberhard Kienle, « L'Egypte : le choix réaffirmé de l'autoritarisme », in *Afrique du Nord-Moyen-Orient, espaces et conflits*, Edition 2003, La Documentation française, page 92.

mique (OCI), pouvait être considérée comme une démocratie dotée d'une économie libérale de marché...

La modernité contre elle-même

L'ancrage des régimes a eu un coût exorbitant. Il provoqua d'abord les départs parfois forcés des minorités nationales ou religieuses installées depuis des siècles, mais de plus en plus mal à l'aise dans le carcan des nouveaux Etats-nations. De 1937 à 1960, l'Egypte perd ainsi près de la moitié de ses « étrangers », le Maroc les deux tiers, l'Algérie les neuf dixièmes. Le départ de très nombreux Européens, des Grecs, de forts contingents chrétiens, et de la quasi-totalité des juifs de cette partie du monde après la naissance de l'Etat d'Israël, handicape considérablement les jeunes nations dont la base urbaine et instruite est de plus en plus réduite. Beaucoup d'exilés étaient des commerçants prospères, d'habiles banquiers, des intellectuels brillants et polyglottes, des artistes renommés, de bons techniciens. Qui s'en souvient encore ? Jusqu'aux années 40, Bagdad, par exemple, était une ville dont le tiers de la population était juive. Sa bourgeoisie israélite commerçait avec la Grande-Bretagne et les Indes. Celle du Caire avait développé les industries cinématographiques et discographiques égyptiennes de l'entre-deux-guerres qui rayonnaient sur l'ensemble du monde arabe. Les « cinq races, cinq langues, la douzaine de religions ; les cinq flottes croisant devant les eaux grasses [1] » du port d'Alexandrie, chantées par Lawrence Durrell, dans son *Quatuor d'Alexandrie*, disparaissent à jamais. Le départ de ces élites éduquées, anciennes composantes essentielles des classes moyennes supérieures et fer de lance de la

---

1. Lawrence Durrell, *Justine*, Le livre de poche Biblio, page 20.

modernité, a constitué une perte inestimable pour les nouveaux Etats-nations. D'autant qu'ils sont frappés par la suite d'une nouvelle vague migratoire des grandes bourgeoisies locales, après la mise en place des réformes agraires socialisantes et des programmes de nationalisations lancés un peu partout dans le monde arabe au cours des années 50 et 60. Cette diaspora d'élites fait d'abord les beaux jours de Beyrouth mais, après le début de la guerre civile libanaise, elle rejoint en majorité l'Occident ou les grandes métropoles d'Afrique noire pour nombre de commerçants libanais chiites. Les nouvelles élites, fraîchement formées, sans expérience ni formation politique et économique, ne sont pas à la hauteur des défis auxquels elles sont confrontées. L'homogénéisation provoquée par la création des nouveaux Etats-nations a transformé en ennemis de l'Etat ses anciens serviteurs, victimes d'expulsions ou de massacres, comme les Arméniens et les Kurdes.

L'exceptionnelle croissance démographique que connaît la région tout au long du xxe siècle, notamment dans sa seconde moitié, a amplifié les déséquilibres apparus au cours des dernières décennies de l'Empire ottoman. A la veille de la Grande Guerre, le monde arabe comptait une population de 35 à 40 millions d'âmes. En 1939, elle était de près de 60 millions de personnes, puis de 90 millions en 1960, elle s'élevait à 179 millions en 1979 et à environ 260 millions en 2000. La rente pétrolière, l'âge très bas des mariages et l'idéologie nataliste des nouveaux régimes nationalistes arabes [1] et de la révolution islamique iranienne, ont encouragé cette explosion démographique. En 1960, les mères algériennes, jordaniennes, syriennes, palestiniennes et saoudiennes mettaient au monde en moyenne huit enfants ! La réduction de la mortalité infan-

---

1. Nasser répétait que les Arabes « gagneront avec le ventre de leur(s) femme(s) ».

tile, l'amélioration des conditions d'hygiène, alors que la fertilité demeure à un niveau très élevé – elle était encore de 5 enfants par femme en 1993 et est actuellement de l'ordre de 3, sauf dans les territoires palestiniens où elle demeure à plus de 5 –, ont bouleversé les structures des sociétés locales dont les populations sont de plus en plus jeunes. Dès 1960, plus de la moitié de la population de ces pays avait moins de 20 ans.

Les grandes villes arabes furent les premières touchées par cette explosion démographique. Des années 30 aux années 60, les populations du Caire et de Bagdad triplèrent quasiment, mais l'amélioration des infrastructures et des services publics, notamment les transports, ne suivit jamais le rythme de la croissance démographique. Le paysage urbain s'est radicalement transformé ; des villes ancestrales ont été défigurées ; la pollution devint vite insupportable, tandis que la production d'électricité, les systèmes d'adduction d'eau et d'égouts se révélèrent rapidement insuffisants. Des millions de petits paysans se sont entassés dans les faubourgs éventrés des grandes agglomérations, nouvelles cités dortoirs de la modernité balbutiante du monde arabo-musulman. Car celle-ci est marquée par un immense exode rural, les campagnes étant incapables de sustenter leurs nouvelles bouches et traversant une première modernisation par suite de l'introduction de nouvelles techniques de production et de récolte importées d'Europe. Ces ruraux déracinés, coupés de leurs traditionnels liens de parenté et de voisinage, ont connu une forte aliénation dans ce milieu urbain hostile et déstabilisateur. C'est là que devaient se recruter, plus tard, les militants de l'islam radical et les soldats du Djihad.

L'Etat vorace

Si les peuples furent les grands perdants des transitions arabes, l'Etat et son appareil bureaucratique en furent assurément les vainqueurs incontestés. Banques d'émission, téléphone, chemins de fer, distribution de l'eau, du gaz et de l'électricité, les nouveaux Etats prirent rapidement le contrôle des services publics. L'éducation et les services sociaux, tout passa aux mains de la sphère publique, omniprésente et centralisatrice. A ces premières nationalisations, dans l'air du temps et légitimes – les compagnies des secteurs concernés étaient en général aux mains d'étrangers et symbolisaient le temps honni des mandats et des colonies –, s'en ajoutèrent bien d'autres, notamment dans la banque, l'industrie et l'énergie, ainsi que des réformes en profondeur de la propriété foncière. En Egypte, par exemple, le secteur public passa entre 1952, date de la révolution des jeunes officiers, et 1972 de 15 % à 48 % du PNB. En procédant de la sorte, les dirigeants réussirent deux belles opérations, un joli « coup double » en quelque sorte : ils accrurent considérablement les moyens de « leur » Etat et spolièrent ces contre-pouvoirs potentiels qu'auraient pu être les grands propriétaires terriens et les capitaines d'industrie indépendants. Le nombre de petits fonctionnaires, peu efficaces et improductifs, mais redevables au régime en place, explosa au sein d'administrations tentaculaires et en proie à la gabegie. En Egypte, au début des années 80, les agents de l'Etat étaient deux fois plus nombreux que les ouvriers d'industrie et la proportion était comparable dans les autres pays de la région. L'émergence des nouvelles classes moyennes fut ainsi dépendante de l'Etat qui y gagna une clientèle supplémentaire, réfractaire depuis lors aux changements et inquiète de perdre statuts et emplois, malgré des salaires souvent peu compétitifs.

Les ressources publiques augmentèrent encore, par suite de la réduction des privilèges fiscaux des entreprises étrangères, aux recettes directes et indirectes (transferts des travailleurs immigrés dans le Golfe) tirées de l'exploitation du pétrole et aux rentes de situation que possèdent certains Etats, comme le canal de Suez pour l'Egypte, ou le passage d'oléoducs. Avec de tels moyens, particulièrement importants lors des booms pétroliers des années 70 et 80, on aurait pu espérer que les Etats mettraient en œuvre leurs programmes de redistribution, investiraient dans des industries de pointe rentables et doteraient leurs provinces d'infrastructures modernes. Comme nous le savons, il n'en fut rien.

Un capitalisme d'affidés

Certains programmes sociaux furent bien lancés, des subventions accordées, mais ils l'étaient essentiellement pour éviter débordements populaires et émeutes de la faim. Pour le reste, un système de rapine organisée et institutionnalisée, remontant jusqu'aux sommets de ces régimes, fut instauré. L'Etat devint ainsi la propriété privée à peine déguisée de ceux qui détenaient pouvoir et ressources. Pour durer – la seule véritable obsession des potentats – on mit au point des systèmes mafieux de réciprocité, afin de consolider les bases du régime, et le népotisme fut érigé en règle de gouvernement. C'est pourquoi on constate que les régimes de la région, passé le temps des premiers troubles, sont d'une remarquable stabilité. Les groupes autour des dirigeants sont soudés, ils ont lié leurs intérêts mutuels. « Ils ont ainsi réussi à créer et maintenir leur propre asabiyya, cette solidarité orientée vers la prise et la conservation du pouvoir[1] », persifle le grand universitaire Albert Hourani dans sa classique *Histoire des peuples arabes*. Les politiques d'infitah, d'ouverture, lancées depuis les années 70 et faisant appel aux capitaux privés, ne modifièrent guère le visage d'ensemble des économies arabes : les entreprises « privatisées » quittèrent le giron de l'Etat pour se retrouver aux mains des affidés des régimes et de quelques grandes familles.

Les grandes inégalités apparues dès le XIXe siècle se sont renforcées à l'ère des indépendances. Les étrangers et les colons chassés ont vite été remplacés par un complexe « militaro-mercantile », qui accumule richesses et privilèges au fil des décennies. Dans les sociétés arabo-musulmanes, ainsi qu'en Iran, le fossé entre d'un côté une caste de riches, toujours plus prospère et déconnectée de leur société, et de l'autre, une base de pauvres, invariablement plus large et démunie, n'a fait que se creuser. Après la décolonisation, « pour la plupart, la soupe a la même consistance ; il n'y a qu'un changement de maître, quelquefois plus tyrannique que le précédent ; comme les sangsues neuves, les nouvelles classes dirigeantes sont même souvent plus avides », ironise Albert Memmi[2]. L'extraordinaire boom pétrolier – les recettes pétrolières de l'Arabie Saoudite passent ainsi de 4 milliards de dollars en 1973 à 102 milliards en 1980 – assure certes une forte croissance – plus de 10 % en Arabie et aux Emirats arabes unis ; 9 % en Syrie ; 7 % en Irak et en Algérie ; 5 % en Egypte... –, mais les populations n'en récoltent guère les fruits. Le niveau de vie ne suit pas le rythme de la croissance, et la redistribution des revenus est plus inégalitaire que jamais. Au Maroc, la dépense moyenne par tête, à prix

---

1. Albert Hourani, *Histoire des peuples arabes*, Points Seuil, 1993, page 587.
2. Albert Memmi, *op. cit.*, page 18.

constant, a augmenté de 52 % seulement entre 1960 et 1985 pour 40 % des ménages les plus pauvres contre 159 % pour 20 % des ménages les plus aisés.

La scission des sociétés en deux camps s'amplifie. Au sommet, les affidés du régime prospèrent. Officiers, hauts fonctionnaires d'Etat, techniciens, hommes d'affaires dans le bâtiment, l'import-export, commerçants du bazar de Téhéran et employés « indigènes » des multinationales profitent de leur proximité avec les instances dirigeantes pour se constituer des rentes et se partager de juteux marchés sur lesquels ils disposent bien souvent d'un monopole complet. Aux rangs intermédiaires ou inférieurs de l'échelle sociale, la situation des petits employés, des commerçants modestes, des travailleurs au noir qui arpentent en loques le bitume des capitales de la région et celle des paysans pauvres ne fait qu'empirer. Leurs enfants, du moins leurs fils, sont pourtant de plus en plus éduqués, mais à l'ère du « capitalisme des copains », l'horizon économique est bouché. L'appartenance aux bons clans, ethniques, confessionnels (Alaouites comme la famille Assad en Syrie), tribaux (les Tikritis sunnites dans l'Irak de Saddam Hussein) ou militaires (l'Egypte de Nasser) demeure l'unique porte d'entrée aux fonctions les plus hautes de l'administration et de l'industrie. Seule la progéniture des nouveaux parvenus peut se permettre de dépenser 10 000 euros par an pour s'inscrire à l'université américaine du Caire (AUC) ou dans d'autres institutions privées tandis que la masse des autres étudiants croupit sur les bancs encombrés et décatis des universités publiques « casernes » où les moyens font défaut. A leur sortie, après des formations souvent inadéquates, les attendent un chômage de masse ou des petits boulots précaires, en totale inadéquation avec leur cursus universitaire – les chauffeurs de taxis avec des diplômes d'informaticien et d'ingénieur pullulent dans les grandes capitales arabes. Ces jeunes forment les légions désœuvrées des « hittites », littéralement « ceux qui tiennent les murs » en arabe, comme on ironise dans le Maghreb. Les plus doués et les plus résolus d'entre eux vont tenter leur chance à l'étranger. Les classes moyennes, pourtant constituées depuis plusieurs générations au Levant et en Afrique du Nord, sont en voie de disparition, frappées par l'inflation et les dérives du système de la rente, mère de toutes les injustices.

La gestion patriarcale de l'Etat a eu des conséquences désastreuses sur l'économie. Elle a d'abord favorisé la corruption et le règne du bakchich. Source d'enrichissement artificiel et rapide, la corruption entretient la décomposition du champ social et attise les frustrations. Elle nuit aussi à toute création et empêche l'innovation. Pourquoi la coterie de favoris s'ingénierait-elle à fournir de laborieux efforts et à se creuser les méninges si la prospérité l'attend « au coin de la rue », à l'aide de quelques passe-droits et l'entretien d'une clientèle bien choisie ? Les monarques absolus du monde arabe et leurs proches se sont ainsi constitué d'immenses fortunes, qu'ils se gardent bien d'investir dans l'économie réelle de leur pays, et encore moins dans l'aide à la construction de la Palestine « martyre »... L'argent fructifie au contraire sur des comptes en Occident ou dans quelques paradis fiscaux – les Marocains les plus riches posséderaient soixante-dix milliards de dollars placés à l'étranger, soit plus de deux fois le PIB de leur pays –, ces fortunes colossales entretiennent aussi la bulle immobilière des capitales de la région et ont permis aux potentats de se constituer une magnifique collection de « joujoux » militaires qu'ils exhibent de temps à autre, à une fête nationale ou à l'anniversaire d'une bataille légendaire.

Le socialisme arabe échoua. Les investissements internes restèrent largement insuffisants, et l'industrialisation à marche forcée, fortement capitalistique, orientée vers le marché intérieur et la substitution des produits d'importation, ne réussit à fournir aucune valeur ajoutée satisfaisante. Les politiques d'infitah ne connurent pas un plus grand succès. Ouverture sans véritable libéralisation, il en résulta de multiples contradictions et la prolifération de nouvelles agences bureaucratiques. Elles furent bloquées par les luttes d'influence que se livrèrent les groupes cherchant à sauvegarder leurs privilèges et d'autres désireux de les accroître. L'explosion de la manne pétrolière perturba le fonctionnement des économies et provoqua la très forte augmentation des importations. Confiants, les Etats s'endettèrent pour construire routes, hôtels, aéroports et usines clés en main mais lorsque l'heure du contre-choc pétrolier sonna et que le dollar chuta, au milieu des années 80, la déroute fut totale. Depuis quinze ans, la libéralisation imposée demeure largement inachevée. Les régimes sont paralysés à l'idée de bouleverser les structures économiques, de nuire, ce faisant, à leurs clientèles et de pousser les populations dans la rue. Des accords de libre-échange avec l'Union européenne et les Etats-Unis ont certes été signés ; ils n'ont toutefois pas encore porté leurs fruits, ni encouragé une véritable concurrence, d'autant que les résistances internes sont multiples. Les réglementations, peu transparentes, demeurent kafkaïennes au point de décourager les investisseurs étrangers. Les économies étant insuffisamment diversifiées, la région reste dramatiquement dépendante des cours des hydrocarbures. De l'avis même des experts arabes du PNUD, le taux de chômage moyen des pays arabes, de l'ordre de 15 % et de plus du double pour les jeunes, majoritaires en nombre dans la plupart de ces pays, est « parmi les plus élevés du monde en développement ». Au cours des années 90, les exportations de la région, pétrole compris, ont connu une croissance de 1,5 % par an soit beaucoup moins que le taux mondial de 6 %. A l'exception de l'Afrique subsaharienne, l'économie des pays arabes a connu la plus faible croissance de toutes les grandes zones de la planète. Et les PIB agrégés de la région sont aujourd'hui inférieurs à celui de l'Espagne ! Quant aux revenus par habitant, ils sont hélas de la même veine. En 2000, selon la Banque mondiale, le pouvoir d'achat des pays développés s'établissait à 27 450 dollars, le revenu moyen américain étant de 34 260 dollars, l'israélien de 19 320 dollars. En face, la moyenne du monde musulman était de 3 700 dollars et de 2 000 au Pakistan ! En dehors des pays exportateurs de pétrole, le revenu moyen du monde musulman était donc inférieur à la moyenne mondiale fixée à 7 350 dollars ! De même, les pays arabes ont un accès très limité aux techniques de production les plus modernes et aux technologies de l'information et de la communication (seuls 0,6 % de la population utilise Internet). Leurs investissements dans la R&D ne dépassent pas 0,2 % de leur PNB. Sur un plan social, le bilan est tout aussi calamiteux. Le rapport du PNUD – rédigé, rappelons-le, par des experts arabes et non par des néoconservateurs américains – indique des soins de santé « de qualité médiocre ou inexistants, des opportunités limitées ou nulles d'accès à une éducation de qualité, un habitat détérioré ». Quelque 65 millions d'Arabes adultes, dont les deux tiers sont des femmes, sont analphabètes. « Des chiffres beaucoup plus élevés que dans des pays beaucoup plus pauvres », note l'agence des Nations unies. Un dernier indice résume l'échec économique de la région. Selon un sondage réalisé dans chacun des Etats de la Ligue arabe, 51 % des jeunes âgés de 15 à 20 ans souhaitent en moyenne émigrer, « affirmant clairement leur insatisfaction de la vie courante et leur pessimisme face à l'avenir dans leur pays natal », toujours selon le rapport du PNUD...

Le délabrement de l'unité arabe

La démocratie avortée, des économies en berne, qu'en fut-il de l'unité arabe, autre mythe porteur de l'idéologie nationaliste? Plusieurs mouvements en portèrent l'étendard. Le parti Baas, créé par un chrétien de Damas, Michel Aflaq, fut son premier héraut. Séduisant la classe ouvrière modeste et les officiers d'origine provinciale par ses convictions et sa doctrine socialistes, le Baas comptait rassembler la nation arabe au sein d'un grand Etat unifié. Le nassérisme en fut un autre avatar. Le raïs égyptien voulait mettre la richesse des Etats pétroliers au service de la création d'un bloc puissant de pays arabes placé sous son auguste commandement. La lutte anti-impérialiste devait, par la suite, se transformer en un projet de reconstitution de l'unité arabe. La Ligue arabe, dès 1945, date de sa création, avait des ambitions identiques d'unité et de grandeur pour ses Etats membres. Plus tard, Mohammad Kadhafi, Saddam Hussein et Hafez el-Assad tentèrent également de reprendre le flambeau. L'histoire de l'unité arabe depuis les indépendances n'a été en réalité qu'une succession de fiascos, plus ou moins maquillés – et toujours niés.

La République arabe unie qui réunit l'Egypte et la Syrie ne dura que trois ans, de 1958 à 1961, les dirigeants syriens ne supportant guère d'être traités en valets des officiers nassériens. A la base, les deux peuples éprouvèrent aussi des difficultés à définir une identité commune. Le nassérisme flamboyant inquiétait d'ailleurs nombre d'Etats arabes, comme les deux royaumes, alors hachémites, de Jordanie et d'Irak ainsi que le Koweït, qui voyaient dans l'arabisme du raïs égyptien une ingérence dans leurs affaires et une simple volonté de puissance. Rapidement, l'Egypte entra en conflit avec l'Arabie Saoudite, conservatrice et réactionnaire, méfiante vis-à-vis du progressisme nassérien. Les deux nations s'opposèrent d'ailleurs au Yémen, dans les années 60. Au cours de cette période, de nouvelles tentatives d'union furent évoquées entre la Syrie et l'Egypte et cette fois l'Irak, désormais gouverné par des militaires nationalistes. Sans plus de succès. Il en alla de même pour les démarches entre la Libye et l'Egypte la décennie suivante. La déroute de 1967 face à Israël fit pâlir l'étoile de Nasser et de ses rêves d'unité. A la fin des années 60, le Baas était au pouvoir en Syrie et en Irak. Mais leurs dirigeants se détestaient tant et si bien qu'Hafez el-Assad soutint l'Iran – chiite et gouverné par des religieux – lors de sa confrontation avec l'Irak arabe et baassiste de Saddam Hussein entre 1980 et 1988 ! Auparavant, l'armée jordanienne et les Palestiniens s'étaient combattus férocement lors du Septembre noir de 1970. Et le Liban s'était embrasé dans une guerre civile sanglante attisée par les puissances régionales et la présence des Palestiniens au pays des Cèdres. La guerre du Golfe de 1991 fit à nouveau étalage des divisions du monde arabe. Après l'invasion du Koweït par l'Irak, de nombreuses nations rejoignirent la coalition internationale dirigée par les Etats-Unis – à l'exception notable de la Jordanie, de l'OLP et du Yémen. Rancunières, les monarchies du Golfe expulsèrent leurs travailleurs immigrés palestiniens et gelèrent un temps les avoirs de l'OLP. Elles réclament toujours au nouvel Irak leurs créances consenties à l'époque du conflit contre l'Iran et leurs réparations de guerre au titre des préjudices subis lors de l'aventure koweïtienne de 1990... Au Maghreb, l'Algérie et le Maroc s'opposent, depuis des décennies, sur la question du Sahara occidental. Aux guerres et aux tentatives de rapprochement politique infructueuses, ajoutons encore, sur le plan économique, les échecs des marchés communs arabes et autres unions douanières, qui n'ont jamais réussi à faire décoller le commerce et les échanges de la zone. Quant à la Ligue arabe, minée dès son origine par les désaccords, il est fréquent d'entendre au cours de ses réunions, aussi nombreuses qu'improductives, fuser noms d'oiseaux et invectives... Entre « frères arabes », l'unité est un mythe, la solidarité un leurre.

Après une longue nuit de plusieurs siècles où le monde arabo-musulman déclina, puis fut occupé et exploité par les puissances occidentales, les régimes nationalistes avaient suscité d'immenses espoirs. Ils devaient reposer sur trois bases principales : la justice sociale dans des économies prospères ; le nationalisme, permettant de faire recouvrer aux Arabes leur rang dans le monde et de converger vers l'union, source de puissance ; l'islam, composante majeure des identités et symbole du génie arabe. Mais les Etats issus de la décolonisation ont failli à leurs missions historiques. Ils se sont très vite transformés en régimes autoritaires, voire en dictatures et en potentats fonctionnant selon des modes claniques aggravateurs des injustices. Ressources et pouvoirs ont été confisqués par une minorité au détriment de la majorité et de l'intérêt général. Malgré la manne pétrolière et des ressources naturelles et humaines abondantes, les économies ont stagné sinon reculé, alors même que les populations connaissaient une très forte croissance démographique. L'ankylose des régimes, la gabegie des richesses, la corruption, les tentatives avortées d'union et l'impuissance face à Israël, ont fait naître frustrations et amertume au sein des peuples. Là est la véritable source de la fameuse « humiliation » arabe ! Le ressentiment a encore été avivé par la crise de modernité, déconcertante et aliénante, et la perte des repères traditionnels. A l'âge de la maturité, l'horizon paraît désormais brouillé et l'avenir bouché, dans la plupart des Etats nés de la décolonisation. Les peuples se replient sur eux-mêmes, le fatalisme gagne les esprits. Il flotte une atmosphère de décadence. Le projet moderne, qui reposait sur l'amélioration décisive des institutions politiques et économiques, a échoué. Abdelwahab Meddeb fait ce constat dramatique à propos du « sujet islamique » : « De souverain, [il] est peu à peu devenu l'homme du non, celui qui refuse, qui n'est plus actif mais réactif, celui qui accumule la haine et attend l'heure de la vengeance [1]. »

Partout, l'islam radical, seule alternative possible, puisque les oppositions politiques ont été éliminées ou matées, gagne du terrain au sein de peuples condamnés à la désespérance... ou à l'émigration.

Ironiquement, par leur incurie, les régimes en place ont eux-mêmes créé de toutes pièces le danger de la révolution islamique qui les obsède, et contre lequel ils alternent répression féroce et accommodement.

A la lecture de ce bilan consternant, on mesure l'extraordinaire cécité du débat, notamment au pays d'Amélie, sur les causes profondes de ce qui nous arrive : c'est-à-dire le terrorisme islamique. Que les régimes aux abois en place dans cet Orient chaotique rejettent sur Israël, sur l'Amérique, voire sur les anciens colonisateurs, la responsabilité de leurs échecs, voilà qui ne saurait surprendre. D'autant que la haine du juif est une recette ancienne, dûment éprouvée en Europe au siècle dernier ; quant à la haine de l'Amérique, elle constitue également un moyen presque aussi efficace pour organiser le défoulement de la « rue arabe ». Ce qui surprend davantage, c'est que ce système accusatoire soit pris au sérieux, notamment dans la vieille « Europe ». Pourquoi diable faut-il qu'à Paris ou à Bruxelles, nos responsables officiels, nos clercs, nos bons esprits reprennent à leur compte, sans discuter, l'essentiel de cette propagande infantilisante ? Pourquoi précisément ne pas regarder vraiment la rue arabe, plutôt que photographier le week-end les souks de Marrakech ?

---

1. Abdelwahab Meddeb, *La Maladie de l'islam*, Seuil, 2002, page 19.

Pourquoi ne pas demander des comptes aux régimes en place, plutôt que de les assurer sans cesse de notre soutien et de nos crédits ? Comment, à la lecture des faits, peut-on raisonnablement considérer l'Etat d'Israël, l'Amérique, nous-mêmes en tant qu'anciens colonisateurs, voire l'homme blanc en général, comme les premiers responsables des échecs des régimes arabes ? Peut-on sérieusement leur imputer l'origine unique des « humiliations » et des « frustrations » ? Assurément, non. Le conflit israélo-palestinien a bon dos : on peut même penser que son éternisation en a arrangé plus d'un ! L'époque de la colonisation aussi : un demi-siècle s'est écoulé : la dette, si dette il y a, est depuis longtemps prescrite. L'heure est venue, et nombre d'intellectuels arabes aussi lucides que courageux nous y invitent, de démystifier cette entreprise démagogique de dénonciation et de culpabilisation systématique de l'Occident et cette propagande de victimisation. De même qu'il faut enfin (!) dénoncer un antisémitisme quasi officiel que l'on retrouve dans les livres scolaires et chaque jour, on l'a vu précédemment, dans les médias de nombreux pays arabes « amis ». La diabolisation permanente du juif (et non plus seulement de l'Israélien), comme l'a bien montré Pierre-André Taguieff dans la *Nouvelle Judéophobie* [1], n'est rien d'autre que la reprise des thèmes de propagande classique utilisés dans la période noire de l'Europe. De même doit-on réagir contre la dénonciation permanente de l'Amérique, de l'Occident, manœuvre de diversion aussi grossière que périlleuse. Combien de régimes aux abois, pour calmer « leurs » islamistes, ne sont-ils pas tentés d'en rajouter dans la dénonciation de leurs protecteurs occidentaux ? La fameuse « guerre des civilisations » qu'en France nous refusons à toute force, qui en définitive en est responsable, sinon ceux

---

1. Pierre-André Taguieff, *La Nouvelle Judéophobie*, Mille et Une Nuits, 2004.

qui, jour après jour, justifient leurs échecs par le juif ou l'Occident ? Ben Laden, dans son appel au Djihad contre les « juifs et les Croisés », ne dit finalement pas autre chose de ce que l'on peut lire, chaque jour, et pas forcément sous une forme plus atténuée, dans la presse arabe, ou dans les livres scolaires, de bon nombre de régimes « amis »...

Le discours français – il ne peut y avoir de réformes sans un règlement du conflit israélo-palestinien au préalable – est-il recevable, dans ce contexte ? Pas plus, à la vérité, que celui des despotes arabes, même si, à la différence de ces derniers, il est animé des meilleures intentions. Processus de paix et réformes doivent aller de pair, mais le premier n'est aucunement la condition sine qua non des secondes.

Quand le Président Musharraf, par exemple, grand allié de l'Amérique dans la lutte contre le terrorisme, évoque le risque d'un nouveau rideau de fer entre l'Occident et le monde arabe, il place entièrement sur ce dernier la responsabilité ultime d'éviter la confrontation. Pourtant, le rideau de sang que le terrorisme islamiste est en train de faire tomber entre les deux mondes, est d'abord, lui, le produit de l'échec hélas systémique de la quasi-totalité des expériences post-coloniales dans le monde arabo-musulman. Un échec dont on ne sortira pas par le choix confortable à court terme de la stabilité des régimes en place, comme l'a décidé notre diplomatie, mais par le mouvement et la réforme, au risque, c'est vrai, de l'instabilité, au moins pendant un temps.

La France d'Amélie ferait bien de revoir son discours sur les « humiliations » et les « frustrations » qui cautionnent l'immobilisme des despotes orientaux. Elle ferait bien de secouer le joug moral qu'exerce sur elle cette idée d'un « crime originel » commis par l'Occident, dont découleraient comme par enchantement tous les malheurs des « nations prolétaires [1] ». Car un tel discours peut se révéler létal à nos intérêts, si des réformes ne sont pas entreprises prestement dans le monde arabo-musulman. La gestion catastrophique des cinquante dernières années a conduit à la massification progressive des populations de la région. Hannah Arendt avait défini le terme de massification comme l'impossibilité faite aux personnes de s'intégrer dans quelque organisation fondée sur l'intérêt commun, qu'il s'agisse de partis politiques, de conseils municipaux, d'organisations professionnelles ou de syndicats. Ce phénomène était lié, selon l'auteur des *Origines du totalitarisme*, à la croissance démographique forte et à au chômage massif des années 30 en Europe. Nous ne sommes pas loin de cette situation dans nombre de pays de cet arc de crise qui s'étend du Maroc au Pakistan. Dans ces pays, la massification, ce mélange de déracinement et d'anomie propice à tous les extrémistes, conduit à l'émigration du désespoir vers l'Eldorado européen, mais elle fait aussi le jeu du totalitarisme, en l'espèce celui de l'islamisme radical.

Les islamistes recrutent chez tous les laissés-pour-compte de la modernité et les exclus du système, qui sont de plus en plus nombreux. Au sein de la jeunesse urbaine pauvre, née de l'exode rural massif et qui a eu accès pour la première fois à l'alphabétisation, le discours islamiste est entendu et écouté. La bourgeoisie et les classes moyennes pieuses, héritières des vieilles familles marchandes marginalisées par les militaires et les dynasties proches du pouvoir, y sont également sensibles. Enfin, les expatriés revenus des monarchies du Golfe, mais écartés du pouvoir dans leur pays natal, forment une autre partie

---

1. Alain Finkielkraut, *Au nom de l'Autre*, Gallimard, 2003.

de la clientèle réceptive aux mirages du discours islamiste. Tous « vont trouver dans le langage islamiste la traduction commune de leurs frustrations distinctes et la projection transcendante de leurs espoirs divers [1] », ainsi que le souligne Gilles Kepel dans *Jihad*.

Les peuples arabes sont épuisés. Exténués. Ils sont las des régimes autoritaires et figés dans lesquels ils vivent, pour la plupart d'entre eux, depuis les indépendances ; ils sont révoltés par la corruption, le népotisme et la dictature des passe-droits. Or ils méritent mieux que cette alternative terrible entre stagnation et désespoir d'un côté, et dictature intégriste de l'autre.

Quant à nous, Français et Européens, la vraie question que nous devrions nous poser, c'est celle de savoir si nous devons préférer cette stabilité-là et l'injustice qu'elle engendre, à la démocratie au prix même d'un désordre. Question délicate, je le sais. Mais... il y a une chose que nous ne pouvons pas continuer à faire : prétendre combattre l'injustice et les humiliations arabes en nous voilant la face devant ceux qui en sont les vrais responsables – pire encore, en défendant bec et ongles le statu quo...

---

1. Gilles Kepel, *Jihad, op. cit.*, page 13.

CHAPITRE 7

Genèse du « fascisme vert »

La guerre en face

« Conformément à la volonté de Dieu, nous lançons la fatwa suivante à tous les musulmans : tuer les Américains et leurs alliés, civils et militaires, est un devoir individuel pour chaque musulman qui peut le faire dans tous les pays où cela est possible [1]. » « Le Prophète a dit : " La fin du monde n'adviendra pas avant que les musulmans et les juifs ne se combattent jusqu'au point où le juif se cachera derrière un arbre et un rocher. Alors l'arbre et le rocher diront : ' Eh musulman ! Il y a un juif qui se cache derrière moi. Viens le tuer ! ' " Celui qui prétend qu'il y aura une paix durable entre nous et les juifs est un impie car il renie le Livre [2]. » L'islamisme radical a déclaré la guerre. A l'Amérique et son « affidé sioniste » bien sûr, mais aussi à l'Occident dans son ensemble et à tous ceux, notamment des centaines de millions de musulmans, qui ne se plieraient pas à son islam absolutiste. Son combat s'inscrit dans une vraie logique de guerre de religion et, au-delà, de guerre de civilisations. Il ne s'agit non d'une

---

1. Front islamique mondial, déclaration : *Le jihad contre les juifs et les croisés*, 23 février 1998.
2. Déclaration d'Oussama Ben Laden sur Al Jazira, lors d'un entretien avec le journaliste Taysir Aluni en octobre 2001. Cité par Gilles Kepel, *Fitna*, Gallimard, 2004, page 158.

lutte à mort entre les cultures occidentales et islamiques comme il aimerait le faire accroire, mais d'une conflagration entre deux conceptions du monde, deux idéaux de société – une conflagration qui n'oppose pas des civilisations, mais les traverse toutes. Les sociétés fermées, traditionnelles, liberticides et repliées sur elles-mêmes, lestées par la pensée magique et le tribalisme; et les sociétés ouvertes, modernes et libérales, où règne la primauté de la vie humaine, et où chaque existence d'homme possède un caractère unique [1]. Que nous le voulions ou non, l'islamisme radical est en guerre ouverte avec le monde confortable d'Amélie : le barbare, pour reprendre l'analyse lumineuse de Pierre Hassner [2], est entré en guerre contre le « bourgeois ». « Un affrontement, poursuit Hassner, entre un éthos du calcul rationnel, fondé sur l'intérêt... la recherche de la survie, sur l'acquisition et la conservation des biens et la peur de la souffrance et de la mort, et un éthos de la fierté, de l'honneur ou de la gloire fondé sur des vertus martiales et guerrières, sur l'acceptation, voire la recherche, de la mort infligée ou subie, et parfois sur le vertige de l'automutilation et de l'autodestruction. »

Qu'il le veuille ou non, l'Occident dans son ensemble est à nouveau confronté à une menace globale qui s'attaque à ses principes les plus fondamentaux. Après les deux conflits mondiaux de la première moitié du XXᵉ siècle, après la Guerre froide entre les deux superpuissances, nous sommes entrés dans une quatrième guerre planétaire qui ne dit pas son nom. Une guerre mondiale asymétrique et de basse intensité. De basse intensité, du moins tant que des armes de destruction massive n'auront pas été employées par les réseaux terroristes – ce qui n'est qu'une question de temps, j'y reviendrai. Cette guerre n'a pas grand-chose à voir avec les guerres inter-

---

1. André Grjebine, *Le Défi de l'incroyance*, La Table ronde, 2004, page 15.
2. Pierre Hassner, *La Revanche des passions*, Seuil, 2002.

étatiques classiques. Il s'agit d'un conflit de type nouveau opposant des Etats (occidentaux, mais aussi arabes ou musulmans) à un réseau terroriste planétaire sans territoires, ni uniformes, s'appuyant sur une idéologie mortifère et dogmatique qui prétend détenir la vérité universelle et absolue et qui est prêt, comme il l'a déjà démontré en frappant aveuglément de New York à Bagdad, d'Istanbul à Casablanca et de Bali à Madrid et à Londres, à l'imposer par la terreur de masse. En franchissant le seuil de la destruction en masse de civils innocents, l'islamisme radical s'est affirmé pour longtemps, probablement pour plusieurs décennies, comme le principal danger pour la sécurité et la stabilité des Etats. Et comme le principal problème stratégique de cette première moitié du XXIe siècle. Après avoir combattu le nazisme et le communisme, l'Occident est confronté à un nouveau totalitarisme : l'islamisme radical.

Mais la France d'Amélie conteste très largement une telle vision des choses. On l'a vu [1], elle sous-estime dramatiquement la nature et les objectifs de l'islamisme radical. Certes, elle condamne et réprouve les actes terroristes ; elle les combat grâce à d'excellents services de sécurité, mais pour elle, ce combat n'est en aucun cas une « guerre », mot que notre diplomatie réprouve. Le terrorisme relève d'opérations de police et, au-delà, de moyens politiques ou économiques à long terme en direction des pays concernés, au demeurant tous, ou presque, « amis de la France ».

Au fond, nous dit-on, ce terrorisme-là finira par passer, comme sont passées les vagues précédentes de terreur, qui avaient déjà frappé la France. Abreuvés de ce discours convenu par l'écrasante majorité de la classe politique et dont les médias sont le relais fidèle, les Français sont nombreux à penser que leur pays, parce qu'il mène une

---

1. Voir chapitre 4.

politique étrangère pro-arabe et pro-palestinienne, parce qu'il a milité contre la guerre en Irak et n'y a déployé aucune force militaire depuis la chute de Saddam Hussein, n'est pas ou peu impliqué dans ce phénomène. Si « guerre contre le terrorisme » il y a, celle-ci concerne d'abord, pense-t-on, les Etats-Unis et le réseau Al Qaïda. Certains bons esprits, chez nous, vont même jusqu'à considérer que ce conflit n'est rien d'autre, au fond, que l'affrontement entre chrétiens fondamentalistes américains d'un côté, et musulmans fondamentalistes de l'autre, les deux camps étant perçus comme également dangereux et fanatisés. Que la France n'ait rien à voir dans cette guerre-là, qu'elle doive chercher par tous les moyens à s'en protéger, d'abord en « ne s'en mêlant pas », est un sentiment fort répandu dans l'Hexagone. En témoignent, parmi mille autres exemples, les étonnantes confessions des victimes elles-mêmes, comme celles de nos reporters Christian Chesnot et Georges Malbrunot, à leur retour en France après plus de quatre mois de détention en Irak par « l'Armée islamique » : tous deux étaient sincèrement convaincus qu'ils ne couraient aucun risque en Irak en tant que Français, sous-entendu, opposés aux Américains et, de surcroît, parlant l'arabe...

Plus grave, cette perception-là a été confirmée, validée, authentifiée, par les plus hautes autorités de l'Etat.

Je garde le souvenir un peu honteux, je dois le dire, d'un Premier ministre pour lequel j'ai par ailleurs beaucoup d'affection qui, au jour de la libération de Chesnot et Malbrunot, exprima avec emphase, à la tribune de l'Assemblée nationale, sa satisfaction de voir « la ligne politique de la France reconnue [1] » par les preneurs d'otages ! Argument terriblement pernicieux, dont son auteur emporté par son élan n'avait probablement pas pris toute la mesure : est-ce à dire en effet que l'assassinat

---

1. Cité dans *Libération*, 24 décembre 2004.

d'autres journalistes ou de collaborateurs d'ONG ressortissants de pays pratiquant une autre « ligne politique » pouvait être compris, à défaut d'être accepté ? Le neutralisme, façon Amélie...

Comme Jacques Chirac, nombre de Français considèrent les terroristes de la mouvance islamiste comme des « fous furieux » En écho au discours officiel, beaucoup expliquent leurs gestes désespérés par les « humiliations » et les « frustrations » endurées par les peuples arabes. D'autres bonnes âmes irresponsables – « les idiots utiles » chers à Lénine – sur-représentés chez les sympathisants du mouvement altermondialiste [1] – vont beaucoup plus loin et à l'instar d'Alain Gresh, le rédacteur en chef du *Monde diplomatique*, sont prêts à pactiser avec l'islamisme au nom des luttes anti-impérialiste et antisioniste. Ils font honneur à cette vieille mais peu honorable tradition française, qui veut que tant de nos intellectuels petits-bourgeois, en mal de sensations fortes et cultivant la haine de soi, finissent par basculer un jour dans la fascination morbide pour le fanatisme et le totalitarisme. Des surréalistes qui se vantaient d'être les « défaitistes de l'Europe », aux Drieu la Rochelle, Genet et autre Brasillach zélateurs de la Milice et des « noirs guerriers » de la SS, « ces héros du Nord au sang brûlant [2] », à cette génération si longtemps fascinée par la mystique communiste placée sous le haut magistère de Jean-Paul Sartre, l'« ultra bolchevique » qui écrivait pendant la guerre d'Algérie, dans son effarante préface aux *Damnés de la terre* de Frantz Fanon, qu'« abattre un Européen c'est faire d'une pierre deux coups, supprimer en même temps un oppresseur et un opprimé », nous avons aussi, hélas, cette tradi-

---

1. Lors du Forum social européen (FSE) de Londres d'octobre 2004, les altermondialistes s'en sont pris à la loi française sur le voile avec une rare violence.

2. Jean Genet, *L'Enfant criminel*, 1949, *Œuvres complètes*, tome V, Gallimard, 1979, page 389.

tion en vertu de laquelle certains de nos bons esprits se trompent toujours sur tout et justifient les pires crimes au nom de quelque « valeur » supérieure. Fort heureusement, rares sont les voix qui s'élèvent aujourd'hui en France pour proclamer, avec l'ancien terroriste marxiste Carlos désormais converti à l'islam, que l'islamisme est le « dernier recours de l'homme contre son avilissement par la religion impie de la marchandise ». Il n'empêche que la sharia érigée en modèle de culture anticapitaliste en séduit plus d'un parmi les « extrêmes », si nombreux chez nous... « Malheureux pays, s'est apitoyé un jour le philosophe Cornelius Castoriadis. Les grandes pages de ton histoire s'écrivent lorsque les gens confondent camp de concentration et liberté [1]. »

Parce qu'elle regrette d'emblée tout discours (sousentendu « américain ») sur la guerre des mondes, la France se refuse à regarder cette guerre en face. Et encore moins à prendre toute la mesure du combat idéologique qui se profile derrière les bombes et les attentats suicides. La dépréciation du danger islamiste nous promet des réveils douloureux.

Il est d'abord faux de considérer Al Qaïda et ses « métastases » (selon la formule du juge Bruguière) comme un simple mouvement terroriste de plus, après tous ceux que nous avons subis puis combattus avec succès par le passé.

A la différence des autres mouvements terroristes « classiques » véhiculant un projet d'ordre politique le plus souvent local, poursuivant des objectifs précis, s'en prenant à des cibles limitées – ETA, IRA, PKK, OLP des années 70-80 – et s'inscrivant, en fait, dans une logique de dialogue ou de marchandage avec l'Etat agressé, les motivations du terrorisme islamiste reposent sur des fon-

---

1. Cornelius Castoriadis, « Les divertisseurs », *Le Nouvel Observateur*, 20 juin 1977.

dements philosophiques et métaphysiques qui excluent précisément toute négociation, tout dialogue, tout compromis. Le calcul politique n'a plus droit de cité dans ce cadre : on tue l'autre en tant qu'autre au nom de sa religion, ou de sa race... Point. Ainsi, le terrorisme djihadiste cherche d'abord à tuer le plus grand nombre possible d'« infidèles », lesquels peuvent se trouver des musulmans d'ailleurs, dès lors qu'ils sont jugés « impies ». L'objectif final est de transformer le monde par la guerre, ou plus exactement la place de l'Oumma islamique redevenue « pure », au sein du monde de demain.

Il n'y a donc rien à négocier avec ce terrorisme-là, pour la bonne raison que son idéologie rejette tout ce que nous représentons, tout ce que nous sommes. Dès lors, la France, l'Europe peuvent bien chercher – à tort à mon sens – à ménager le Hezbollah, le Hamas ou tel imam fondamentaliste qui a plus ou moins pignon sur rue à Beyrouth ou à Ramallah et auxquels l'on dépêche tel émissaire du CFCM ou du Quai d'Orsay. Mais la réciproque, elle, ne sera jamais vraie. Nous sommes, par notre existence même, l'ennemi, et nous le resterons.

Dès lors, loin d'être un mouvement terroriste ordinaire, le réseau Al Qaïda est davantage comparable à l'avant-garde d'une idéologie fanatique dont les adeptes, aux profils de plus en plus diversifiés, se recrutent aux quatre coins du monde. Les coups sévères portés par la « guerre contre la terreur » à Al Qaïda depuis le 11 septembre 2001 – perte de la base afghane, mort et arrestation de milliers de combattants, fuite de Ben Laden et de ses principaux lieutenants dans les zones montagneuses de la frontière entre le Pakistan et l'Afghanistan – n'ont ainsi pas empêché la multiplication des attentats. Les experts sont aujourd'hui formels : ni la mort ou l'arrestation de Ben Laden, ni celle de son principal adjoint, le docteur égyptien Ayman Al Zawahiri, ne feraient diminuer le risque terroriste[1]. Quel que soit leur sort futur, les soldats du Djihad ont déjà rempli leur mission et ont montré la voie à des milliers de fondamentalistes. Leur guerre sainte ne manquera pas de combattants fanatisés. Il est urgent par conséquent de tenir un langage de vérité et de considérer sans illusions le terrorisme islamiste et l'idéologie sous-jacente qui le porte. Il faut cesser de répéter à l'envi que la haine de l'Occident est seulement liée aux injustices nées de l'ère coloniale et aux politiques américaine et israélienne au Moyen-Orient. Cessons de croire naïvement que des changements d'orientation suffiront à y mettre fin ; le neutralisme n'est tout simplement pas une option ! En vérité, la France n'est pas plus à l'abri que les autres démocraties occidentales : au risque de me répéter, les islamistes radicaux nous en veulent non pour nos actes mais pour notre être. Cette haine incommensurable et ina-liénable de « l'autre » fait de la mouvance islamiste radi-cale le dernier avatar du phénomène totalitaire, né en Europe au siècle dernier.

Un avatar du totalitarisme européen

Les similitudes et les analogies entre l'islam révolution-naire et les mouvements fasciste, nazi et communiste sont « trop nombreuses pour relever de la simple coïn-cidence[2] », explique un orfèvre en soviétologie. En pre-mier lieu, par son appréhension même de la religion comme un dogme total et absolu auquel nul ne peut déro-ger, dans la mesure où les islamistes radicaux soutiennent

---

1. Rohan Gunaratna, « The Post-Madrid Face of Al Qaeda », *The Washing-ton Quarterly*, été 2004.
2. Stéphane Courtois, « Islamisme révolutionnaire et totalitarisme au XXIe siècle », in *Irak an 1, op. cit.*, page 115.

qu'il a été imposé par Allah, Dieu des croyants, et transmis par Mahomet, le Prophète. « Nous croyons que les doctrines et les enseignements de l'islam sont universels et gouvernent les affaires des hommes dans ce monde et dans le prochain. Ceux qui croient que ces doctrines et ces enseignements ne s'appliquent qu'aux questions spirituelles et au culte religieux sont dans l'erreur, car l'islam est à la fois [...] la religion et l'Etat, l'esprit et le travail, le Livre et le sabre... Les Frères pensent par-dessus tout que les fondements et les sources de l'islam proviennent du livre d'Allah (le Coran) et de la Sunna du Prophète ; si la nation s'y fie, elle ne s'écartera pas de son chemin. Les Frères croient également que l'islam, en tant que religion universelle, régit toutes les affaires humaines, s'applique à toutes les nations et à tous les peuples, en tout temps et en tous lieux... » Cette citation, extraite d'un discours d'Hassan el-Banna, le fondateur des Frères musulmans égyptiens, et grand-père de Tariq Ramadan, résume la conception des islamistes contemporains quant à l'emprise totale que l'islam doit exercer sur tous les pans de la vie humaine. Manière de vivre et de penser, du premier cri au dernier soupir, le Coran exige qu'on s'engage pleinement et activement à consacrer son existence à Dieu, maître de la nature et de l'homme, régisseur suprême des obligations et des relations humaines. L'homme ne peut s'affranchir et trouver la liberté qu'en se soumettant à Dieu, unique source de légitimité et des lois matérielles. Car la condition humaine ne peut connaître sur terre que la sujétion et l'asservissement. Le Coran, dans son appréhension la plus littérale, est donc infaillible parce que de caractère divin. Avec le Coran pour Constitution, l'emprise de l'islam sur la société humaine doit être par conséquent totale.

L'Afghanistan, que les Talibans ont transformé en émirat islamique de 1996 à 2001, a expérimenté la forme nouvelle de fascisme que prêchent les islamistes radicaux. Durant ces cinq années, le pays jadis chanté par Kessel a été plongé au fond des ténèbres. A l'ombre du Coran, la vie quotidienne de la population était rythmée par les injonctions liberticides et absurdes des censeurs talibans. Elle était strictement encadrée par les milices religieuses armées de gourdins, et leurs faits et gestes, même les plus anodins, dictés par les prescriptions religieuses les plus insensées. La barbe devait être passablement longue et fournie pour ressembler à celle du Prophète – un homme glabre ou insuffisamment viril était flagellé ; il était interdit d'importer des épingles à cravate et d'avoir des oiseaux en cage car ils pouvaient siffler pendant la prière ; jouer au cerf-volant était même prohibé. La police des mœurs veillait à ce que nul ne désobéisse aux prescriptions coraniques. Les contrevenants buveurs étaient fouettés en place publique le vendredi, les voleurs subissaient l'ablation d'un de leurs membres, tandis que les criminels étaient exécutés par la famille de la victime. Inférieures juridiquement, symboles de l'altérité honnie, les femmes ne pouvaient plus travailler, et les petites filles étaient interdites de scolarité. L'Etat fascisant des Talibans avait aussi transformé la culture en un code binaire séparant le licite – prescrit par l'islam des salafs, les pieux anciens – de l'illicite, le reste de la civilisation. La poésie, la littérature, la philosophie et la musique, développées par la civilisation arabo-musulmane depuis des siècles, n'avaient soudainement plus eu droit de cité. Et, en proie à leur haine insensée de l'art, les Talibans n'hésitèrent pas non plus à dynamiter les bouddhas de Bamiyan, flamboyant symbole de l'ère hellénisto-bouddhique de l'Afghanistan pré-islamique.

L'Iran, depuis 1979, malgré une timide libéralisation à la fin des années 90, offre un autre aperçu de la triste réalité de la révolution islamique au quotidien. Le prix Nobel de littérature V.S. Naipaul relate dans *Jusqu'au bout de la foi* son séjour à Téhéran en 1994. « Les règles étaient omniprésentes. Ce n'était pas seulement que les femmes devaient porter le tchador et le voile ; ou que les garçons et les filles n'avaient pas le droit de se promener ensemble ; ou que les femmes ne pouvaient pas chanter à la radio et à la télévision ; ou qu'il était interdit d'écouter certaines musiques. Il y avait une censure complète : des magazines, des journaux, des livres, de la télévision. Et les hélicoptères volaient au-dessus de Téhéran à la recherche des antennes paraboliques ; tout comme les gardiens de la révolution patrouillaient les parcs pour surveiller les jeunes gens et les jeunes filles ; ou perquisitionnaient les maisons en quête d'alcool et d'opium ; ou encore, comme je le verrais dans la lointaine Chiraz, la police locale des mœurs effectuait des rondes jusque dans les hôtels de tourisme pour faire sentir sa présence. En 1979 et 1980, les missionnaires de la renaissance islamique [...] répétaient sans relâche que l'islam était une manière de vivre complète ; et dans l'Iran d'aujourd'hui, l'islam politique apparaissait en effet comme une forme complète de domination [1]. »

Comme dans l'Allemagne hitlérienne ou dans l'URSS de Staline, la société est régie par l'Etat, mais un Etat tenu, contrôlé à chaque instant, par le Parti, dont la chaîne de commandement est la vraie source du pouvoir. L'Iran est donc optiquement une République qui élit un Président et un Parlement, mais le vrai pouvoir réside ailleurs : en la personne du Guide spirituel qui décide, d'un organe suprême chargé de réviser les lois théoriquement votées par les Majlis et de vérifier leur conformité avec la sharia, et surtout en une police politique omniprésente, les gardiens de la révolution. Dans un tel système, l'élection d'un Président « modéré » (Khatami en 1997) mais sans

---

1. V.S. Naipaul, *Jusqu'au bout de la foi*, 10/18, pages 312-3.

pouvoir n'a fait qu'accroître le désespoir de la population, et finalement, profiter au régime théocratique en place, lors des dernières élections présidentielles.

Ce transfert de l'intégralité du champ politique et social à l'Etat théocratique; cette confusion du spirituel et du religieux, du religieux et du terrestre; cette imposition systématique et violente d'un mode de vie liberticide reposant sur l'interdit, font apparaître les premières analogies entre la doxa islamiste et les régimes totalitaires européens. Hitler ne s'enorgueillissait-il pas du fait que le national-socialisme n'abandonnerait pas la lutte avant que les habitudes de chaque Allemand n'aient été modelées par ses valeurs fondamentales et que celles-ci se réalisent ensuite, jour après jour? On retrouve, dans l'idéologie islamiste, la même conception de la culture. Celle-ci doit être purgée de tout élément exogène, et du passé elle fait table rase pour se transformer en un code uniforme et monolithique. Une logique de déculturation est mise en œuvre. On est frappé par les similitudes entre les autodafés hitlériens jetant au feu les plus grands chefs-d'œuvre de la littérature mondiale, ainsi que le concept nazi d'« art dégénéré » (« Entartete Kunst »), et la pendaison politique à des perches des bandes magnétiques de cassettes audio et vidéo apostates que les Talibans se plaisaient à organiser pour l'édification des masses. La fatwa de l'ayatollah Khomeyni appelant au meurtre de l'écrivain Salman Rushdie pour son roman *Les Versets sataniques* et l'assassinat du cinéaste hollandais Theo Van Gogh en pleine rue d'Amsterdam pour avoir osé réaliser un film attentatoire à l'islam, procèdent de cette même logique. La brigade spéciale de pompiers de *Fahrenheit 451* chargée de brûler les livres, sources de réflexions intempestives et dont la détention est interdite au nom du bien collectif, est désormais réalité. Tout ce qui n'est pas dans la ligne du « Parti » ou du Coran, tout ce qui s'éloigne du dogme, qui le questionne, l'interpelle et pourrait le déstabiliser, est considéré comme hérétique. Le grand romancier Milan Kundera a raison lorsqu'il affirme que « le monde totalitaire, qu'il ait pour base Marx ou l'islam, ou n'importe quoi d'autre, est un monde de réponses plutôt que de questions [1] ».

Pareille infaillibilité permet d'exiger des adeptes – ici les « vrais croyants » – une loyauté totale, illimitée, inconditionnelle et inaltérable. Les théoriciens de l'islamisme radical ont trouvé le plus sûr instrument pour parvenir à une mobilisation optimale : ils se sont approprié le Coran, la parole originelle de Dieu, que la majorité des musulmans vénèrent et considèrent comme incréé et éternel, divin et immuable. A la différence de leurs prédécesseurs européens, qui, après avoir célébré la mort de Dieu sur les décombres des temples, des églises et des synagogues calcinés, promettaient l'avènement d'un homme nouveau, c'est au nom de Dieu que les islamistes annoncent le retour des compagnons du Prophète, ces valeureux guerriers animés d'une foi pure et incandescente. « Si Dieu est mort, tout est permis », proclamaient les uns, après Dostoïevski ; « au nom de Dieu, tout est permis », s'écrient les autres. En faisant main basse sur Dieu et sur le corpus sacré de la civilisation islamique, les djihadistes se sont dotés d'un formidable outil de propagande et du meilleur instrument de persuasion. Qui peut, en effet, se permettre de contredire Dieu ? Qui oserait mettre en doute sa parole sacrée ? Si la volonté de Dieu est d'interdire aux femmes de travailler, s'il est prohibé de jouer au cerf-volant et d'écouter de la musique profane, il ne peut en être autrement. Une femme accusée d'adultère doit être lapidée. Il faut trancher la main du voleur. C'est simple et radical.

Selon l'orthodoxie sunnite, le Coran ne se traduit pas et ne s'interprète pas. On ne raisonne pas sur le texte sacré.

---

1. Entretien de Milan Kundera avec Philip Roth, in *Parlons travail* de Philip Roth, Gallimard, 2004, page 120.

Il ne peut y avoir ni discussion ni argumentation, car Dieu n'a jamais tort. C'est écrit, ce sont les traditions, l'homme n'a qu'une fonction de transmission dans la longue chaîne de l'obéissance subie. Les mœurs et les coutumes de l'Arabie du vii⁰ siècle sont donc à transposer telles quelles dans le monde du xxi⁰ siècle. Aucune concession à la modernité ne sera tolérée. Une sourate isolée du Coran ou un commentaire d'Ibn Taymmiyya [1] seront les meilleurs fondements de la fatwa la plus liberticide. Parce que les islamistes purs et durs sont les émissaires de Dieu sur terre et les gardiens de la vraie foi, l'homme-sujet n'a d'autre choix que de se plier aux injonctions divines, ou de perdre la vie. Il y a quelques années, le groupe Al Gamma Islamiya s'en prit aux intellectuels égyptiens qui avaient osé récuser l'islamisation totale prônée par cette organisation. Farag Foda, opposé à l'application de la sharia et défenseur de la normalisation des relations avec Israël, paya son engagement de sa vie. Le Prix Nobel de littérature Naguib Mahfouz, dont les romans mettent en scène les bassesses et les grandeurs, les désirs et les refoulements du petit peuple d'Egypte, échappa de peu à ses assassins en 1988.

La voie islamique contre la décadence
Théologies de la « régénération »

Pour imposer leur doctrine et leurs interdits, les islamistes ont également recyclé le vieux thème des fascistes

---

1. Le Syrien Ibn Taymiyyah (1263-1328) fut un prédicateur dogmatique et fanatique qui rejeta tout type d'interprétation s'orientant vers des compromis et des lectures innovantes des textes sacrés de l'islam. Il traqua de manière obsessionnelle toutes les influences philosophiques, notamment grecques, susceptibles selon lui de biaiser la lettre originelle du Coran. Dans ses écrits et ses prêches, il accorda une importance cardinale au Djihad. Il fut l'inspirateur majeur des Wahhabites saoudiens.

européens : celui de la décadence. Si l'Oumma musulmane n'a connu que reculs, désastres et humiliations au
cours des cinq siècles écoulés, c'est parce que l'islam a
été dévoyé, bafoué par des régimes impies. Dès lors, la
soumission de chaque musulman à l'ordre islamique originel sortira l'Oumma de sa décadence et ouvrira la voie de
la renaissance. L'idée est récurrente dans la pensée totalitaire. De même qu'Hitler était persuadé de la dégénérescence des Etats bourgeois jugés très inférieurs du
point de vue de l'éducation et du comportement, de
même, l'idéologie islamiste est convaincue que l'Occident
libéral et en particulier l'Amérique, faussement toute-
puissante, sont rongés par la déchéance et le paganisme.
Dans la même veine, l'islam radical méprise profondément la démocratie tout comme l'avaient moquée au
début du siècle dernier, fascistes, nazis et communistes.
Le discours islamiste sur la décadence des Etats-Unis
reprend presque mot pour mot celui que tenait une partie
de l'intelligentsia allemande du début du XXe siècle et
dont se nourrit toujours l'anti-américanisme primaire, en
France notamment. L'Amérique était perçue comme
« une civilisation sans culture, mécanique, non organique,
artificielle, dépourvue d'élan vital et spirituel qui caractérise les vieilles cultures nationales [1] ». N'est-ce pas le
même « laïus » que tiennent aujourd'hui les islamistes
radicaux ? Pour épargner le fléau de la décadence à
l'Oumma, la communauté des croyants, les parangons de
l'ordre moral que sont les islamistes veulent lutter contre
les mœurs dépravées des sociétés ouvertes. « Ces gens
qui veulent la liberté [...] veulent que des casinos soient
ouverts, que les drogués à l'héroïne soient libres, [...]
qu'ils se livrent à toutes les formes de prostitution qu'ils
désirent. C'est ce que veut l'Occident. Son but est
d'émasculer notre jeunesse. [...] Nous voulons que notre

---

1. Bernard Lewis, *L'Islam en crise*, Gallimard, 2004, page 90.

jeunesse quitte les bars », déclarait ainsi l'ayatollah Kho-meyni dans un discours d'août 1979. A la lecture de cette glose enfiévrée, on songe immédiatement à la répulsion des idéologues nazis devant la « Grossestadt », la ville cosmopolite de tous les plaisirs et de toutes les tentations, emblématisée par le Berlin des années 20 et la Vienne « fin de siècle ». Le puritanisme des islamistes et leur malaise vis-à-vis de la société ouverte obéissent à une très ancienne tentation de la pureté. Ils s'apparentent à l'incommodité ancestrale que ressentait Glaucon, frère de Platon, au nom de la noble vertu devant la cité des pourceaux.

L'un des principaux maîtres à penser de l'islam radical, l'Egyptien Saïd Qotb [1], qui vécut deux ans aux Etats-Unis à la fin des années 40, a longuement disserté sur le thème de la décadence. De cette expérience qu'on imagine dou-loureuse – on se figure l'instituteur égyptien isolé dans la jungle de grandes villes américaines, frustré par la société de consommation, sans grand succès avec la gent fémi-nine, et plein de haine à son retour au Caire – Qotb conclut que l'homme moderne, mal à l'aise, anxieux et sceptique, serait entré en crise. La séparation du spirituel et du temporel, que Qotb fait remonter aux enseignements de la philosophie grecque, à la mythologie romaine puis à la doctrine chrétienne, rendrait l'homme occidental schi-zophrène, et l'écartèlerait entre Dieu, d'un côté, et la science de l'autre. Sa foi arrogante et illusoire dans la rai-son serait la cause de son aliénation et de l'affaiblissement de ses valeurs morales, et l'origine ultime de la misère et des angoisses existentielles qui l'assaillent malgré sa prospérité matérielle [2]. Les avancées technologiques de

---

1. Saïd Qotb fut sans doute le penseur le plus radical et le plus extrémiste du monde islamiste au XXᵉ siècle. Pour Qotb, le Coran est une manière de vivre et un engagement total. Mais le Coran ne peut être vraiment compris que dans une atmosphère de lutte, le DJihad.
2. Paul Berman, *op. cit.*, page 95.

l'Occident éloigneraient toujours davantage l'homme de Dieu : le capitalisme et l'individualisme, piliers des sociétés modernes et libérales, nieraient en fait la souveraineté divine, renforçant la solitude anomique de l'homme. L'Occident, à en croire Saïd Qotb, serait donc entré en décadence et cette dernière guette le monde de l'islam, s'il n'adopte pas dans sa globalité et au sens le plus littéral le corpus islamique et la soumission au Tout-Puissant, seuls garants du retour de l'ordre moral et de la liberté vraie. L'islam défié par une culture globale, hédoniste et irrévérencieuse, ne dispose que d'une solution : retourner aux salafs et rejeter la modernité, mère de toutes les trahisons et de la décadence ultime. Et la répudiant, au besoin, par la violence.

Masses déracinées, doctrines systématiques

Dans sa phénoménologie du système totalitaire, Hannah Arendt explique dans *Les Origines du totalitarisme* comment le dirigeant totalitaire conquiert les masses et sur quel type de raisonnement il va fonder son discours. Le système totalitaire explique les tensions, les conflits à l'intérieur des sociétés par des sources profondes, nationales, sociales ou psychologiques, qui échappent au contrôle de l'individu, donc à celui de la raison, écrit Arendt. Une argumentation purement idéologique, un « genre de déduction logique permet alors l'émancipation de la réalité et de l'expérience ». Les populations à qui s'adresse ce leader totalitaire, souvent atomisées et en plein désarroi, se sentent fortement attirées par des systèmes absolus qui font dépendre tous les événements de l'Histoire de grandes causes premières reliées les unes aux autres par une chaîne fatale et qui suppriment les hommes, c'est-à-dire l'aléa et l'imprévisible, de l'histoire du genre humain. « Les masses, poursuit le philosophe, se laissent convaincre non par les faits, même inventés, mais seulement par la cohérence du système dont ils sont censés faire partie [1]... » Le prêche islamiste procède de la même façon. Face à des populations atteintes d'anomie et en quête de sens, ses prêcheurs ont recours à l'argumentation purement idéologique du discours totalitaire. Les théories d'un vaste complot occidental contre l'islam sont mises en avant et le mythe d'une conspiration juive mondiale y tient une place prépondérante.

Les populations arabo-musulmanes, on l'a vu au chapitre précédent, sont baignées par la logorrhée du complot occidental depuis l'indépendance. Pour expliquer d'abord les difficultés du développement puis ses échecs, entretenir la diversion des populations et se dédouaner de toute responsabilité, les potentats de la région ont souvent eu recours à cette parade très efficace. Les malheurs qui s'abattent sur le peuple sont imputables à « l'étranger » et aux machinations machiavéliques qu'il ourdit en secret. A la question « Que s'est-il passé ? » on substitue une mise en accusation : « Qui nous a fait cela ? » ainsi que l'a brillamment noté B. Lewis (*What went wrong ?*). L'Histoire est donc seule responsable des dysfonctionnements internes, des injustices sociales et des défaites sur le champ de bataille. Chaque période a ses boucs émissaires attitrés. Au lendemain des indépendances, le néocolonialisme des anciennes puissances impériales française et britannique fut désigné à la vindicte populaire. Leur influence s'effaçant progressivement dans la région à partir de l'épisode de Suez, l'Amérique et le capitalisme ne tardèrent pas à les remplacer dans l'imaginaire victimaire oriental, sous l'influence de l'URSS qui soutint jusqu'à sa disparition

---

1. Hannah Arendt, *Les Origines du totalitarisme*, Quarto Gallimard, 2002, page 619.

toutes les dictatures socialistes arabes. Gamal Abdel Nasser, Muammar Kadhafi et Saddam Hussein, pour ne citer
que quelques-uns des despotes les plus charismatiques de
l'histoire contemporaine du monde arabe, ont tous agité le
chiffon rouge de l'anti-impérialisme pour expliquer leurs
revers et vouer aux gémonies les responsables des maux
qui les accablaient. Ces régimes ont pris soin d'entretenir
les blessures ouvertes par la colonisation. Leur tendance
au « dolorisme », à se poser en victime permanente
d'autrui, a entretenu cette vaste mystification [1].

Ce contexte moral est fondamental : la stigmatisation
systématique de l'Occident à laquelle se sont livrés
nombre de dictateurs de la région pendant des décennies a
en effet considérablement facilité la tâche des islamistes.
Face à des masses baignées depuis l'enfance par ce discours anti-occidental souvent virulent, les tribuns islamistes n'ont pas eu à forcer leur talent pour convaincre
leurs auditoires des complots qui guettent le monde de
l'islam. Ils n'ont eu qu'à se baisser pour reprendre à leur
compte des sermons aux articulations bien rodées et si
familiers à cette région du monde. Pour Oussama Ben
Laden qui, de ce point de vue-là, n'a rien inventé,
l'occupation de l'Arabie se produit ainsi « à une époque
où des nations attaquent les musulmans comme des individus se disputant un plat de nourriture ». Les masses
sont réceptives quand il évoque le machiavélisme de
l'Occident chrétien, éternel ennemi de l'islam. L'Histoire
entière est vue à travers ce prisme déformant. L'Amérique, considérée comme le dernier empire chrétien en
date, succède ainsi à l'Empire byzantin, au Saint Empire
romain germanique et à l'Angleterre victorienne, tous
qualifiés d'ennemis de l'islam. Des Croisés à la dernière
campagne d'Irak, de la perte de l'Andalousie à la naissance d'Israël, la problématique de l'agression, voire du

---

1. Albert Memmi, *op. cit.*, page 34.

viol de l'Oumma, est immuable et les coupables toujours les mêmes. Face aux revers de l'Histoire, à l'incurie de leurs gouvernants, les populations du monde arabo-musulman se voient à nouveau offrir par les islamistes une « idéologie à la cohérence extrêmement rigide et fantastiquement fictive », pour reprendre les termes de Hannah Arendt.

L'arme antisémite

La soif de cohérence des masses est exploitée à son paroxysme par le mythe d'une conspiration juive mondiale, recyclé, là encore, de la pensée totalitaire européenne de gauche et de droite confondues des années 30. Pour Saïd Qotb, les juifs n'ont jamais cessé d'être les ennemis de l'islam depuis les premiers temps de la Révélation. En refusant de croire Mahomet, les juifs de Médine ont ourdi, à l'en croire, un complot contre l'islam. Pour le penseur radical égyptien, les péchés et les crimes des juifs de Médine ont, dès lors, une valeur cosmique et éternelle. A cette base proprement islamique, les islamistes ont ajouté les mythes les plus anciens de l'antijudaïsme médiéval européen qu'ils ont vaguement remis au goût du jour. Dans leur rhétorique, le juif apparaît sous les traits éternels du criminel rituel et du comploteur, de l'indéfectible ennemi du genre humain. Secret, invisible, fourbe, s'activant dans les ténèbres, le juif est l'adversaire absolu conspirant contre l'islam dans les coulisses de l'Histoire. Cette vision conspiratrice s'est nourrie de la diffusion au Proche-Orient d'abord, puis dans l'ensemble du monde musulman, des fameux *Protocoles des Sages de Sion*. Ce vieux faux document antisémite russe, écrit à la fin de l'Empire tsariste par le « docteur » Golovinski, agent de la police impériale, puis proche compagnon de Lénine, met en garde contre le programme de la conquête du monde par les juifs. Il « brosse un tableau répulsif du monde où dominent les guerres, les révolutions, les bouleversements de toutes sortes, sans oublier la fabrication de colossales mystifications, impostures et escroqueries qu'il attribue aux juifs installés dans le double rôle de conspirateurs et d'agresseurs [1] ».

Depuis les années 90, les islamistes sont les principaux vecteurs de la diffusion mondiale des *Protocoles*. Leur rhétorique grossière et sa logique prétendument infaillible se retrouvent dans l'appréhension du sionisme par les islamistes, que ces derniers désignent comme l'empire invisible du mal. Le stationnement des troupes américaines en Arabie, après l'invasion du Koweït par Saddam Hussein, les souffrances des enfants irakiens pendant l'embargo international, les violences contre les musulmans de Bosnie et de Tchétchénie et bien entendu les exactions en Palestine, sont tous l'œuvre des « judéo-croisés », du « sionisme judéo-israélo-américain », du « sionisme mondialisé ». Quant aux attentats du 11 septembre 2001, tout porte à croire qu'ils sont les fruits d'un ignoble complot de l'internationale sioniste et de son bras armé le Mossad : les juifs en effet ont fait main basse sur la politique américaine, et leur lobby tout-puissant contrôle médias, finances, centres de pouvoir et de réflexion.

L'usage des *Protocoles* établit un lien supplémentaire entre les mouvements totalitaires européens du siècle dernier et le fascisme vert islamiste. Sa vulgate antisioniste est identique à celle de l'URSS de Staline qui maquillait de cette façon son antisémitisme. Auparavant, les *Proto-*

---

1. Pierre-André Taguieff, « L'inquiétant retour du complot juif mondial », *L'Arche*, janvier-février 2004, p. 43. Voir également l'ouvrage dirigé par Pierre-André Taguieff *Les Protocoles des Sages de Sion, Faux et usage d'un faux*, Berg, 2004 et *Prêcheurs de haine*, Fayard/Mille et Une Nuits, 2004.

coles avaient été systématiquement exploités par la propagande nazie à partir de 1933. Texte révélateur pour Hitler, déclencheur de sa mission exterminatrice, au point qu'il voulait le diffuser massivement partout dans le monde afin d'établir la preuve de la conspiration judéo-bolchevique de son temps. « Le succès persistant des *Protocoles* vient de ce que les thèmes d'accusation qu'il fournit permettent de nourrir le ressentiment, c'est-à-dire la haine approfondie par un sentiment d'impuissance, de ceux qui se perçoivent comme humiliés et offensés, voire d'une façon toute fantasmatique comme opprimés et persécutés [1] », souligne Pierre-André Taguieff. C'est à cette aune que l'on saisit là aussi les nombreuses analogies communes de la haine du juif chez les nazis et chez les islamistes. Les deux mouvements, qui partagent l'identité totalitaire telle que définie par Arendt, comblent ainsi la soif de cohérence des masses et attisent leur animosité. De même que la dénonciation systématique d'Israël par les régimes arabes a fabriqué un substrat antisémite que les islamistes amplifient, de même les nazis avaient eux aussi tiré parti de l'antisémitisme latent qui préexistait au sein des populations allemande et autrichienne. Aujourd'hui comme hier, cet antisémitisme constitue pour les masses un moyen d'identification qui restaure en partie le respect de soi et crée ainsi une sorte de stabilité factice.

Le « *Viva el muerte* » islamiste

Les islamistes ont transmis un mal étrange qui ronge de nos jours le monde arabo-musulman : le culte de la mort. Au nom de Dieu, « l'escalade » toujours plus meurtrière ne connaît plus de limites et trouve, bien sûr, la plus haute

---

1. *Ibid.*

justification. Là encore, la décharge théologique ou idéologique – le mécanisme est identique – du meurtre gratuit
n'est pas l'apanage du fondamentalisme musulman. Elle
s'inscrit dans la tradition des régimes qui ont fait de la terreur leur signe distinctif, et de la violence « l'accoucheuse
de l'Histoire », pour reprendre l'expression de Friedrich
Engels. Du fascisme italien au baassisme irakien, du
communisme soviétique au Cambodge de Pol Pot, du
nazisme à la Chine de Mao, le meurtre de masse a toujours été le passage obligé pour atteindre la société idéale
promise et fantasmée par la pensée totalitaire. Sa stratégie
cible en priorité les populations civiles – les juifs, les tsi-
ganes, les homosexuels dans l'Allemagne hitlérienne ; les
koulaks, les bourgeois, les Tchétchènes dans l'URSS de
Staline – désignés comme autant d'ennemis à éradiquer.
Mais à ce culte de la mort somme toute « classique »,
l'islamisme a ajouté une dimension inédite : le suicide. Le
« martyr » est devenu symbole de fierté, de résistance,
d'accomplissement de soi et de vie éternelle. Le « martyr », sa ceinture d'explosifs et son camion suicide sont
désormais synonymes d'honneur et de libération. En
2004, 86 % des Jordaniens et 74 % des Marocains estimaient justifiables les attentats suicides contre les Israéliens ; 70 % des Jordaniens et 66 % des Marocains
approuvaient ce mode de combat contre les Américains et
les étrangers en Irak [1]. C'est ainsi que le néo-fonda-
mentalisme menace de faire basculer le monde arabo-
musulman dans le nihilisme le plus absolu : au nom de
Dieu, il célèbre et répand la mort avec l'acquiescement de
peuples ignorants et désespérés.

Parce que la vie saine et pacifique du peuple de Dieu a
été ébranlée et souillée, la subversion est menée à l'intérieur même de la cité par les marchands du temple
corrompus, irrévérencieux et cupides ; parce que de

---

1. Sondage réalisé par le Pew Research Center de Washington en 2004.

l'extérieur les forces de Satan partent aussi à l'assaut du peuple de Dieu : « Une résistance violente va s'opposer à ces attaques, celle de l'intérieur comme celle de l'extérieur : c'est la guerre de l'Armageddon. Les habitants subversifs et souillés de Babylone vont être exterminés et avec eux leurs abominations [1]. » Pour se réapproprier la cité de Dieu et purifier l'humanité le bain de sang sera total et nécessitera d'ériger la mort en vertu cardinale. Les mouvements totalitaires ont tour à tour revisité le mythe de l'Armageddon et de l'ultime holocauste pour parvenir, qui au Reich millénaire, qui à la société communiste idéale. « A une époque de corruption extrême, le seul remède possible consiste à détruire l'édifice de la corruption – das System – et à revenir à l'origine incorrompue et incorruptible », écrivait ainsi en 1941 le philosophe Leo Strauss dans sa réflexion consacrée au nihilisme allemand : *Nihilisme et politique*, alors que les troupes d'Hitler étaient en passe de conquérir l'ensemble de l'Europe. A ses yeux le désir de destruction totale des nihilistes allemands s'expliquait d'abord par sa signification morale, celle d'une protestation contre la décadence, contre les sociétés ouvertes, hypocrites « où se retrouvent ceux qui recherchent le profit, le plaisir et un pouvoir irresponsable », incapables donc de connaître le sublime. Le nihilisme nazi exprimait la volonté de surmonter le déclin par un sursaut désespéré de courage, celui de détruire. En écho d'autres précurseurs, les premiers nihilistes russes de la fin du XIXe siècle. Ainsi Serge Netchaïev proclamait que leur « mission est la destruction terrible, totale, générale et impitoyable ».

A leur tour, les islamistes se sont approprié le mythe de l'Armageddon et expriment cette volonté d'anéantissement total pour restaurer leur Califat fantasmé, l'originel,

---

1. Paul Berman, *op. cit.*, page 72.

le véritable, celui du Prophète du VIIe siècle : il faut saccager l'ordre interne souillé des sociétés islamiques, et ruiner l'Occident dont les forces sataniques complotent contre l'islam. Le millénarisme islamiste reprend presque mot pour mot la logique mortifère de l'Allemagne nazie. Mêmes diagnostics – la corruption, la décadence, la dégénérescence, le complot –, mêmes sanctions – la destruction, l'anéantissement, la mort –, même jouissance morbide au nom de la morale et de la vertu. La psychologie du djihadiste, animée par la haine et le désir de voir périr le monde présent sur les ruines duquel on rebâtira « le » Califat originel, répond trait pour trait à celle du SS et à son combat pour « le » Reich millénaire. Tous deux partagent également une communauté de « valeurs ». Le nihiliste allemand, héritier du militarisme prussien, considérait le courage guerrier comme la vertu extrême du sacrifice de soi, en opposition aux comportements mercenaires et à l'utilitarisme anglo-saxon. On retrouve ce désintérêt matériel comme la glorification de la violence guerrière chez le djihadiste et plus encore chez le martyr, qui fait don de sa vie à la cause la plus noble, celle de Dieu. « Peu importe qu'on vive quelques années de plus ou de moins, pourvu qu'on ait quelque chose à montrer en justification de sa vie », auraient pu se dire un martyr et un SS fanatique s'ils s'étaient croisés. La parenté des dogmes et des réactions chez le nihiliste allemand et le moudjahid djihadiste repose sur un même fondement, caractéristique majeure de la pensée totalitaire : le mépris pour la valeur de la vie humaine et le culte de la mort, symbolisé chez les néo-fondamentalistes musulmans par l'attentat suicide, devenu leur marque de fabrique.

« Nous n'avons pas peur de donner des martyrs. [...] Quoi que nous donnions pour l'islam est insuffisant. Nos vies ne valent rien. [...] Le martyre est un héritage qui vient de nos prophètes. Nous qui considérons la vie après la mort comme bien plus sublime que celle-ci, que pouvons-nous craindre ? [...] Les gardiens qui ont été tués ont atteint la vie éternelle. » Ainsi s'exprimait l'ayatollah Khomeyni quelques mois après avoir pris le pouvoir en Iran. Le martyrat chiite a une longue tradition. Mais la révolution islamique de 1979 a instauré la culture du martyre au cœur même de l'islam et une exigence de sacrifice inconnue chez les musulmans sunnites. Cette innovation est le fruit de la pensée d'un ancien marxiste-léniniste, Ali Shariati. Il discerne dans la tradition musulmane deux types de martyrs. Le premier s'inspire de Hamzeh, un oncle du Prophète, mort en héros les armes à la main, pour la cause du Djihad à la bataille d'Ohod. Hamzeh cependant ne cherchait pas à mourir, mais à vaincre. Le second se réfère à l'imam Hussein, fils d'Ali, qui malgré sa défaite à la bataille de Kerbala, refuse de déposer les armes et préfère lutter, sans autre espoir que de rencontrer la mort. Pour Shariati, le sacrifice de Hussein procède d'une dimension religieuse supérieure. Shariati écrit ainsi dans son ouvrage *Martyre* : « la philosophie du moudjahid n'est pas pareille à celle du martyre. [...] Le martyre au sens strict du terme est un commandement après le Djihad, et le martyre entre en scène quand le moudjahid a échoué ». Le régime de l'ayatollah Khomeyni fera de cette distinction subtile sa marque de fabrique. Il se saisit du concept pour le mettre au service de sa Révolution islamique.

La culture du martyre fut instaurée dans l'ensemble de la société iranienne puis transmise aux autres communautés chiites, en particulier celles vivant au Liban. Les portraits de martyrs qui ornent toujours les murs des villes iraniennes et des quartiers sud chiites de Beyrouth, le rappellent à chaque visiteur. Ce sont d'abord les bassidje, ces dizaines de milliers d'adolescents jetés sur les champs de bataille de la guerre contre l'Irak, pour fondre sur les lignes ennemies. Le régime les envoie à la mort avec des versets du Coran inscrits sur les foulards qu'ils portent au front. Puis les premiers attentats suicides sont commis à Beyrouth par des membres fanatisés du Hezbollah, « le parti de Dieu », téléguidé et financé par Téhéran, qui provoquent en 1983 la mort de 300 soldats français et américains. Les mollahs promettent aux volontaires récompenses et jouissances dans l'au-delà, tandis que le Hezbollah assure, par ondes interposées et aujourd'hui par sa chaîne de télévision Al Manar, la promotion des nouveaux martyrs de l'islam. L'attentat suicide, malgré ses origines chiites, dont les croyances sont pourtant abhorrées par les islamistes sunnites, a depuis été adopté par l'ensemble de la mouvance djihadiste terroriste.

Le suicide est pourtant prohibé par les textes sacrés de l'islam : c'est même un péché mortel puni de damnation éternelle. A aucun moment, les textes fondamentaux n'appellent au terrorisme ou au meurtre. Ils n'envisagent pas davantage le massacre au hasard de tiers présents mais non impliqués. L'islam ne connaît pas enfin le sacrifice humain. Mais, les théoriciens de l'ordre nouveau islamiste en ont décidé autrement. Cette violation des prescriptions coraniques, la folie suicidaire qui s'est emparée des esprits, accentuent le caractère totalitaire de l'islamisme. Hannah Arendt encore : « les membres fanatisés des mouvements totalitaires ne peuvent être ni atteints par les épreuves, ni par l'argumentation. [...] L'identification avec le mouvement et le conformisme absolu semblent avoir détruit jusqu'à leur faculté d'être sollicités par une expérience, celle-ci fût-elle aussi extrême que [...] la mort ». Les pilotes du 11 septembre n'ont pas reculé avant de lancer leurs avions contre les tours jumelles de Manhattan. Ils n'avaient pas de doute, ils étaient soumis à une force comme surhumaine qui les empêchait de dévier de leur trajectoire. Ils étaient comme les SS de Himmler dont « l'honneur était la loyauté ». Ils sont le symbole d'un nihilisme absolu : « Celui qui accepte de légitimer le suicide court plus facilement encore au meurtre logique », écrivait Albert Camus dans *L'Homme révolté*.

Genèse d'une avant-garde révolutionnaire : Al Qaïda

A la genèse des mouvements totalitaires, figure toujours un petit noyau d'idéologues et de combattants jusqu'auboutistes. Ceux-ci théorisent la révolution, en divulguent les thèses, lancent les premières opérations de subversion, s'occupent des basses besognes. Ce nucléon d'agitateurs et d'aventuriers froids et sans scrupules – on songe au terrible commissaire du peuple du *Docteur Jivago* – constitue l'avant-garde des mouvements totalitaires, avant-garde qu'Hannah Arendt définissait comme étant « à l'extérieur du système avant la faillite du système ». Al Qaïda et les groupes ultra-violents qui lui sont affiliés représentent ainsi l'avant-garde de la révolution islamiste. Saïd Qotb fut le premier à militer pour l'engagement révolutionnaire d'une minorité active au service du Djihad, la guerre sainte pouvant seule répandre la vérité ultime du Coran. Dans ses écrits enflammés, il juge que seul le passage à l'acte de cette avant-garde pourra ressusciter la société islamique originelle, et rendre à l'islam sa juste place par une lutte à mort contre les barbares impies, que sont les Occidentaux et les musulmans apostats.

Vingt ans après la mort de Saïd Qotb, qui fut pendu par Nasser en 1966, la notion d'avant-garde islamiste fut reprise par Abdallah Azzam au cours de la guerre en Afghanistan contre l'armée soviétique. Azzam, un Jordanien d'origine palestinienne, ancien combattant de la guerre des Six Jours, dirigea à partir de 1984 le « Bureau des services des combattants de Dieu » de Peshawar, la structure qui centralisait et coordonnait l'aide financière et matérielle aux moudjahidines ; qui accueillait les combattants étrangers venus participer à la guerre sainte d'Afghanistan. Ce docteur en théologie islamique de la prestigieuse université Al Azhar du Caire fut le grand théoricien du Djihad afghan. Pour Azzam, la guerre sainte en Afghanistan n'était que le prélude à un Djihad mondial dont la mission serait la reconquête de toutes les terres ayant été un jour sous domination musulmane. A cette fin, il appelait à la constitution d'une armée internationale permanente de la guerre sainte. Ce fut l'acte de naissance de la « base solide » – Al Qaïda Al Sulbah – dont il définit les grandes lignes en 1988 dans un éditorial de la revue *Al Jihad* qu'il dirigeait alors : « Tout principe a besoin d'une avant-garde qui le porte plus loin, et tout en s'introduisant dans la société, accepte de lourdes tâches et d'énormes sacrifices. [...] Les complots qui se trament partout dans le monde contre l'islam doivent être déjoués [1]. » L'année suivante Azzam et ses deux fils meurent aussi brutalement que mystérieusement dans un accident. Oussama Ben Laden, qui fut le bras droit d'Azzam pendant les années de baroud afghan, le remplace à la tête d'Al Qaïda.

Plusieurs auteurs ont souligné l'importance cardinale du Djihad afghan, « la cause par excellence à quoi s'identifiaient tous les militants, [...] un exutoire à tous les militants conquis par l'islamisme sunnite et qui rêvaient d'en découdre avec les impies [2] », dans la trajectoire de la mouvance islamiste radicale. La « matrice » afghane a

---

1. Citation empruntée à *L'Histoire du terrorisme*, sous la direction de Gérard Chaliand et Arnaud Blin, Bayard, 2004, page 344.
2. Voir par exemple Gilles Kepel, *Jihad*, Gallimard, 2000, d'où sont tirées ces deux citations.

permis de rassembler pour la première fois des islamistes venus d'horizons éclatés et de cultures différentes. Elle a réalisé la synthèse idéologique et religieuse des trois grands courants néo-fondamentalistes – l'école égyptienne des Frères musulmans et de Saïd Qotb; la tradition déobandie des Indes de Abou Al Ala Mawdoudi; le wahhabisme saoudien – et a permis à leurs militants de participer à une aventure commune, à ce Djihad si longtemps espéré, finalement réalisé par la grâce de l'invasion soviétique de l'Afghanistan, une veille de Noël 1979. C'est dans ce pays, véritable abcès de fixation des guerriers modernes de l'islam, que se mettent en place les « brigades internationales » de l'islam. Plus de 20 000 combattants étrangers venus de 43 Etats, dont la France, participèrent à la lutte contre l'envahisseur soviétique. 6 000 Saoudiens, 4 000 Egyptiens, 2 000 Algériens, 1 000 Yéménites et plusieurs centaines de Syriens, de Jordaniens, de Marocains, de Libyens, de Tunisiens et de musulmans d'Asie du Sud et du Sud-Est ainsi que de petits contingents venus d'Occident furent du Djihad afghan. Recrutés par la Ligue islamique mondiale et des fondations wahhabites, les futurs combattants débarquaient d'abord dans la ville de Peshawar et ses environs au Pakistan, y recevant un entraînement au maniement des armes et aux techniques de guérilla. Mais les « war games » ne furent qu'une annexe de la formation qu'ils suivirent. L'essentiel du séjour était consacré à l'apprentissage de la doctrine islamiste radicale, rudimentaire mais d'un manichéisme absolu. Autour de Peshawar, la présence des combattants étrangers et de plus de deux millions de réfugiés créèrent un véritable « bouillon de culture » de l'islamisme international, « où se mêlaient aux Afghans des Arabes et d'autres musulmans venant d'un peu partout dans le monde et où étaient mis en relation, au même endroit, des individus porteurs de conceptions et de traditions différentes. [...] Des fécondations, des greffes et des hybridations inattendues s'y produisirent », souligne justement Gilles Kepel [1]. Entre les différentes mouvances de la galaxie islamiste des liens se tissent ; les cadres se connaissent désormais personnellement ; des alliances matrimoniales renforcent encore leur solidarité, née de l'épreuve du feu. Peu importe finalement si beaucoup ne font qu'acheminer de l'aide et des armes, ou ne prodiguent que des soins : dans l'isolement des montagnes afghanes, dans la poussière de Peshawar, tous partagent et participent à une aventure exaltante. Le mythe est en marche, alimenté par de hauts faits d'armes, telle la fameuse bataille de la Tanière du lion en 1987, où une poignée de djihadistes résistèrent pendant une semaine aux offensives de l'Armée rouge. L'avant-garde de la révolution islamique a pris forme : elle a acquis une aura de combattant ; elle a le sentiment de se fondre dans une nouvelle communauté d'Allah, proche de celle des compagnons du Prophète...

Les circonstances historiques à l'époque – et l'aveuglement des Américains dans le prisme de la Guerre froide – permirent à cette avant-garde d'opérer sa détonante synthèse idéologique. Les Saoudiens et les Pakistanais, avec la bienveillance et le concours des Etats-Unis, désireux de piéger les Soviétiques dans le « Vietnam afghan », sont les parrains de l'opération. Le Pakistan du général Zia appuie la résistance afghane pour des raisons géopolitiques – surveiller et contrôler son flanc ouest pour gagner en profondeur stratégique face au grand et puissant voisin indien – mais aussi par opportunisme politique : la campagne d'islamisation bat alors son plein et le soutien au Djihad afghan satisfait les puissants oulémas déobandis. De leur côté, les princes saoudiens y voient le moyen de

---

1. *Ibid.*, page 137.

reconquérir le respect de la galaxie islamiste en plein essor. Malgré leur zèle prosélyte et les moyens considérables qu'ils mettent à la disposition de l'islam rigoriste depuis le développement de leur industrie pétrolière, le régime des Saoud est critiqué pour sa gabegie, son hypocrisie. La contestation islamiste se gausse des parties fines qu'organisent les princes saoudiens dans leurs villas de Marbella et de Megève, dans les jardins et les sous-sols de leurs palais, à l'abri des regards indiscrets, où l'alcool coule à flots, les drogues ne manquent jamais, ni les femmes infidèles en petite tenue. La famille Saoud n'a pas oublié le Ramadan 1979, quand un groupe d'islamistes causa la mort de 1 500 pèlerins à La Mecque suite à une sanglante prise d'otages. Ses craintes sont encore décuplées par la Révolution islamique qui vient de triompher en Iran et ébranle l'ensemble du monde musulman. L'austère ayatollah Khomeyni qui se bat au nom des « déshérités », veut faire du nouvel Iran fondamentaliste, bien qu'il soit un pays chiite, l'épicentre du monde islamique. Il conteste la suprématie saoudienne et est un violent contempteur de la tartuferie de la famille royale. En finançant au-delà de leurs espérances les moudjahidines « afghans », l'Arabie espère redorer son blason de parangon de vertus islamiques, désormais contesté. Et accessoirement neutraliser les groupes islamistes les plus radicaux, tenus à distance dans les montagnes afghanes, sous le feu de l'Armée soviétique.

Pour l'avant-garde de l'islam ces parrainages sont une bénédiction du ciel. Persécutés et traqués chez eux, les combattants d'Allah venus rejoindre le Djihad afghan des quatre coins du monde arabe vont enfin pouvoir faire la guerre, la vraie. Jouer officiellement de la kalachnikov et du missile Stinger, avec l'encouragement de leurs gouvernements, des financements saoudiens, le concours de l'ISI, les services secrets pakistanais et en sus, l'onction des Américains ! « Islamistes de tous les pays unissez-vous pour terrasser l'ogre soviétique », semble inviter la communauté internationale ! Rassemblée, entraînée, solidarisée et formatée, la génération exaltée du front afghan est en marche. Elle est persuadée d'avoir seule vaincu militairement l'URSS. D'avoir mis seule à terre l'Empire soviétique – lequel ne tarde pas à se désintégrer. L'Histoire désormais lui appartient, et nul ne peut plus l'arrêter. Américains, Saoudiens et Pakistanais ne vont pas tarder à faire les frais du Frankenstein enturbanné qu'ils ont eux-mêmes créé, « toujours prêt à faire un sacrifice, [...] animé d'un violent dégoût pour toutes les valeurs existantes, pour toutes les puissances établies », ainsi que l'écrivait Hannah Arendt dans sa description des avant-gardes totalitaires de l'entre-deux-guerres. Durant le siège de la ville de Jalalabad, à la fin de la guerre en Afghanistan, le découpage en petits morceaux de prisonniers « athées » et leur mise en caisse par un contingent arabe, donnaient une indication de la trajectoire qu'allait prendre l'avant-garde de l'islam révolutionnaire dans la décennie suivante...

Pour ces combattants, après des années de lutte si exaltante, il était devenu en effet impossible de réintégrer le foyer d'origine. Pas question de se replonger dans les pénibles réalités de la routine quotidienne faite de tant de misères, de médiocrité, de frustrations, ni d'accepter un triste anonymat. Désormais auréolés de leur victoire sur « l'Empire du mal » et émancipés de leurs tuteurs saoudien et américain après le choc de la guerre du Golfe, l'avant-garde « afghane » se lance dans le Djihad planétaire. C'est elle qui, la première, partira à l'assaut des régimes apostats et de l'Occident. Au cours des années 90, elle sème la mort et la désolation, essaimant sa foi millénariste, usant de son charisme et de ses hauts faits d'armes, et plaquant sa grille de lecture djihadiste partout où des musulmans combattent. C'est le cas de la Bosnie, en guerre de 1992 à 95, où Abou Abdel Aziz, dit Barberousse, un vétéran afghan, est l'un des principaux dirigeants des moudjahidines bosniaques. Les ex-djihadistes de Peshawar se retrouvent dans la ville de Zenica, où ils tentent d'imposer leur islam fruste et radical, totalement étranger aux traditions islamiques des Balkans. Ils sont intégrés à la Septième Brigade de l'Armée bosniaque, puis composent à eux seuls le régiment El Mudzhidun qui se signale par des massacres et des décapitations de Serbes. En Tchétchénie, en rébellion contre la Russie à partir de 1994, le chef militaire des indépendantistes n'est autre que Chamil Bassaïev, un ancien proche de Ben Laden en Afghanistan. De nombreux vétérans afghans lutteront dans le Caucase du nord sous le commandement du Saoudien Khattab. Ce dernier avait également participé à la guerre civile au Tadjikistan, où une opposition islamiste armée conteste jusqu'en 1997 l'autorité des ex-communistes à Douchanbé. En Egypte, les auteurs des attaques les plus sanglantes sont aussi des vétérans « afghans ». Ce sont eux qui organisent l'attentat suicide contre l'ambassade d'Egypte à Islamabad en 1995 et sont responsables de la tentative d'assassinat contre le Président Moubarak en Ethiopie la même année. Le chef du groupe qui commet le massacre de Louxor en 1997, où des dizaines de touristes occidentaux sont massacrés puis égorgés à l'arme blanche, est aussi un ancien d'Afghanistan. Au Cachemire indien, on trouve encore et toujours des combattants issus de la matrice afghane, payés au mois (plus prise en charge de la famille en cas de décès), par les fondations saoudiennes.

C'est au cours de la guerre civile algérienne, qui fait au moins 150 000 victimes, que la folie meurtrière et apocalyptique de l'avant-garde islamiste atteint son paroxysme. Abou Adlane, un vétéran afghan salafiste, crée le GIA

(Groupe islamique armé) en 1993, qui regroupe des jeunes désœuvrés, des petits délinquants et des combattants revenus d'Afghanistan, algériens pour la plupart. Le GIA se sent si proche de la matrice afghane qu'il adopte le même sceau que la milice dirigée par le chef de guerre islamiste afghan Gulbuddin Hekmatyar. Le GIA s'attaque d'abord à des cibles faciles comme des journalistes, des intellectuels et des femmes non voilées. Puis, lorsque la direction du mouvement revient à Abou Abdallah Ahmed, un autre vétéran afghan, le GIA tente d'internationaliser le conflit en s'attaquant à des étrangers résidant en Algérie, notamment des Français, puis en visant des objectifs hors d'Algérie comme l'Airbus d'Air France détourné vers l'aéroport de Marignane le 24 décembre 1994, et dont nous savons à présent qu'il devait s'écraser sur la Tour Eiffel – prélude à l'attaque d'autres tours sept ans plus tard... Cette année-là, toutes les mouvances combattantes, à l'exception de celle affiliée au FIS, se rallient au GIA, qui adopte une stratégie de guerre totale. Les massacres de civils commencent, et les troupes du GIA sont renforcées par des ex-djihadistes d'Afghanistan venus d'Europe. Le GIA est soutenu de l'extérieur par les « émirs » – Abou Qutada, qui « légalise » par une fatwa le meurtre des femmes et des enfants en 1995, Abou Moussab et Abou Hamsa, l'homme aux pinces de fer, tous trois anciens du Djihad afghan – installés au « Londonistan ». Leur mission : lever des contributions financières au profit du GIA, et lui assurer sa propagande. La vague d'attentats qui touche la France en 1995-96, notamment l'attaque contre la station de RER Saint-Michel en juillet 1995, est conçue par Boualem Ben Saïd et Ait Ali Belkacem, deux dirigeants du GIA, passés également par la case du Djihad afghan. Notons encore que le réseau de Marrakech, démantelé en 1994, qui préparait des attaques pour déclencher la guerre sainte au Maroc et que devaient commettre des Français d'origine marocaine, était dirigé par deux Marocains, vétérans, comme tous les autres, du Djihad afghan...

Parallèlement, Al Qaïda se structure sous la conduite d'Oussama Ben Laden. En 1993, les tours jumelles du World Trade Center de New York échappent par miracle à une première attaque terroriste d'envergure. La même année, à Mogadiscio, capitale de la Somalie, 18 membres des forces spéciales américaines, participant à l'opération « Restore Hope », sous l'égide des Nations unies, sont massacrés par des salafistes djihadistes, infiltrés pour la plupart du Soudan voisin où Ben Laden s'est réfugié. Deux ans plus tard, un attentat à la voiture piégée contre la National Guard Building de Ryad, provoque la mort de 7 militaires américains. En 1996, Ben Laden retourne en Afghanistan où les Talibans prennent le pouvoir. Quelques mois plus tard, un camion suicide, lancé contre la base US de Khobar en Arabie, fait 19 morts parmi les forces américaines. En Afghanistan, les « stagiaires », venus du monde arabo-musulman mais aussi d'Occident et plus particulièrement d'Europe, recommencent à affluer dans les camps d'entraînement. Après un an d'instruction physique et coranique, ils sont devenus des combattants aguerris prêts à grossir les rangs de l'avant-garde. En février 1998, Ben Laden fédère autour d'Al Qaïda plusieurs groupes radicaux ultra-violents comme le Djihad égyptien du docteur Al Zawahiri en lançant le « Front islamique mondial contre les juifs et les chrétiens ». En août, deux attentats suicides soufflent les ambassades des Etats-Unis à Nairobi et à Dar es-Salam. Bilan : 224 morts dont 7 Américains. En octobre 2000, la frégate *USS Cole* est éventrée dans le port d'Aden par une attaque suicide menée par un petit canot bourré d'explosifs qui provoque la mort de 17 marins américains. 11 septembre 2001 : quatre avions de ligne détournés s'abattent sur New York,

Washington et la Pennsylvanie. Plus de 3 000 civils innocents périssent au cours de la plus grande opération terroriste de l'Histoire...

Un « war game » d'apocalypse

Les mouvements totalitaires prétendent toujours guider
les masses vers un horizon indéfini et utopique. Les
Soviets promettaient d'atteindre la société communiste
idéale après la dictature du prolétariat. L'Italie fasciste et
l'Allemagne hitlérienne voulaient renouer avec les grands
mythes de leur histoire. Mussolini allait régénérer
l'Empire romain ; les nazis évoquaient un Troisième Reich
millénaire où les Allemands aryens, aussi courageux que
leurs ancêtres, les preux chevaliers teutoniques médié-
vaux, pourraient gambader dans les grandes et vertes
forêts saxonnes débarrassées des nuisances de la société
libérale enjuivée, corruptrice et cosmopolite. La restauration du Califat originel, celui du Prophète du VIIᵉ siècle,
dont les islamistes radicaux font la promotion, s'inscrit
dans cette logique. Comme leurs devanciers européens, ils
se gardent bien d'expliciter quelle serait l'organisation de
ce nouveau Califat, à quelles conditions il pourrait surve-
nir, qui serait à sa tête. Leur objectif est d'entretenir le
mythe par une déformation systématique de l'Histoire et
de présenter ce mythe idéalisé comme une vérité qu'eux
seuls peuvent rétablir.

Comme toujours en pareil cas, « la rationalité » propre
à nos systèmes démocratiques éprouve les plus grandes
difficultés à appréhender un défi de cette nature. Poursuivre un objectif millénariste de ce type ne peut être
l'apanage que de « fous furieux » voire d'illuminés fanatiques, se dit-on. Pourtant, si les cerveaux de l'avant-garde

islamiste sont certainement dévoyés, ils n'en sont pas moins rationnels. Car derrière l'abaya blanche qu'enfilent Ben Laden et ses zélotes pour retransmettre par satellite leurs fatwas « worldwide », derrière le folklore et les mises en scène habiles, leur combat est éminemment politique et repose sur une stratégie de guerre révolutionnaire, qui sait parfaitement maîtriser les outils de communication modernes – y compris en matière de « plans médias ». L'intégrisme islamiste s'est fort classiquement approprié un corpus religieux pour s'emparer du pouvoir et imposer par le haut ses idées et ses mesures totalitaires. Ne nous y trompons pas : la réunification de l'Oumma n'est qu'un prétexte, le Califat un fantasme. En revanche, le désespoir des masses musulmanes qu'exploitent ces idéologues est une réalité, comme nous l'avons vu au chapitre précédent. De même que sont bien réelles les incitations à la guerre civile pour renverser les régimes « apostats », et les appels à frapper les installations pétrolières de l'Arabie Saoudite. Ces menaces-là n'ont rien de farfelu, tout au contraire. Et les princes du Golfe le savent bien : eux savent qu'ils sont dans la ligne de mire, et le disent sans détour à leurs interlocuteurs [1]. C'est qu'Al Qaïda et ses affidés ne font nul mystère de leur intention d'abattre les dynasties et les régimes en place. En particulier ceux d'Egypte, de Jordanie et surtout d'Arabie Saoudite, le premier producteur mondial de pétrole et détenteur d'un quart des réserves mondiales de brut. L'objectif est de mettre la main sur les immenses richesses du pétrole, comme sur les arsenaux les plus modernes (y compris, ceux nucléaires, du Pakistan) pour fédérer ensuite l'Oumma tout entière et son milliard et demi d'individus contre les infidèles. Pour y parvenir, leurs stratégies ont évolué au fil des ans selon trois phases

---

1. Comme j'ai pu le vérifier moi-même en rencontrant nombre d'entre eux ces dernières années.

distinctes. La première correspond à la dispersion de la génération du front afghan sur tous les terrains de Djihad de la planète. Brutales et barbares, ces guérillas ont été pour l'essentiel violemment matées par les pouvoirs autoritaires. La seconde se déroule au tournant du siècle et se prépare à l'abri des montagnes afghanes. Le « cerveau » d'Al Qaïda, Al Zawahiri, décide de donner la priorité à la lutte internationale et « à ses effets de souffle médiatique sur les guérillas locales » dans le but de renforcer l'adhésion des populations, de galvaniser les fidèles par des opérations spectaculaires, comme celles du 11 septembre 2001, et susciter des vocations de martyrs [1]. Il s'agit bien d'une mécanique de choc des civilisations : frapper l'ennemi lointain – les Etats-Unis – dans l'espoir de provoquer sa réaction ; dénoncer cette dernière comme une attaque contre l'islam ; déstabiliser les régimes alliés de l'Amérique – Egypte, Jordanie, Arabie, Koweït ; exploiter enfin, la seconde Intifada pour accroître encore le nombre de partisans et de sympathisants, en comptant sur le soutien actif des médias audiovisuels panarabes et des « idiots utiles » de l'Occident. Nous sommes bien là au cœur d'une gigantesque partie d'échecs dont nul ne peut prévoir l'issue. Parallèlement se met en place la troisième phase, conséquence de la guerre d'Afghanistan de l'automne 2001. Al Qaïda « historique » ayant perdu sa base d'Asie centrale et une partie importante de ses combattants, ses dirigeants étant traqués par toutes les polices du monde, ses filiales ont pris le relais. La « base » fonctionne désormais comme une société de capital-risque, remarque fort justement l'expert britannique Jason Burke : après avoir diffusé son idéologie, elle prodigue des fonds, fournit des contacts et son expertise à des organisations et des militants individuels ; mais elle ne les

1. Gilles Kepel, *Fitna, op. cit.*, page 101.

encadre pas [1]. Il n'existe pas de structure pyramidale, pas de centre, pas d'organigramme. De Madrid à Istanbul, de Casablanca à Bali, de Djerba à Ryad et Londres, on retrouve sa marque de fabrique mais des réseaux autonomes ont perpétré les attaques.

De ce point de vue, la perspective historique, mise en lumière par l'historien Jean-Louis Panné, coauteur du *Livre noir du communisme*, qui assimile les islamistes radicaux aux bolcheviques d'avant la Révolution d'octobre, est riche d'enseignements [2] tant les parallèles sont troublants. La prétention à l'universalité est identique, quant à la tactique, elle ressemble à s'y méprendre à celle des révolutionnaires professionnels de Lénine. Ainsi, les djihadistes sont passés maîtres dans l'instrumentalisation des inégalités sociales et la dénonciation des démocraties occidentales, à commencer bien sûr par l'Amérique. En professionnels de l'opportunisme, ils exploitent tour à tour toutes les causes possibles de mobilisation des masses : Palestine bien sûr, mais aussi Tchétchénie, Cachemire, Irak... et n'hésitent pas à faire alliance avec les secteurs les plus rétrogrades de sociétés traditionnelles en conflit ouvert avec la modernité; ils font usage des mêmes subterfuges pour infiltrer leurs partisans au sein des sociétés ouvertes et démocratiques, et pratiquent le terrorisme et la subversion. Leur avant-garde est composée de militants fanatisés, déterminés et prêts à tout; elle fait preuve du même opportunisme pour profiter des failles et des erreurs de l'ennemi comme en témoigne la percée d'Al Zarqawi, un ancien caïd minable des banlieues d'Amman, devenu en l'espace de quelques mois l'ennemi le plus acharné des Américains en Irak et la plus grande menace à la reconstruction politique et physique du pays. L'Histoire

---

1. Jason Burke, « Think Again : Al Qaida », *Foreign Policy*, mai-juin 2004.
2. Jean-Louis Panné, « La guerre révolutionnaire de Ben Laden », in *Irak an 1*, *op. cit.*, page 136.

ne se répète pas, a-t-on coutume de dire, mais elle nous éclaire certainement et nous met en garde. D'autant que, après les « Afghans », après le 11 septembre, après Madrid, Londres et Scharm el Sheik, la quatrième phase risque de marquer une escalade d'une tout autre nature...

Un terrorisme de destruction massive

Le problème stratégique auquel nous sommes confrontés est d'une difficulté sans précédent : le télescopage dans le temps et l'espace du fanatisme moyenâgeux avec, à son service, les technologies les plus modernes du XXIᵉ siècle.

Le terrorisme djihadiste a montré qu'il maîtrisait parfaitement les technologies de communication les plus sophistiquées, pour organiser, cloisonner, décentraliser ses cellules de combat ; pour mettre en scène ses actions en gérant très efficacement aussi sa communication planétaire, via Internet ou la télévision. Mais jusqu'à présent les armes employées restent rudimentaires : des cutters pour transformer des avions civils bourrés de kérosène en missiles de croisière ; des explosifs militaires ou fabriqués artisanalement (comme à Londres) à partir de produits vendus dans le commerce.

Hormis les attentats de New York (3 000 morts), les autres attaques se chiffrent pour l'instant en dizaines, voire en centaines de morts (Madrid), chiffres épouvantables, mais encore « modestes » au regard des conflits planétaires précédents, et de celui qu'entendent mener à l'avenir les architectes de cette nouvelle guerre mondiale.

Ma conviction en effet – qui rejoint celle de bon nombre d'experts – est que la guerre actuelle de « basse intensité », hélas, ne durera pas. Inévitablement la courbe du terrorisme de masse rejoindra celle de la dispersion des technologies, voire des armes de destruction massive. Et le jour où Al Qaïda, ou l'une quelconque de ses métastases, disposera d'une telle arme, celle-ci, je n'en doute pas un seul instant, sera utilisée.

Une attaque de cette nature s'inscrit en effet dans la logique totalitaire de terrorisme de masse que pratique la mouvance djihadiste. Après le 11 septembre 2001 qui a brisé bien des tabous, son avant-garde recherche le nouveau « coup du siècle » : un maximum de morts pour une terreur maximale. Quand les motivations relèvent du fanatisme religieux et que l'objectif exclusif de l'acte terroriste devient le meurtre de masse, l'arme de destruction massive constitue l'arme idéale. Une arme dont l'immense puissance symbolique (c'est cela aussi qui est recherché par les djihadistes !) plongerait davantage le monde dans une logique de choc des civilisations, que les islamistes radicaux poursuivent. Quant à l'effet psychologique d'une attaque de ce type sur les populations civiles, il serait effroyable. On peut ainsi parler désormais de « déséquilibre de la terreur », né de la rencontre du fanatisme religieux et la prolifération toujours plus présente des armes de destruction massive.

Quant à la volonté des terroristes de tout faire pour acquérir de telles armes, puis pour les employer, elle est manifeste, pour qui veut bien lire ce que les stratèges d'Al Qaïda ont proclamé publiquement et à plusieurs reprises.

Oussama Ben Laden a notamment plusieurs fois déclaré que l'acquisition d'armes de destruction massive – chimiques, biologiques, radiologiques et nucléaires – était une « obligation religieuse ». Un dignitaire religieux saoudien, le cheikh Nasser Bin Hamd al-Fahad, proche d'Al Qaïda, a émis il y a peu une fatwa légitimant l'emploi de telles armes contre les Etats-Unis et la Grande-Bretagne et leurs citoyens [1]. L'intérêt des terroristes d'Al Qaïda pour l'arme nucléaire et autres agents biologiques, chimiques et bactériologiques est aujourd'hui clairement prouvé. Un faisceau d'indices indique qu'ils travaillent activement à leur acquisition depuis plusieurs années. Des forces de la coalition ont ainsi retrouvé dans un camp proche de la ville de Jalalabad en Afghanistan des documents contenant des formules permettant de produire des toxines, de la ricine et des bacilles botuliques, et expliquant comment disséminer ces poisons mortels. Une cassette vidéo, découverte en 2002, montrait des expériences réalisées sur des chiens exposés à des vapeurs émanant d'un liquide blanc, que des experts considèrent être du gaz sarin qui paralyse les cellules nerveuses [2]. Ahmed Ressam, un Algérien qui préparait une attaque contre l'aéroport de Los Angeles, a reconnu qu'Al Qaïda lui avait enseigné comment déposer des toxines sur des poignées de porte pour empoisonner leurs utilisateurs. Quant au Français Zacarias Moussaoui, le « vingtième homme » des commandos du 11 septembre arrêté en août 2001 aux Etats-Unis, son ordinateur contenait « une volumineuse documentation sur le fonctionnement des avions utilisés dans l'agriculture pour l'épandage des pesticides, des appareils qui peuvent servir à disperser des armes chimiques et bactériologiques [3] ». L'attentat au gaz sarin perpétré dans le métro de Tokyo en 1995 par la secte millénariste Aoum, qui n'avait causé la mort « que » de douze personnes et l'intoxication de 5 500 autres – faute d'expertise militaire suffisante –, a démontré qu'un

---

1. Yoni Fighel and Moshe Marzouk, « Saudi Cleric Issues Fatwa on the Use of Weapons of Mass Destruction », International Policy Institute for Counter-Terrorism, 5 juillet 2003.

2. Judith Miller, « Al Qaeda Videos Seem to Show Chemical Tests », *The New York Times*, 19 août 2002.

3. « Itinéraire d'un apprenti terroriste », *Le Monde*, 29 novembre 2001.

groupe terroriste déterminé n'hésiterait pas à employer des armes chimiques, même si la manipulation et la dispersion d'agents toxiques s'avèrent difficiles.

L'ampleur des arsenaux chimiques nourrit légitimement toutes les inquiétudes. En Russie, véritable « archipel toxique », 40 000 tonnes d'agents chimiques, soit les deux tiers des stocks mondiaux, pourrissent dans des conditions de sécurité insuffisantes. L'état de l'immense arsenal biologique russe est tout aussi préoccupant. L'URSS avait fait de Biopreparat, son agence officiellement spécialisée dans la recherche pharmaceutique, un gigantesque centre de développement et de production d'armes à partir des virus, des toxines et des bactéries les plus dangereux connus de l'homme [1].

Mais sans conteste, l'arme de choix, celle dont la létalité et la charge symbolique seraient les plus fortes, est bien entendu l'arme atomique. Le réseau d'Oussama Ben Laden a montré à plusieurs reprises qu'il cherchait activement à acquérir l'arme nucléaire. Lors du procès des responsables des attentats contre les ambassades américaines à Nairobi et à Dar es-Salam, un témoin a révélé des détails de la quête nucléaire d'Oussama Ben Laden : ce dernier aurait essayé de se procurer de l'uranium au Soudan à la fin de 1993 et au début de 1994 [2]. En septembre 1998, un des principaux lieutenants du chef d'Al Qaïda a été arrêté à Munich et accusé de chercher à se procurer des matériaux nucléaires [3] : Mamdouh Mahmoud Salim aurait tenté d'obtenir de l'uranium hautement enrichi auprès d'intermédiaires ukrainiens. Selon d'autres sources, le réseau de Ben Laden aurait versé deux millions de livres sterling à un « courtier » au Kazakhstan, pour

1. Ken Alibek, *La Guerre des germes*, Presses de la Cité, 2000.

2. Témoignage de Jamal Ahmad al-Fadl les 6, 7 et 13 février 2001 devant le Tribunal du district sud de New York.

3. Benjamin Weiser, « US Says Bin Laden Aide Tried to Get Nuclear Weapons », *The New York Times*, 26 septembre 1998.

acquérir ce matériau sensible. Il aurait aussi noué des liens avec les mafias d'Asie centrale et du Caucase, notamment les filières tchétchènes, pour acheter des têtes nucléaires afin de les démanteler puis de les transformer en bombes sales [1]. D'autres faits troublants avivent les craintes des experts : l'Agence internationale de l'énergie atomique de Vienne (AIEA) a recensé 700 incidents liés à des trafics de matériaux nucléaires et radiologiques entre 1991 et 2004 (!), et 7 tentatives de vol d'uranium enrichi et de plutonium permettant de mettre au point des bombes sales ; des dizaines de charges nucléaires miniaturisées russes demeurent introuvables ; les centaines de réacteurs de recherche dispersés à travers le monde qui produisent l'uranium hautement enrichi de qualité militaire sont souvent insuffisamment protégés, notamment dans l'ex-URSS où certains scientifiques de haut niveau, mal payés sinon au chômage, pourraient ne pas résister à l'appel des milliers de dollars qu'agitent les réseaux de la terreur pour les recruter ; enfin, l'information technique sur l'arme nucléaire a été déclassifiée et se trouve disponible, au moins en partie, sur Internet.

La quête nucléaire d'Al Qaïda intervient sur fond de prolifération active des armes atomiques. Si, depuis la fin de la Guerre froide, le nucléaire a connu une dévaluation certaine en Occident et en Russie, il garde en revanche une très forte attractivité dans les zones de haute tension où il représente la garantie ultime de survie pour des régimes instables et contestés. Le Pakistan a ainsi effectué ses premiers essais nucléaires en 1998, pour répondre à ceux de l'Inde ; la Corée du Nord a annoncé en février 2005 détenir l'arme suprême ; l'Iran, malgré ses molles réfutations, cherche bien à l'acquérir depuis les années 70 et ne serait qu'à quelques années voire à quelques mois de

1. Jason Burke, « Bin Laden Said Buying Up Afghan Opium Crop », *The Observer*, 29 novembre 1998.

parvenir à ses fins ; la Libye a renoncé à se doter de l'arme nucléaire mais les inspecteurs de l'AIEA ont découvert un programme de recherches de grande ampleur qu'ils ne soupçonnaient pas ; enfin des doutes pèsent sur les intentions de l'Arabie Saoudite, de la Syrie et de l'Egypte.

L'une des rares retombées positives de l'intervention américaine en Irak a été de convaincre le colonel Kadhafi d'échanger avec Londres et Washington son maintien au pouvoir à Tripoli contre l'arrêt définitif de son programme nucléaire. Il est vrai que la CIA avait identifié dans le moindre détail des livraisons de matériels sensibles en provenance de Corée du Nord... Le leader libyen, devenu coopératif, a donc livré le détail de ses programmes d'acquisition de matières sensibles. Au cœur de ces circuits de prolifération, un pays : le Pakistan. Et un homme en particulier qui en est le cerveau : le Dr Abdoul Qadeer Khan, père de la bombe pakistanaise, et dieu vivant du Pays des purs, assigné à résidence, mais pardonné par le Président pakistanais Musharraf, depuis sa confession publique à la télévision en février 2004 dans la suite des révélations du colonel Kadhafi. Khan, que j'avais rencontré dans sa ville d'Islamabad en 1999, alors que je travaillais à un rapport parlementaire sur la prolifération [1], s'est révélé être le plus grand trafiquant nucléaire de l'Histoire, dirigeant pendant plus de quinze ans un véritable « supermarché de la prolifération atomique », selon l'expression de Mohamed el-Baradeï, le directeur de l'AIEA. A la tête d'un vaste réseau international aux ramifications s'étendant de l'Afrique du Sud à Dubaï, faisant appel à des dizaines de sociétés écrans et de partenaires commerciaux – de nombreuses entreprises européennes notamment –, et avec la complicité d'une partie de l'appareil d'Etat pakistanais certainement, le

---

1. « La France et les bombes », Assemblée nationale, 2000.

Dr Khan a vendu des plans d'assemblage, des centrifugeuses – les « lessiveuses » qui produisent l'uranium enrichi – et prodigué ses conseils d'expert à Pyongyang, Téhéran, Tripoli et établi des contacts avec Ryad, Damas, Le Caire et même Sanaa (Yémen) [1]. La vénalité – Khan a engrangé des dizaines de millions de dollars grâce à son trafic florissant – n'était pas l'unique motivation du Folamour pakistanais. Il s'y est livré aussi et peut-être surtout pour des motifs idéologiques : exécrant l'Inde et l'Occident, il considérait la bombe pakistanaise d'abord comme une « arme islamique », et estimait que la « donner » à un pays musulman était son devoir. Si l'on ne sait pas grand-chose (car les services pakistanais sont peu coopératifs sur le sujet) sur les liens unissant le savant fanatique pakistanais et l'avant-garde de la mouvance radicale islamiste, il semble établi que deux anciens subordonnés de Khan ont bel et bien rencontré Ben Laden et/ou certains de ses proches en Afghanistan, quelques mois avant le 11 septembre 2001.

Un jour ou l'autre, l'un quelconque des groupes qui forment désormais la galaxie Al Qaïda mettra la main sur ce type de matières. Les plus probables, au moins dans un premier temps, seront des produits chimiques (ricine ou pesticides) acquis légalement, ou volés et transformés en armes redoutables par de petites équipes de techniciens. De même, la probabilité est très forte de voir la fabrication et peut-être l'emploi de bombes dites « sales », c'est-à-dire de matières radioactives (des sources de cobalt par exemple utilisées en médecine) « enrobées » d'explosifs

---

1. Voir notamment Vincent Jauvert, « Abdul Khan ou l'homme qui vendait la bombe », *Le Nouvel Observateur*, 30 septembre 2004, et Bill Powell et Tim McGirk, « The Man Who Sold the Bomb », *Time*, 14 février 2005.
Bernard-Henri Lévy affirme dans son « romanquête » *Qui a tué Daniel Pearl?* que Khan, « cet Oppenheimer pakistanais, ce cerveau dont on a donné le nom, de son vivant, au plus grand laboratoire du pays, est très officiellement membre d'une organisation de terroristes constitutive du tout premier cercle d'Al Qaïda », le Lashkar e-Tibi.

classiques. Le nombre de victimes serait là encore relativement « faible », mais l'impact psychologique serait, lui, immense.

Mais, au bout de la route, je n'exclus pas pour ma part que la terreur djihadiste mette un jour la main sur une ogive volée ou achetée, ou sur une arme nucléaire, certes rudimentaire, que les terroristes assembleraient eux-mêmes.

En tant que membre du conseil de Nuclear Threat Initiative, ONG créée par le sénateur Sam Nunn et Ted Turner, fondateur de CNN, j'ai pu prendre toute la mesure de la catastrophe qui nous attend, si rien n'est fait au niveau mondial pour sécuriser l'accès aux matières fissiles, notamment celles produites et stockées autour des centaines de réacteurs de recherches déployés aux quatre coins de la planète. Le transport des matières (dans des containers plombés dissimulés dans une voiture ordinaire), le principe de la réaction en chaîne, les explosifs nécessaires, le mode de confinement (dans le tube d'un vulgaire canon d'artillerie), toutes ces étapes sont connues et ne poseraient pas de difficultés insurmontables pour une équipe déterminée, ayant en son sein quelques ingénieurs et techniciens.

Du moins tel est l'avis des spécialistes de l'AIEA, d'Interpol, des « services » de plusieurs pays que j'ai pu entendre s'exprimer sur ce genre de scénario, lors de simulations organisées par NTI [1]. Une bombe de ce type que l'on ferait exploser à Bruxelles, par exemple devant le siège de l'OTAN, tuerait immédiatement 40 000 per-

---

1. Ce scénario catastrophe baptisé « Aube noire » a fait l'objet à mon initiative d'une présentation très réaliste lors de la session de printemps de l'Assemblée parlementaire de l'OTAN, que je présidais à Ljubljana le 31 mai 2005. Cf. sur ce sujet l'article que j'ai corédigé avec Sam Nunn, paru le même jour dans l'*International Herald Tribune*, sous le titre « Now in rehersal, the unthinkable ».

sonnes : 300 000 autres seraient blessées... Le nuage
radioactif se répandrait, quant à lui, au-dessus de la Belgique et du nord de la France, des Pays-Bas et de l'Allemagne, semant la terreur de la mort...

L'islamisme radical est le totalitarisme du siècle naissant. Il a à sa disposition une avant-garde déterminée et
disciplinée, prête à répandre la terreur – jusqu'au terrorisme de destruction massive, si elle en a un jour les
moyens – au nom d'un islam dévoyé, pour imposer
l'ordre nouveau. Son corpus idéologique – fondé sur l'instrumentalisation de la religion sous la forme d'une doctrine totale et liberticide – interdit la moindre dimension
critique et rejette toute autre interprétation du dogme.
Complotiste, il s'impose dans l'imaginaire victimaire de
l'Oumma et séduit des auditoires désorientés en quête de
repères et de sens, dans les provinces les plus reculées du
Pakistan, jusque dans les villes européennes. Ce défi n'est
pas près de s'éteindre de lui-même. Loin du monde onirique d'Amélie, il nous faut ouvrir tout grand nos yeux, et
accepter cette guerre qui nous est imposée pour ce qu'elle
est : un combat de longue haleine, pour nos valeurs et nos
libertés, mais également un défi que nous pouvons relever
avec succès.

CHAPITRE 8

Après l'Irak...

Une Amérique sous le choc

Ce début de XXIe siècle est celui d'une profonde mutation pour les Etats-Unis. Un ensemble de forces économiques, démographiques, humaines, mais aussi politiques forgent devant nous une Amérique de plus en plus « post-européenne ». Une anecdote qui se passe de longs commentaires : rendant visite à la Maison-Blanche en juin 2005 à mon ami Steve Hadley, nouveau conseiller à la sécurité nationale du Président des Etats-Unis, je suis tombé en arrêt, dans son minuscule secrétariat, sur une grande horloge murale affichant six capitales du monde et leur heure locale. Sur les six, trois asiatiques (Delhi, Pékin, Tokyo), l'africaine (Johannesburg), Tel Aviv bien sûr, et une seule capitale européenne : Londres ! Depuis une ou deux décennies, la croissance très forte de la zone Asie-Pacifique a amorcé la dérive asiatique de l'Amérique, toujours plus loin de notre Vieux Continent. Tout a été dit sur ce glissement de l'Amérique vers l'ouest, glissement qui coïncide avec le départ de ceux qui, pour être nés en Europe, en être originaires ou y avoir vécu et combattu, portaient un intérêt particulier aux affaires européennes. A mesure qu'augmente le poids démographique et humain des composantes autres qu'européennes, dans le melting-pot américain, qu'il s'agisse des Afro-Américains ou Hispano-Mexicains, dont les représentants accèdent progressivement aux plus hautes fonctions, cet intérêt relatif pour les affaires du Vieux Continent tend naturellement à décroître.

D'autant que la Guerre froide, dont l'Europe était le champ d'affrontement privilégié, est maintenant terminée depuis 15 ans. Fort logiquement, les forces américaines qui étaient pré-positionnées dans un certain nombre de pays européens membres de l'OTAN (essentiellement en Allemagne de l'Ouest), ont été significativement réduites, passant de 300 000 avant la chute du Mur de Berlin, à moins de 100 000 aujourd'hui pour toute l'Europe. Ce désengagement d'Europe occidentale est sans doute appelé à se poursuivre, en dépit des inquiétudes manifestées par le gouvernement fédéral allemand.

Le détachement progressif de l'Amérique de son point d'ancrage d'origine, l'Europe, le déplacement de son axe de compétition vers l'Asie et la Chine, en particulier, ne sont pourtant que l'arrière-plan d'un changement plus profond encore : l'entrée en guerre des Etats-Unis le 11 septembre 2001.

Si l'événement a été ressenti comme un choc à travers toute la planète, on a, je crois, largement sous-estimé son impact sur l'histoire des Etats-Unis. Car cette date marque bien cela : une césure historique pour ce pays, pour la vision qu'il a de lui-même et du monde, et bien sûr pour son engagement direct et à long terme sur le front du terrorisme moyen-oriental.

Prudence, stabilité, conservatisme : tels étaient pourtant les maîtres mots de la diplomatie américaine au Moyen-Orient tout au long des années 90. Malgré son alliance avec Israël, l'Amérique ménageait ses alliés fidèles dans la région, les régimes autoritaires d'Egypte, d'Arabie et de Jordanie, mais stables depuis des décennies. Aux yeux de

Washington, ceux-ci apparaissent alors comme les meilleurs remparts aux menées des guérillas islamistes qui se déchaînent à l'époque, en Egypte notamment. La démocratisation faisait peur : personne à Washington n'avait oublié les élections algériennes de 1992 qui avaient vu les islamistes du FIS triompher ; ni le coup d'Etat de l'armée pour les empêcher de prendre le pouvoir, ni surtout la terrible guerre civile – plus de 150 000 victimes – qui s'en était suivie. Vis-à-vis des « Etats-voyous », l'Iran de la révolution islamique ou l'Irak de Saddam Hussein, l'administration Clinton s'était bornée à mettre en place des embargos économiques, à procéder à quelques bombardements sporadiques sur les installations militaires du tyran irakien, notamment après le renvoi en 1998 des derniers inspecteurs de l'ONU, venus démanteler son arsenal d'armes de destruction massive. Après les sanglants attentats islamistes de l'été 1998 contre les ambassades américaines de Nairobi et de Dar Es-Salam, la riposte américaine manquait là encore de conviction. Faute d'une vision stratégique cohérente, ces coups de boutoir se caractérisaient par autant d'échecs cuisants : des tirs de missiles de croisière détruisant une usine de médicaments au Soudan, ou encore un camp désaffecté d'Al Qaïda en Afghanistan. Washington, d'ailleurs, ne semblait guère considérer d'un mauvais œil l'arrivée au pouvoir des Talibans : de vastes projets d'oléoducs et de gazoducs étaient même envisagés afin de relier les riches gisements de la mer Caspienne au Pakistan et à l'Inde. Enfin, le Président Clinton, après s'y être beaucoup investi, avait finalement échoué à mener à bien le processus de paix entre Palestiniens et Israéliens. Ceux-ci s'entre-déchiraient à nouveau avec une violence inédite, quelques mois avant la fin de son second mandat, avec la seconde Intifada.

George W. Bush hérite de ces dossiers à son installation à la Maison-Blanche en janvier 2001. La politique étrangère, qu'il maîtrise fort peu, n'est pas sa priorité. A l'image des nouveaux Républicains des années 90, il veut se concentrer d'abord sur la politique intérieure – la baisse de la fiscalité – et sur son agenda de « conservateur compassionné ». Le monde des think-tanks washing-toniens bruisse de rapports et d'inquiétudes sur la montée en puissance économique et stratégique de la Chine. Bush relaie cette méfiance à l'égard de la puissance émergente chinoise, mais il n'a guère d'opinion sur le Moyen-Orient qu'il connaît mal, voire pas du tout. Tout l'incite, sur ce dossier, à s'inscrire dans la lignée de son père : il sera conservateur, fidèle aux vieux alliés de l'Amérique dans la région, et surtout « réaliste » à la façon de Kissinger et de son ancien adjoint le général Brent Scowcroft, conseiller national de sécurité de George Bush père. La jeune Condo-leezza Rice, nouvelle conseillère de sécurité de Bush fils, était elle-même une collaboratrice de Scowcroft à la Mai-son-Blanche. Soviétologue, elle avait surtout suivi le dos-sier de la réunification de l'Allemagne, et n'avait elle aussi guère de familiarité avec le dossier du Moyen-Orient.

Quelques mois avant le 11 septembre 2001, George W. Bush dénonçait encore emphatiquement la participation de troupes américaines à des opérations de « nation buil-ding ». Son credo était fixé : pas d'intervention étrangère si l'enjeu n'est pas fondamental pour la sécurité du pays ; contribution limitée aux opérations de maintien de la paix. Il s'interrogeait même sur le bien-fondé de la participation de troupes américaines aux opérations en cours dans les Balkans. Le candidat Bush déclarait qu'il serait très « prudent quant à l'utilisation de soldats américains dans des entreprises de " nation building ". Le rôle des forces armées est de combattre et de gagner des guerres. [...] Le moral des militaires est trop bas actuellement. [Ils] sont éparpillés dans de trop nombreux pays ». Selon le futur 43ᵉ Président des Etats-Unis, les forces américaines n'avaient ni pour mission de jouer aux gendarmes, ni de remettre sur pied les installations sanitaires d'un pays ravagé par un conflit. Sa professeure de politique internationale et future conseillère à la sécurité puis secrétaire d'Etat, « Condi » Rice, expliquait que ce n'était « pas aux hommes de la 82e division aéroportée d'aider les enfants à traverser la rue pour aller à l'école ». Ces missions d'assistance sociale internationale étaient bonnes pour l'Europe, puissance civile aux capacités essentiellement, sinon exclusivement, humanitaires, voire pour les « libéraux » internationalistes de l'ère Clinton, ces « baby boomers » vaguement gauchistes qui avaient dévoyé la puissance américaine en l'employant sur le front des famines, des violations de droit de l'homme ou des flux de réfugiés, sur des théâtres d'opération bien éloignés des véritables intérêts stratégiques des Etats-Unis. Les cercles conservateurs, proches de George W. Bush, considéraient eux que les opérations de « nation building » étaient aléatoires, extrêmement coûteuses, et s'apparentant à un type de « Welfare international » honni pour ces chantres d'un Etat minimal, réduit à ses seules prérogatives régaliennes. La nécessaire collaboration avec des organisations internationales, comme les agences onusiennes spécialisées dans les interventions humanitaires, rendait encore plus suspecte à leurs yeux la pratique du « nation building ».

Le 11 septembre ébranle l'Amérique sur ses bases. Le choc est immense. Touchée en plein cœur, l'hyperpuissance se découvre soudain vulnérable. Elle va opérer une révolution politique et stratégique complète, bouleversant ses priorités diplomatiques, et abandonnant les vieux paradigmes qui guidaient sa politique au Moyen-Orient depuis des décennies.

Stabilité et statu quo, les piliers de la politique étrangère de la première puissance du monde disparaissent brutalement, et avec eux l'école « réaliste » qui avait si longtemps inspiré la diplomatie américaine pendant et après la Guerre froide. Désormais, l'Amérique déclare « la guerre mondiale contre le terrorisme ». Et surtout elle se voit en guerre, elle se vit en guerre dans sa vie quotidienne, ses bureaux, ses édifices publics, ses aéroports, sa législation même qui va permettre quelque temps plus tard d'embastiller des journalistes américains au nom de la sécurité nationale.

Tout à présent en découle. La relation avec le reste du monde : « on est avec l'Amérique, ou on est contre elle », comme la relation avec ses alliés, sommés de suivre sans discuter le leadership américain. L'Amérique s'est donné une mission : faire la guerre au terrorisme, y compris au besoin par la guerre préventive ; bâtir la démocratie dans le « grand Moyen-Orient », y compris par la force. L'Europe est priée de suivre. « Nous ferons la cuisine » (c'est-à-dire la guerre), me suis-je entendu dire par l'un de mes collègues parlementaires américains lors d'une réunion de l'OTAN quelques semaines après le 11 septembre, « et vous Européens, ferez la vaisselle » (c'est-à-dire la reconstruction, ou le fameux nation building). Entre-temps le petit groupe des néoconservateurs venait de chasser « l'école réaliste » qui régnait en maître sur « l'establishment » diplomatique washingtonien.

Les limites du réalisme

Mais revenons un instant sur l'avant-11 septembre, ne serait-ce que pour mesurer la profondeur de la rupture provoquée par ce « deuxième Pearl Harbor ». La véritable « entrée » de l'Amérique au Proche-Orient coïncide avec la victoire de 1945 et son statut nouvellement acquis de superpuissance planétaire.

Jusque-là, elle avait surtout dépêché des missionnaires qui avaient fondé des églises, des écoles – les universités américaines du Caire et de Beyrouth, et de Bozaci à Istanbul – et des hôpitaux. Avec la Guerre froide, les Etats-Unis s'impliqueront directement et de façon de plus en plus visible dans les affaires de la région. Face aux poussées de l'Union soviétique, il leur faut à la fois évincer les anciennes puissances coloniales française et britannique (à Suez), puis les remplacer. L'enjeu pétrolier est bien sûr central. Le « Pacte du Quincy » est scellé par le Président Roosevelt avec le Roi Ibn Seoud d'Arabie en février 1945 : en échange de la sécurité du royaume, dorénavant considérée comme un intérêt vital de Washington, Ryad s'engage à lui garantir ses besoins en pétrole. Les bases de la politique américaine au Moyen-Orient sont ainsi jetées pour plus d'un demi-siècle : lutter contre le communisme et les régimes nationalistes d'obédience socialiste comme l'Egypte de Nasser et la Syrie baassiste soutenus par Moscou ; soutenir les Etats conservateurs ; garantir l'accès aux gigantesques gisements de pétrole du golfe Persique. Cette politique s'est appuyée sur quelques Etats pivots : l'Arabie Saoudite et la Turquie dès 1945-46, Israël à partir de sa démonstration de force en 1967[1] contre les alliés égyptien et syrien de Moscou, l'Iran du Shah jusqu'à la révolution islamique, l'Egypte après les accords de Camp David en 1979, et le Pakistan à partir de l'invasion de l'Afghanistan par l'Union soviétique en décembre de la même année.

---

1. En dépit d'une légende tenace, les Etats-Unis, même s'ils ont été les premiers à reconnaître Israël et si sa population a une sympathie naturelle pour le projet sioniste, n'étaient pas particulièrement proches de l'Etat hébreu avant 1967.

Longtemps, c'est-à-dire tout le temps de la croisade anticommuniste de la Guerre froide, culminant avec l'invasion soviétique de l'Afghanistan, l'islam radical que propage l'Arabie Saoudite, à travers le monde au moyen de ses immenses liquidités financières, sera négligé, voire encouragé. Les Etats-Unis considèrent avec bienveillance ce contre-feu conservateur, rigoriste et puritain qui apparaît alors comme le meilleur rempart à la propagation des idéaux révolutionnaires du socialisme et des nationalismes arabes. L'Amérique prend pour de « l'exotisme » religieux l'action du nouveau roi Fayçal, « austère, mince, énergique, wahhabite ardent, antisémite notoire [1] », qui s'apprête à transformer le paysage religieux et idéologique du monde musulman. Fayçal veut faire rayonner le wahhabisme sur l'ensemble du monde musulman et uniformiser les pratiques islamiques. Avocat d'un islam offensif et régénérateur, il compte en faire un acteur central des relations internationales. Face à la concurrence de l'unité arabe nassérienne, Fayçal joue la carte de l'Oumma, du monde de l'islam. Il met sur pied la Ligue islamique mondiale, qui ouvre des bureaux partout où vivent des communautés musulmanes. Il accueille à bras ouverts les Frères musulmans persécutés, comme le frère de Saïd Qotb, futur professeur d'Oussama Ben Laden à Djedda, leur procure invariablement aides et financements généreux. De nombreux Frères musulmans sont employés dans les réseaux éducatifs et prédicatifs transnationaux que monte l'Arabie. En 1969, est créée l'Organisation de la conférence islamique (OCI) pour « renforcer le combat de tous les peuples musulmans afin de sauvegarder leur dignité, leur indépendance et leurs droits nationaux ». L'OCI permet aux Saoudiens d'islamiser des causes nationales comme la question palestinienne, devenue motif de Djihad. Mais

---

1. Georges Corm, *L'Europe et l'Orient*, La Découverte Poche, 2002, page 276

c'est au cours des années 70, après la défaite retentissante des armées arabes contre Israël en 1967 qui sonne le glas du nassérisme, puis la mort du raïs égyptien trois ans plus tard, que le wahhabisme triomphe véritablement. Après la guerre de Kippour, les prix du pétrole quadruplent et les revenus annuels de l'Arabie tirés de l'exploitation du brut passent de 4 à 102 milliards de dollars entre 1973 et 1980. Ryad dispose dès lors de moyens illimités pour mettre en œuvre ses ambitions hégémoniques sur l'Oumma. Ils lui permettront de mener une politique prosélyte, à l'échelle de la planète entière, à destination de l'ensemble du monde sunnite, conservatrice sur le plan doctrinal et hostile à l'Occident par ses dimensions antichrétiennes et anti-judaïques. Ses subsides financiers aux Etats sont conditionnés par l'adoption de la sharia dans l'ordre juridique interne, par l'intensification des pratiques religieuses et par un rigorisme renforcé en matière de mœurs et de comportements. La Banque islamique de développement, créée en décembre 1973, finance ces projets. Le monde musulman se couvre de mosquées à néons verts, symbole de la mosquée standard de style saoudien : 1 500 seront construites à partir des années 50, principalement après le boom pétrolier. Des réseaux de missionnaires zélés sillonnent l'Oumma et prêchent la bonne parole wahhabite, notamment dans les prisons. Ils diffusent des millions d'exemplaires du Coran imprimés en Arabie, des cassettes de prêches et d'endoctrinement, des textes doctrinaux très radicaux d'Ibn Taymiyya et de Saïd Qotb. Le royaume et de généreux donateurs privés subventionnent madrasas (écoles coraniques) et associations caritatives, écoles privées et colonies de vacances. Les instituts islamiques établis par la Ligue islamique mondiale concurrencent les centres d'enseignement religieux historiques comme Al Azhar au Caire. Le régime saoudien, grand allié de l'Amérique et de l'Europe d'un côté, apporte son soutien à tous les mouvements qui se revendiquent comme islamistes de l'autre. L'Arabie offre aussi de généreuses bourses aux étudiants qui viennent y suivre une formation en sciences coraniques. Les pèlerins venus accomplir le Hajj (pèlerinage) à La Mecque, toujours en plus grand nombre – ils sont deux millions en 1979 – « wahhabisent » de plus en plus leurs pratiques religieuses. A l'instar des travailleurs musulmans étrangers venus du monde arabe ou du Pakistan, attirés par l'odeur de naphte et la perspective de s'enrichir rapidement dans un royaume en pleine expansion et où l'on construit à tout-va. Les Etats-Unis laissent faire.

Au début des années 80, l'alliance avec le royaume des Saoud est même renforcée encore : après le double choc de l'année 1979, l'entrée de l'armée soviétique en Afghanistan et l'arrivée au pouvoir de l'ayatollah Khomeyni, désormais ennemi irréductible du « Grand Satan » américain. Pour la CIA, les capitaux saoudiens sont précieux pour financer les moudjahidines afghans qui combattent les troupes soviétiques. Quant à la doctrine wahhabite, elle fait opportunément contrepoids à la ferveur anti-impérialiste de l'Iran révolutionnaire. De plus, l'Arabie respecte scrupuleusement ses engagements pétroliers : à l'exception de l'épisode de 1973, elle a fortement augmenté sa production de brut après le renversement du Shah, la guerre Iran-Irak (1980-1988) puis la guerre du Golfe (1990-1991) pour enrayer l'augmentation des prix du baril. Elle tient son rôle de producteur d'équilibre du marché pétrolier. Ses pétrodollars sont « recyclés » en contrats d'armement, principalement conclus avec des entreprises américaines, quand ils ne sont pas déposés dans les coffres des banques américaines [1]. Obnubilés par la menace soviétique, les Etats-

---

1. Voir notamment le chapitre « Le grand échiquier pétrolier de l'oncle Sam » dans l'ouvrage *La Grande Alliance* de Frédéric Encel et Olivier Guez, Flammarion, 2003.

Unis ont laissé les Saoudiens propager leur idéologie wahhabite dans l'ensemble du monde musulman, sans jamais
s'inquiéter de sa teneur violemment anti-occidentale. De
son côté, l'Europe s'est contentée de suivre les Américains. A la réserve près de la relation avec Israël (disten-
due dès 1967 par la France, puis en 1978 par la
Déclaration de Venise), les Européens s'appuieront eux
aussi sur les mêmes « alliés stratégiques » : l'Iran du Shah
(jusqu'à son renversement en 1979) et l'Arabie des Saoud,
l'Irak étant par ailleurs courtisé (et armé) tant par la France
que par l'URSS.

Dire que Washington se soucie peu du développement
de la démocratie au Moyen-Orient à l'époque de la Guerre
froide est un doux euphémisme. Sa diplomatie est alors
fondée sur la recherche de ses intérêts matériels et stratégiques, indépendamment de la nature répressive ou non
représentative des régimes en place. Sur le grand échiquier
mondial où se déroule la compétition avec l'URSS, l'Amérique mène une Realpolitik des plus classiques où tous les
coups sont permis. Sa « démarche était communément fondée sur la méconnaissance, délibérément feinte, des violations des Droits de l'homme et/ou des gouvernements
antidémocratiques dont [elle] avait bénéficié d'une façon
ou d'une autre – une politique froide, amorale et
cynique [1] », résume l'universitaire américain Rashid Khalidi. Elle installe ses bases militaires où bon lui semble en
fonction de son dispositif d'endiguement de l'URSS ; avec
le concours de la Grande-Bretagne, les Etats-Unis
n'hésitent pas à renverser, en Iran en 1953, le gouvernement Mossadegh, pourtant démocratiquement élu, mais
dont le programme socialiste de nationalisation de l'industrie pétrolière est jugé néfaste aux intérêts américains, pour
restaurer l'autocratie du Shah. Vis-à-vis de l'Irak et du

---

1. Rashid Khalidi, *L'Empire aveuglé*, Actes Sud, 2004, page 76.

parti Baas, les Etats-Unis n'ont cessé d'alterner des politiques souvent contradictoires mais toujours marquées par le sceau du réalisme, selon le jeu de l'équilibre des super-puissances au Moyen-Orient. Après l'effondrement de la monarchie hachémite irakienne de Fayçal en 1958, Washington soutient le Baas, dans la mesure où celui-ci s'oppose au nouveau régime du général Kassem, où communistes et nationalistes arabes, proches de Nasser, sont prédominants. L'Amérique encouragera même le coup d'Etat baassiste de 1963, puis celui de 1968, qui l'installera durablement au pouvoir jusqu'à la guerre de 2003. Mais au début des années 70, alors que l'Irak baassiste signe un accord d'amitié et de coopération avec l'URSS, les Etats-Unis s'éloigneront de Bagdad, pour se rapprocher à nouveau de l'Iran du Shah. La CIA finance alors la rébellion kurde à la demande de ce dernier, jusqu'en 1975, année où Irakiens et Iraniens signent l'accord d'Alger sur la délimitation de leur frontière maritime dans le golfe Persique. Après la révolution islamique, les Etats-Unis, comme l'ensemble de l'Occident, prennent fait et cause pour Saddam Hussein qui attaque « préventivement » son voisin iranien en 1980. L'administration Reagan lui fait même livrer des armes, les ressources nécessaires à la production d'armes chimiques, et va jusqu'à lui transmettre les informations stratégiques recueillies par ses satellites sur les positions des armées iraniennes...

Ceci n'empêche pas les Etats-Unis de fournir parallèlement et indirectement à l'Iran des armes via les « contras » nicaraguayens, comme l'a révélé le scandale de l'Irangate. Ainsi va la diplomatie américaine au Moyen-Orient à l'ère de la Guerre froide. Le leader du « monde libre » n'a alors que faire de la nature des gouvernements, qu'il soutient alternativement et selon les circonstances, en fonction seulement de ses intérêts stratégiques et pétroliers. Les Etats-Unis appuient alternativement ou simultanément et sans le moindre remords l'Arabie Saoudite, l'Iran du Shah, l'Egypte de Sadate, l'Irak de Saddam Hussein dont les régimes autocratiques, sinon tyranniques dans le cas irakien, correspondent fort peu aux canons démocratiques officiellement proclamés par Washington.

Malgré la disparition de l'ennemi soviétique et l'instauration de fait d'une pax americana sur le Moyen-Orient après la première guerre du Golfe, la diplomatie américaine dans la région évolue étonnamment peu au cours des années 90. Tout se passe comme si le grand chamboulement du monde qui avait suivi l'effondrement de l'URSS s'était brutalement arrêté aux marches de l'Orient. Tandis que la révolution démocratique se propageait partout en Europe, que les frontières étaient bousculées dans les Balkans, que de nouveaux Etats apparaissaient, rien ne changeait – en apparence du moins – en Orient. Immuables, les régimes autoritaires restaient partout en place, comme hors du temps et de la marche du monde vers la mondialisation.

A l'époque, émergent pourtant de nouveaux concepts – développement durable, conditionnalités économique et politique astreignant les Etats à des réformes en échange de l'aide financière et technique. De nouveaux principes aussi font leur apparition : l'ingérence humanitaire, la contagion démocratique comme le meilleur moyen pour accéder au développement économique – autant de thèmes qui s'inscrivent au cœur de la diplomatie américaine et occidentale des années Clinton. Alors que les Etats-Unis font de la promotion de la démocratie, de la libéralisation de l'économie et du respect des Droits de l'homme des volets essentiels de leur politique vis-à-vis des pays d'Europe centrale et orientale, de l'Afrique et de l'Amérique latine, il n'en est rien au Moyen-Orient. Les mots

d'ordre semblent demeurer intangibles : stabilité des gouvernements en place et sécurisation des approvisionnements pétroliers. De démocratisation, de bonne
gouvernance et encore moins de « regime change », il
n'est nullement question. Ce « réalisme » est particulièrement visible dans la gestion par les Etats-Unis de la fin de
la guerre du Golfe en 1991. Sur les conseils de Brent
Scowcroft, hostile à toute aventure à Bagdad « où, vous les
Européens, ne nous suivrez jamais », George H. Bush, une
fois le Koweït libéré, se garde bien de renverser Saddam
Hussein par les armes. Pas question d'outrepasser le mandat de l'ONU, qui se limitait à la seule libération du
Koweït. Pas question non plus de briser la large et belle
coalition internationale de 36 Etats autour des Etats-Unis,
ou de se lancer dans une aventure aussi incertaine que
l'occupation et la gestion d'un pays si vaste, aux différentes composantes – chiites, sunnites et kurdes – aussi
fragmentées. Washington incite bien les Kurdes et les
Chiites à se révolter à la fin du conflit, dans l'espoir que le
régime baassiste tombera seul, tel un fruit mûr. Mais
lorsque l'armée de Saddam réprime avec une sauvage brutalité les insurrections, les Etats-Unis assistent impassibles
au massacre de leurs alliés d'un jour. Le cynisme froid de
la Realpolitik de Bush père sera alors critiqué, on s'en souvient, par nombre d'avocats de la démocratie et des Droits
de l'homme. Beaucoup de ceux qui critiquèrent en 1991
l'abstention américaine aux portes de Bagdad déverseront
12 ans plus tard la même volée de bois vert, mais cette fois
pour critiquer le renversement de Saddam...

Le Moyen-Orient échappera ainsi longtemps aux nouveaux principes guidant la politique étrangère américaine.
Dans d'autres régions, les Etats-Unis n'hésitent pas à supprimer leur aide économique et financière. C'est le cas par
exemple au Kenya, au Cameroun et au Nigeria, où les diri-

geants refusent d'organiser des élections libres. Washington réduit puis finit par annuler son assistance militaire en 1999 à l'Indonésie en raison des nombreuses violations des Droits de l'homme et de la liberté d'expression, dont se rend coupable le régime Suharto. L'agence de développement USAID encourage et finance sur les cinq continents les ONG chargées de renforcer les sociétés civiles. « A quelques exceptions près, comme la Colombie, les sommes distribuées par l'aide publique américaine au développement tiennent désormais compte du respect des droits de l'homme et des libertés fondamentales [1] », souligne le politologue Gary C. Gambill. A l'exception en effet du Moyen-Orient et du Maghreb...

Le cas de l'Egypte est particulièrement éclairant. Depuis les accords de Camp David (1979), l'Egypte est devenu le principal récipiendaire arabe d'aide américaine, dont le montant s'élève à plus de deux milliards de dollars par an. Pareille somme aurait pu devenir un formidable levier politique et économique pour les Etats-Unis pour inciter le gouvernement égyptien à entamer un véritable processus de réformes, d'autant que la pléthore d'experts travaillant pour l'agence USAID au Caire – 300 personnes, record mondial dans une capitale étrangère – était censée fournir son assistance technique. L'Egypte a de plus bénéficié de l'annulation de sa dette bilatérale (sept milliards de dollars) par les Etats-Unis pour ses services rendus pendant la guerre du Golfe, et Washington a « encouragé » les institutions financières internationales à lui fournir une assistance financière supplémentaire de 10 milliards de dollars. Dans des conditions aussi favorables, on aurait pu espérer un véritable bond en avant de l'économie égyptienne et une accélération de la libéralisation de la société et de la vie politique, sous pression américaine. Or la montagne n'a

---

1. Gary C. Gambill, « Explaining the Arab Democracy Deficit », *Middle East Intelligence Bulletin*, août-septembre 2003.

pas même accouché d'une souris ! Le « paquebot ensablé » égyptien est resté immobile : la très faible compétitivité de son économie est restée inchangée ; la part de ses exportations dans le PIB s'est encore réduite ; les véritables privatisations ont été minimes ; la taille de la bureaucratie n'a pas diminué ; l'état d'urgence décrété au lendemain de l'assassinat de Sadate, en 1981, est demeuré en vigueur ; les cours de sûreté de l'Etat ont continué de contourner les tribunaux de justice traditionnels ; et le président Moubarak a enchaîné les mandats dans des parodies d'élections, sans la moindre supervision d'observateurs internationaux... Les milliards de dollars du contribuable américain − sans compter ceux de l'Union européenne − ont seulement permis au régime égyptien de se maintenir péniblement à flot, et d'acheter la paix sociale à coups de subventions sur des produits de première nécessité pour éviter de nouvelles émeutes de la faim, comme dans les années 70.

Naissance du « wilsonisme botté [1] »

Le rappel qui vient d'être fait de la politique américaine de l'avant-11 septembre permet de mieux mesurer le changement de cap immense qu'a représenté la guerre d'Irak.

« Est-ce que les peuples du Moyen-Orient ne peuvent accéder à la liberté ? Est-ce que des millions d'hommes, de femmes, d'enfants sont condamnés au nom de l'Histoire ou de la culture à vivre sous le despotisme ? Seraient-ils les seuls à ne connaître jamais la liberté, à n'avoir jamais à exercer de choix ? Moi, je ne le crois pas. [...] L'établissement d'un Irak libre au cœur du Proche-Orient sera un événement majeur dans la révolution démocratique globale. »

---

1. Selon la judicieuse formule de Pierre Hassner.

C'est bien dans ces termes que le 6 novembre 2003, devant le National Endowment for Democracy, George W. Bush martèle le nouveau grand dessein de sa présidence. Il sera l'homme de la démocratisation et de la libéralisation de la dernière région du monde à ne pas avoir encore goûté aux bienfaits de la démocratie de marché. En quelques mois, les Etats-Unis seront passés du cynisme pétrolier le plus classique à la promotion des réformes et de la démocratie dans le « Grand Moyen-Orient ». Une nouvelle et périlleuse ambition, qui modifie désormais tous les grands rapports de forces mondiaux.

Depuis les attaques du 11 septembre 2001, George W. Bush lui-même est, en effet, devenu un autre homme. Lui, le rancher texan aux côtés des « rednecks » prononcés, qui avait effectué en tout et pour tout deux voyages hors des Etats-Unis avant d'accéder à la Maison-Blanche, qui était incapable de se souvenir du nom du Président pakistanais Musharraf au cours d'une interview pendant la campagne électorale de 2000, qui avait juré au début de son mandat de ne plus fourvoyer l'hyperpuissance américaine dans des aventures extérieures coûteuses pour les contribuables américains, a désormais chaussé des bottes de missionnaire de la démocratie, et s'est mué en apôtre planétaire de la liberté.

L'isolationnisme frileux s'est brusquement mué en interventionnisme zélé. Sous l'effet de la plus grande attaque terroriste de l'Histoire, Bush va faire subir une véritable révolution copernicienne à la politique étrangère américaine. Partisan de la doctrine du « zéro mort », les Etats-Unis répugnaient à intervenir militairement et à risquer la vie de leurs GI ? L'Amérique de Bush renverse en 18 mois l'Afghanistan des Talibans et l'Irak baassiste de Saddam Hussein en déployant plus de 150 000 hommes au sol ; Washington menait depuis des décennies une politique de statu quo au Moyen-Orient et protégeait la stabilité des régimes « amis » en place ? Bush ne jure plus que par la démocratisation et la libéralisation de la région. Le candidat Bush répugnait aux aventures militaires à l'extérieur ? Voici, au contraire, l'Amérique « en guerre contre la terreur », déterminée à démocratiser la région pour couper les racines du mal islamiste. C'est l'heure de gloire des néoconservateurs.

L'acmé des néoconservateurs

Ces attaques du 11 septembre, ils les ont prévues ou presque. Les néoconservateurs, ce petit groupe d'intellectuels et de politiques influents au sein de la droite, mais venus pour la plupart de la gauche, voire de l'extrême gauche trotskiste, n'ont jamais cru aux douces sirènes du « nouvel ordre mondial » proclamé triomphalement par Bush père en 1991 au sortir de la Guerre froide et de la guerre du Golfe. Et encore moins aux chimères de la « fin de l'Histoire » à la Fukuyama. Pour eux, l'aube du XXIe siècle ne pouvait être que troublée et sanglante. Loin de constituer une période d'apaisement stratégique pour les Etats-Unis, l'après-Guerre froide, malgré la disparition de l'Union soviétique, créerait au contraire un vide de puissance, augurant l'apparition de nouvelles menaces, de zones grises incontrôlables. De cette planète balkanisée dont ils étaient les Cassandres, une zone en particulier s'imposerait comme le concentré de tous les dangers, de toutes les instabilités : le Moyen-Orient. Cœur de l'islamisme radical, épicentre de la prolifération des armes de destruction massive de tous types, le Moyen-Orient était aussi le lieu de tous les conflits (Liban, Israël, Iran, Irak), de tous les terrorismes, le centre de la haine anti-américaine.

Déjà, pendant la Guerre froide, ils avaient mené le combat contre la politique de détente, voulue par l'école réaliste, dont Henry Kissinger est et demeure l'incarnation. Ce sont eux qui furent à la pointe de la croisade contre « l'Empire du mal » soviétique que mena Ronald Reagan. L'écroulement de l'URSS, et la soif de liberté et de démocratie des Européens de l'Est, enfin débarrassés du joug russe et communiste, ont validé leurs certitudes : face à la tyrannie, la passivité ne paye pas. Les néoconservateurs sont des promoteurs ardents de la démocratie, quitte à l'imposer par la force des baïonnettes ; ils estiment que la liberté et l'égalité sont des valeurs universelles et que leur promotion permettra seule d'assurer la stabilité de l'ordre international. De leur maître à penser, le philosophe Leo Strauss, ils ont retenu la dénonciation du relativisme culturel et de l'égalitarisme permissif, sources de faiblesses et de lâcheté devant les dictatures. Ils sont aussi persuadés de la « destinée manifeste » des Etats-Unis et de leur exceptionnalisme : l'« Empire de la liberté » selon la formule de Thomas Jefferson, qui a pour mission de libérer les peuples et non d'asservir ceux auxquels elle étendrait son influence. L'Amérique est la puissance du bien, la « benevolent power » : elle en tire une supériorité morale, dont ne peuvent se prévaloir les anciennes Républiques impériales européennes. Les néoconservateurs sont les héritiers des Présidents Andrew Jackson et Teddy Roosevelt, les précurseurs de l'impérialisme progressiste, et du Président Woodrow Wilson, le missionnaire de la démocratie, du droit des peuples à disposer d'eux-mêmes. La formule de « wilsonisme botté » utilisée par Pierre Hassner résume peu ou prou l'état d'esprit qui anime les néoconservateurs. Dans le monde de l'après-Guerre froide, sûrs de leur bon droit et de la liberté qu'ils servent, les Etats-Unis, unique hyperpuissance militaire, ne doivent pas craindre d'utiliser leur force au service de leurs justes ambitions politiques.

Leurs conceptions sont à l'opposé de la politique que mènent les Etats-Unis au Moyen-Orient au lendemain de la première guerre du Golfe. Les néoconservateurs voulaient renverser Saddam dans la foulée de la libération du Koweït. Un changement de régime aurait non seulement délivré les Irakiens d'un tyran sanguinaire, mais il aurait aussi permis d'ouvrir une nouvelle ère dans toute la région. Tout au long des années 90, les néoconservateurs peaufinent leur conception stratégique du nouveau Moyen-Orient. Ils calquent à la région le modèle de démocratisation qui avait si bien fonctionné avec l'URSS et l'Europe de l'Est la décennie précédente. Les sociétés civiles attendent leur libération ; les régimes autoritaires doivent se réformer ou disparaître ; les Etats-Unis doivent tenir compte de la nature des régimes avec qui ils traitent. Leur point de fixation demeure l'Irak de Saddam Hussein dont la dictature totalitaire, l'anti-américanisme véhément et la possession supposée d'armes de destruction massive, attisent leur acrimonie. En 1998, ils ont convaincu le Congrès de voter l'Iraqi Liberation Act puis le Président Clinton de le signer. Ce texte fait du changement de régime à Bagdad l'un des objectifs de politique étrangère des Etats-Unis.

A priori rien ne prédisposait ce petit groupe d'intellectuels, new-yorkais et juifs pour beaucoup d'entre eux, à faire cause commune avec George W. Bush, « born again Christian » et Texan d'adoption, aussi peu versé en politique internationale que dans la philosophie de Leo Strauss, chère aux Paul Wolfowitz, Richard Perle et autres William Kristol. « La déflagration du 11 septembre 2001 change tout. L'impensable est arrivé : la surprise stratégique, totale. Les néoconservateurs sont les seuls dont le discours donne un début d'explication à l'inexplicable qui vient de se produire. Ils vont convertir le Président [1]. »

---

1. Alain Frachon et Daniel Vernet, *op. cit.*, page 159.

George W. Bush, qu'on pourrait qualifier dès lors de
« born again neo-conservative », n'est pas le seul à être
séduit par leur vision. Son vice-président Dick Cheney et
le secrétaire à la Défense Don Rumsfeld, deux nationalistes durs, Condi Rice, une réaliste, les stratèges civils du
Pentagone où nombre de « néocons », comme Paul Wolfowitz, officient, médias et journalistes comme le chro-
niqueur vedette Tom Friedman du *New York Times*
reprennent leurs arguments qui sont aussi les miens : le
statu quo au Moyen-Orient est porteur de tous les dangers ;
il renforce les frustrations et nourrit le fascisme vert, l'islamisme radical, avec qui il faut lutter pied à pied comme
contre les précédents mouvements totalitaires.

A partir de ce diagnostic qui, je le répète, correspond
à l'analyse que j'avais moi-même développée au lendemain de la guerre du Golfe [1], la machine va toutefois
s'emballer. Après la guerre en Afghanistan, qui balaye en
quelques semaines le régime taliban et confirme l'incroya-
ble puissance militaire américaine, la « phase 2 » du
plan néoconservateur de « remodelage du Moyen-Orient »
commence. Objectif Bagdad : le point central de leur stratégie depuis plus de dix ans. L'administration Bush se per-
suade rapidement de la nécessité de renverser la dictature
baassiste de Saddam Hussein. Mais elle se révèle incapable d'expliquer les motifs de son action, ni de présenter
une vision cohérente de son plan de bataille. Elle accumule
maladresses et omissions, mensonges également. Pour
convaincre le Conseil de sécurité de l'ONU et la communauté internationale de la justesse de sa cause, sont tour à
tour évoqués la menace des armes de destruction massive
de l'Irak, notamment son arsenal nucléaire « récemment
reconstitué » ; ses liens prétendus avec le réseau Al Qaïda ;
la volonté de libérer le peuple irakien ; la certitude de provoquer une contagion démocratique au Moyen-Orient à

---

1. *Le Nouveau Monde, op. cit.*

partir du domino irakien. Compte tenu des antécédents de
l'Amérique dans la région, les deux dernières raisons
paraissent suspectes à nombre d'observateurs ; les libéraux
arabes, insuffisamment soutenus avant le 11 septembre,
sont particulièrement sceptiques. Quant aux deux premières, elles ne seront jamais prouvées, ni avant, ni après
guerre, malgré la laborieuse présentation sur transparents
de Colin Powell au Conseil de sécurité en février 2003...

A cette confusion politique s'ajoute la personnalité de
George W. Bush, totalement transfiguré par les attaques du
11 septembre. Celles-ci ont fait naître chez lui comme une
vocation missionnaire : Bush se voit en nouveau Churchill,
dont le buste trône désormais dans le Bureau ovale. Vocation est le mot qui s'impose, puisqu'à la tuerie aveugle au
nom de Dieu, répond une guerre contre le terrorisme, qualifiée de « lutte du Bien contre le Mal ». Qu'importe si,
comme le remarque justement Zbigniew Brzezinski dans
son ouvrage *Le Vrai Choix*, l'ennemi est à peine désigné :
Bush érige l'Amérique en « Empire du bien », ultime rempart de la civilisation contre la barbarie. Il faudra attendre
la fin de son premier mandat et le début du second pour le
voir enfin articuler un discours rationnel fondé sur l'objectif de démocratisation du Grand Moyen-Orient, loin des
références religieuses, qui, si elles passent bien auprès
d'un certain électorat américain, troublent la communauté
internationale. Parallèlement, la nouvelle doctrine stratégique adoptée en septembre 2002 proclame que les Etats-
Unis s'arrogeront le droit d'agir, si nécessaire, de leur
propre chef, afin d'exercer leur droit à l'auto-défense par
des actions au besoin préventives. La doctrine de la
« guerre préventive » affole les chancelleries européennes :
nous voici en effet à mille lieues de la « société démocratique mondiale » régie par le droit international, telle
qu'elle est prônée par la France... Après l'ingérence humanitaire à la française, voici l'ingérence sécuritaire à l'amé-

ricaine, autorisant Washington à ignorer les frontières et à intervenir dans les Etats qui abritent ou aident les ennemis de l'Amérique. Conséquence immédiate : l'augmentation importante des dépenses militaires américaines – désormais égales à 40 % des dépenses militaires du monde. L'Irak sera le premier point d'application de cette stratégie.

Irak : le fiasco imprévu

Quand ils redessinaient l'Irak de l'après-Saddam à Washington, les néoconservateurs, pourtant férus d'histoire militaire, oublièrent ce principe fondamental énoncé par le stratège prussien Clausewitz : « Toute guerre doit être avant tout comprise d'après la probabilité de son caractère et de ses traits dominants, tels qu'on peut les déduire des données et des circonstances politiques. » Eussent-ils médité cette sage maxime, ils auraient sans doute évité à l'administration américaine en Irak nombre d'erreurs après la chute du régime baassiste.

Avant même l'entrée en guerre des forces américaines en mars 2003, la Maison-Blanche avait été abreuvée d'études la mettant en garde sur la difficulté de l'exercice. La Rand Corporation, entre autres, s'était livrée à une étude comparative des opérations de « nation building » accomplies précédemment, notamment en Allemagne et au Japon après le second conflit mondial mais aussi à Panama, en Somalie, en Haïti, en Bosnie et au Kosovo après la fin de la Guerre froide. Les chercheurs de la Rand soulignaient trois leçons essentielles de ces expériences : les moyens financiers, le nombre de troupes déployées et le temps investi, le succès d'une opération de ce type étant proportionnel à ces trois données fondamentales. En 1945, les seules forces américaines dans l'ouest de l'Allemagne étaient au nombre de 1,6 million : un GI pour dix habitants. En Bosnie et au Kosovo, à la fin du conflit armé, ce chiffre était de 20 pour 1 000. Les expériences démocratiques antérieures, le niveau de développement économique et l'homogénéité ethnique et religieuse des populations sont d'autres données essentielles. La combinaison de ces trois facteurs explique en partie les succès enregistrés en Allemagne et au Japon. Autre point essentiel : sans la coopération et le soutien, au moins tacite, des Etats voisins, une opération de « nation building » est quasiment vouée à l'échec. Le bourbier somalien, soldé par le piteux départ des forces américaines en 1993, a apporté un enseignement supplémentaire : des forces de police en nombre conséquent doivent être déployées en même temps que les forces armées pour assurer la sécurité et l'ordre public lorsque l'autorité de l'Etat s'est évanouie, et que des risques d'anarchie existent. De même, le nombre de morts de la coalition internationale est proportionnellement inverse au nombre de troupes présentes sur le terrain des opérations : plus ces dernières sont nombreuses, moins les pertes sont importantes. En Allemagne, au Japon, en Bosnie et au Kosovo, les troupes alliées n'eurent à déplorer aucun mort au combat après la fin officielle des hostilités. Enfin, les opérations de nation building exigent des engagements de très longue durée : de l'Allemagne au Kosovo, du Japon à la Bosnie, plus de sept ans d'efforts et de présence militaire ininterrompus ont été nécessaires. Les deux provinces balkaniques demeurent d'ailleurs aujourd'hui de facto des protectorats internationaux.

D'autres études insistaient sur la nécessité d'un véritable plan stratégique pour l'après-guerre, articulé en plusieurs phases successives : restauration de la sécurité et mise en place d'institutions efficaces pour l'assurer, à commencer par la reconstruction d'un système judiciaire ; remise en état aussi rapide que possible des services de base (électricité, eau, livraison de carburants...), ainsi que des services éducatifs et sanitaires. Ceux-ci serviront de socle au redémarrage de l'activité économique. Dernier volet enfin, la reconstitution d'institutions politiques et administratives efficaces, légitimes et représentatives, la rédaction d'une nouvelle Constitution s'inscrivant dans cette ultime phase.

De même, avant le déclenchement des opérations, le Département d'Etat avait travaillé en profondeur sur l'histoire heurtée et violente de l'Irak, et son nationalisme très ombrageux, soulignant notamment l'expérience douloureuse du Protectorat britannique en 1920-24. Mais tout cela fut balayé par les néoconservateurs et le Pentagone, qui firent main basse sur la conduite non seulement de la guerre, mais aussi sur la reconstruction de l'Irak après la phase militaire. Balayées aussi, l'histoire des rébellions extrêmement violentes pendant l'occupation britannique des années 20, la violence de la vie politique irakienne depuis des décennies : du renversement dans le sang de la monarchie hachémite, au règne sans partage de la dictature du Baas en passant par les coups d'Etat des années 60. Balayées enfin, les divisions ethniques du pays et les souffrances des Chiites majoritaires, mais systématiquement écartés du pouvoir depuis la création artificielle de l'Irak par les Britanniques au lendemain de la Première Guerre mondiale.

Au lieu de tout cela, l'administration Bush et les néoconservateurs ont péché par optimisme et arrogance. Le plan de « nation building » pour l'Irak, d'une trop grande simplicité, tenait en quelques lignes directrices : la conduite de sa guerre proprement dite serait l'épreuve la plus difficile à surmonter. Et c'est d'ailleurs sur cette phase militaire que l'administration devait concentrer toutes ses ressources. Quant à la phase « d'après », le Pentagone, de l'aveu même de mes interlocuteurs américains, n'avait rien prévu. Pourquoi ? Tout simplement parce qu'une fois Saddam vaincu, les soldats américains seraient accueillis par les Irakiens reconnaissants comme des libérateurs et non comme des occupants. L'Irak de 2003 serait la Normandie de 1944. Sa transformation et sa modernisation seraient rapides et réalisées à des coûts relativement modestes (entre un et deux milliards de dollars, estimait-on avant guerre au Pentagone), aisément financés par les énormes richesses pétrolières du pays. Forte de ses convictions, l'administration n'a pas tenu compte des nombreux avertissements venus du Département d'Etat et de militaires chevronnés ayant participé aux opérations dans les Balkans, préférant s'appuyer sur les « conseils » intéressés d'Ahmed Chalabi, affairiste irakien émigré de longue date, mais proche de certains cerveaux néoconservateurs, comme Richard Perle. Le Pentagone a ainsi délibérément ignoré les travaux du « Future of Iraq Project », une équipe d'experts du Département d'Etat qui, sous la présidence de Thomas Warrick, un diplomate expérimenté, avait rassemblé 17 groupes d'opposants irakiens en exil [1]. A la fin de 2002, le Future of Iraq Project avait pourtant rassemblé dans 13 volumes des recommandations de toutes sortes pour la gestion de l'après-guerre. Les priorités étaient clairement définies : d'abord, restauration aussi rapide que possible de l'électricité et de la distribution d'eau, sur laquelle la population déterminerait son attitude vis-à-vis de la coalition, avait averti le groupe de travail. Il estimait qu'il faudrait procéder avec beaucoup de précaution à la démobilisation de l'armée de Saddam forte de plus de 400 000 hommes. La base devait en être épargnée, à la différence des officiers proches de l'ancien régime. Le Département d'Etat mettait également en garde contre de

---

1. James Fallows, « Blind into Baghdad », *The Atlantic Monthly*, janvier-février 2004.

potentiels « troubles sociaux » au cas où l'armée serait totalement dissoute. Ses avertissements portaient notamment sur les conséquences de l'effondrement du régime baassiste, les risques de pillage et de règlements de comptes. L'occupation militaire devait être la plus courte possible : les Irakiens, peuple fier, n'accepteraient pas longtemps de travailler pour les Américains. Leur conclusion était que le « nation building » de l'Irak serait difficile, aussi ardu et exigeant en hommes, en moyens et en temps que ceux de l'Allemagne et du Japon...

A la guérilla bureaucratique « classique », pour qui connaît Washington, entre le Pentagone et le Département d'Etat, s'ajouta celle qui à l'intérieur du DOD (Department of Defense) opposa – et oppose toujours – les chefs militaires aux « civils » de l'équipe Rumsfeld. Les premiers exigeaient pour accomplir la mission une troupe suffisamment nombreuse, au moins de 400 000 hommes sur le terrain, surtout dans la perspective de l'après-guerre et du maintien de l'ordre. Un contingent proportionnellement comparable à celui du Kosovo aurait dû être de 500 000 soldats. Mais Donald Rumsfeld, promoteur de la guerre scientifique et techno, ne l'entendait pas ainsi. Il estimait qu'une force de 75 000 soldats serait suffisante pour sécuriser le nouvel Irak. Finalement 138 000 Américains et 23 000 soldats alliés sont entrés en Irak, un niveau qui devrait rapidement s'avérer insuffisant pour sécuriser ce pays. Dans un document publié en février 2003 intitulé « Reconstructing Iraq [1] », le War College avait pourtant déconseillé un démantèlement complet de l'appareil bureaucratique irakien et une occupation militaire trop longue. Pour permettre une transition en douceur, les

---

1. « Reconstructing Iraq : Insights, Challenges and Missions for Military Forces in a Post-Conflict Scenario » disponible sur www.gulfinvestigations.net/img/pdf/reconirq. pdf.

troupes de la coalition devaient sécuriser les frontières, protéger les sites religieux et assurer les fonctions de police.

La désignation très tardive – le 20 janvier 2003 soit moins de deux mois avant le déclenchement des hostilités – de Jay Garner comme responsable du « nation building » de l'Irak illustre les errements d'avant guerre de l'administration Bush. Ce général en retraite dut monter en catastrophe une petite équipe qui partit de zéro ou presque : le Pentagone lui avait expressément demandé de ne pas tenir compte des estimations réalisées par les autres agences gouvernementales, jugées pessimistes et démoralisantes. Garner, qui s'était illustré en 1991 au Kurdistan où il avait supervisé les opérations humanitaires, concentra le peu de temps et de moyens dont il disposait à la prévention d'une crise humanitaire qui n'eut jamais lieu [1]...

Au cours des jours qui suivirent l'entrée des troupes américaines dans Bagdad, la ville fut pillée de fond en comble. Les ministères, les musées, la bibliothèque nationale, les administrations furent dévalisés au nez et à la barbe des troupes américaines impassibles qui n'avaient pas reçu l'ordre de s'interposer. Seul le ministère du Pétrole fut gardé, alimentant les suspicions de l'opinion publique mondiale quant aux objectifs réellement poursuivis par les Etats-Unis en Irak. Jay Garner fut remercié au début du mois de mai pour être remplacé par Paul Bremer, un diplomate certes francophone et francophile, mais totalement inexpérimenté en matière de « nation building ». L'une de ses premières décisions fut la démobilisation totale de l'armée irakienne et la dissolution du parti Baas. 450 000 hommes d'armes furent soudain jetés à la rue,

---

1. Carlos L. Yordan, « Failing to meet expectations in Iraq : a Review of the Original US Post-War Strategy », *Middle East Review of International Affairs*, mars 2004.

dépourvus de tout revenu. Beaucoup ne tardèrent pas à aller grossir les rangs des opposants armés à la présence internationale, avides de toucher quelques dollars pour faire le coup de feu ou percer un oléoduc. Des dizaines de milliers de fonctionnaires, d'instituteurs, de professeurs, membres du Baas pour pouvoir exercer leur métier au temps de Saddam, furent aussi renvoyés pour cause de débaassification, que les stratèges de Washington assimilèrent à la dénazification de l'Allemagne. Pour favoriser la renaissance de l'économie, Bremer décida d'ouvrir les frontières de l'Irak et de supprimer les droits de douane. Ces mesures facilitèrent en fait l'entrée d'islamistes radicaux par les frontières syriennes, saoudiennes et iraniennes et nuisirent au développement des entreprises irakiennes incapables de résister à leurs concurrentes étrangères après 30 ans d'économie planifiée. Washington ne sut pas non plus trouver de modus vivendi avec les voisins de l'Irak. Ces derniers, notamment la Syrie et l'Iran, inquiets de l'émergence possible d'un nouvel Irak fort et démocratique, s'ingénient depuis 2003 à déstabiliser le pays tout en évitant de provoquer son effondrement qui pourrait leur être également fatal. Les atermoiements et les erreurs commises au cours des deux premiers mois de l'occupation par l'administration américaine ont scellé le sort du « nation building » irakien.

Les Etats-Unis n'ont jamais réussi à sécuriser le pays. A l'heure où sont écrites ces lignes, plus de deux années et demie après la chute de Bagdad, l'Irak demeure en proie à des violences quotidiennes émanant de groupes divers, tous ligués contre les occupants américains et les nouvelles autorités de Bagdad. A tour de rôle ou ensemble, les anciens baassistes et partisans de Saddam Hussein, les nationalistes, les islamistes, des milices chiites et des terroristes étrangers, pour qui l'Irak est devenu terre de Djihad, multiplient les attaques armées et les attentats suicides ; les prises d'otages d'étrangers, des chauffeurs de camions turcs aux hommes d'affaires levantins, des journalistes occidentaux aux diplomates iraniens ou arabes se succèdent. Le groupe d'Al Zarqaoui, représentant d'Al Qaïda en Irak, fait régner la terreur. Attaques suicides, décapitations, exécutions sommaires, règlements de comptes, enlèvements : l'après-guerre ne ressemble guère aux plans très optimistes des néoconservateurs.

L'insécurité persistante a de fait saboté la reconstruction physique et économique du pays. A la veille de sa dissolution, le 30 juin 2004, l'autorité provisoire de Paul Bremer (CPA) n'avait tenu aucun de ses objectifs. La nouvelle armée irakienne ne comptait que le tiers des forces qu'elle aurait dû compter à cette date ; alors que le chômage touchait plus de la moitié de la population active, seulement 15 000 Irakiens avaient trouvé un emploi dans les travaux de reconstruction financés par les Etats-Unis [1] contre un objectif initial de 250 000 ; les déboursements de l'aide ont pris du retard – sur les 18,4 milliards de dollars promis par le Congrès à l'automne 2003, seulement 544 millions de dollars avaient été dépensés dix mois plus tard [2]. Les centrales électriques ne tournaient qu'à 30 ou 40 % de leur capacité – Bagdad ne recevait que la moitié de l'électricité dont elle a besoin – et le réseau de distribution, visé par de nombreux sabotages, était toujours aussi mal en point. Les queues devant les stations-service pour s'approvisionner en essence n'avaient pas disparu et l'Irak, superpuissance pétrolière, devait importer du carburant du Koweït et de Turquie ! L'industrie pétrolière n'avait pas retrouvé ses niveaux de production d'avant guerre (2,8 millions de

---

1. Rajiv Chandrasekaran, « US Fails to Fulfill Key Goals in Iraq », *Wall Street Journal*, 21 juin 2004.
2. *La Tribune*, 5 août 2004.

barils par jour). L'insécurité faisait fuir la plupart des travailleurs étrangers, laissant de nombreux projets en friche. Le personnel des ONG et des organisations internationales (FMI, Banque mondiale, PNUD...) a également dû être rapatrié, après la décapitation de la mission de l'ONU à Bagdad en août 2003. Les rares bénéficiaires du bourbier irakien étaient les compagnies de sécurité privée : elles avaient déjà empoché plus de 2 milliards de dollars fin 2004. Un sondage réalisé quelques jours avant le départ de Paul Bremer indiquait que 85 % des Irakiens ne faisaient plus confiance à l'autorité provisoire dont il était à la tête.

« J'espère sincèrement que vous savez ce que vous faites là. Oh ! Je ne doute pas que vos intentions soient bonnes, elles le sont toujours. Je souhaiterais parfois que vous ayez quelques mauvaises intentions, cela vous ferait comprendre un peu mieux les êtres humains. Et ce que je dis s'applique aussi à votre pays, Pyle [1]. » Pyle est l'Américain bien tranquille du roman éponyme de Graham Greene. L'agent Pyle débarque en Indochine au début des années 50 pendant la guerre. Convaincu du bien-fondé de sa cause, il mène candidement des opérations de subversion afin d'ouvrir une éventuelle troisième voie qui permettrait d'empêcher la victoire des communistes, ce dont la puissance coloniale française se révèle incapable. Malgré sa bonne volonté, il provoque des catastrophes et finit par échouer. L'après-guerre en Irak semble avoir été conçu par l'administration Bush avec les mêmes certitudes que celles du jeune et naïf Pyle à son arrivée en Indochine, qui lui valurent tant de désagréments – il disparaît à la fin du roman : même dogmatisme, même arrogance teintée de bons sentiments, même ignorance des « facteurs humains », même déni de la réalité... Après leur guerre éclair, les Américains ont été confrontés à « l'impuissance

---

1. Graham Greene, *Un Américain bien tranquille*, 10/18, page 179.

de la victoire » qu'ont connue tant de grands conquérants.
Par manque de préparation, par sa lecture biaisée de l'Histoire, par sa méconnaissance de l'Irak, « la gestion de
Rumsfeld a été calamiteuse [1] », reconnaît après coup Bill
Kristol, l'un des grands théoriciens de l'école néo-
conservatrice. Ses amis du Pentagone, les cerveaux du
nation building irakien, ont en effet multiplié bévues et
maladresses alors que nombre d'entre elles auraient pu être
évitées si les préparatifs de l'après-guerre s'étaient effec-
tués plus méticuleusement et non dans cette fièvre mystique et quasi révolutionnaire qui s'était emparée de
Washington et plus particulièrement du ministère de la
Défense en ce début d'hiver 2003. A ce stade, une autre
comparaison paraît s'imposer. Les néoconservateurs n'ont-
ils pas commis les mêmes erreurs que la génération des
« best and brightest », ces jeunes universitaires surdoués
officiant pour la plupart à Harvard, qu'avait réunis autour
de lui John Kennedy, et qui finirent par le convaincre,
modèle et théorie à l'appui, que les Etats-Unis devaient
s'engager au Vietnam [2] ? Raymond Aron disait des civils
qui ont dirigé la guerre du Vietnam qu'« ils n'avaient pas
beaucoup pensé la guerre. Ils s'y sont lancés avec une
inexpérience, des maladresses incroyables, de telle sorte
qu'ils ont donné l'impression d'être responsables de cette
guerre, d'être coupables et par-dessus le marché d'être bat-
tus, ce qui était le pire [3] ». Etonnantes similitudes à 40 ans
d'intervalle...

Le scandale des tortures de la prison d'Abou Ghraib,
ancien haut lieu des exactions des sbires de Saddam Hussein, a provoqué – à juste titre – l'opprobre de la communauté internationale. La circulation dans le monde entier
de photos de prisonniers irakiens maltraités, dont l'une, en

1. *Le Nouvel Observateur*, 27 novembre 2003.
2. James Fallows, *op. cit.*
3. Raymond Aron, *Le Spectateur engagé*, *op. cit.*, page 221.

montrant un Irakien nu, menacé par un chien tenu en laisse par une jeune femme rieuse, concentre à elle seule tous les interdits ou presque de la culture islamique. Avec ce scandale, la crédibilité du discours américain sur son entreprise de démocratisation et sa volonté d'inculquer une culture des Droits de l'homme en Irak et au Moyen-Orient ont été réduites à néant. Le nouvel Irak n'est pas celui qu'avaient imaginé les concepteurs de l'opération « Iraqi Freedom ». A l'heure où sont écrites ces lignes, les plus grandes interrogations sur son avenir demeurent en suspens. Quelle sera la teneur de la nouvelle Constitution ? Quelle place accordera-t-elle à l'islam ? Comment les Sunnites seront-ils intégrés à la vie politique ? Combien de temps encore les terroristes nihilistes du groupe d'Al Zarqaoui vont-ils semer la mort et s'ingénier à pousser les communautés sunnites, chiites et kurdes à la guerre civile ? Quelles seront à l'avenir les relations entre le futur gouvernement irakien, très certainement dominé par les Chiites, et Washington ? Quelle sera l'influence de l'Iran et comment réagiront les régimes sunnites voisins à l'émergence d'une puissance chiite arabe ?

Le Moyen-Orient attend toujours son « remodelage »

Le pire n'est pas toujours sûr... Churchill ne disait-il pas des chefs de guerre américains pendant la Deuxième Guerre mondiale qu'on « pouvait compter sur les Américains pour essayer toutes les mauvaises solutions, avant éventuellement de trouver la bonne » ? Si l'occupation américaine a largement tourné au fiasco depuis l'été 2003, l'histoire de ce pays comme du Moyen-Orient en général s'est remise en marche. Les « néoconservateurs » voulaient redessiner la carte du Proche-Orient héritée des

accords Sykes-Picot de 1916, et remplacer l'ordre géopolitique instable créé par les colonialistes français et britanniques au lendemain de la Première Guerre mondiale, par
un nouvel ordonnancement régional, moins menaçant pour
les démocraties occidentales. L'idée maîtresse était qu'en
forçant le mouvement, plutôt qu'en maintenant coûte que
coûte l'apparente « stabilité » des régimes en place, l'on
finirait à terme par éradiquer les racines du terrorisme, en
même temps que l'on régulait les conflits de la région et de
la course aux armes de destruction massive.

La thèse inverse, on l'a vu, était et demeure soutenue en
France. Intervenir en Irak, disait un haut responsable français à la veille de l'invasion, serait comme « approcher un
briquet d'une pièce pleine de gaz. Tout explosera ». Ce à
quoi je rétorquai : « La méthode du briquet est en effet
dangereuse, mais que proposons-nous, nous Français, pour
ouvrir les fenêtres et évacuer le gaz ? »

En réussissant brillamment leur Blitzkrieg, puis en
échouant dans la phase politique de l'occupation, les Américains ont très exactement reflété la puissance qu'ils sont
devenus : à la fois superpuissante militairement, mais politiquement inepte, sans connaissance, sans « feeling », ce
qui est plus grave, pour le monde extérieur – à commencer
par le monde arabe. Mais, malgré les échecs et les erreurs,
le germe de la réforme de la région a été planté.

Le 30 janvier 2005, des millions d'Irakiens ont bravé les
menaces terroristes pour se rendre en masse dans les
bureaux de vote. Ce scrutin historique, tenu dans certaines
régions dans des conditions de sécurité très difficiles, a
démontré que la population avait à cœur de tourner la page
de la dictature baassiste et de s'exprimer, enfin ! sur son
avenir politique. Les Irakiens ont aussi adressé la meilleure

des ripostes – le civisme et le courage – à ce que certains en France continuent d'appeler « résistance », je parle des groupes islamistes et baassistes qui font régner la terreur. Grâce à l'intervention américaine, les Irakiens ont retrouvé leur liberté de parole qu'ils expriment dans une presse indépendante, bouillonnante et affranchie.

Si le pays parvient à éviter la guerre civile – ce qui devrait être à présent la première priorité de l'ensemble de la communauté internationale sur ce dossier – alors, à tout le moins, un autre avenir sera possible pour le peuple irakien. Un avenir autre que la perpétuation de la dictature sanguinaire de Saddam et de ses fils, qui à coup sûr se serait produite sans l'intervention américaine.

S'il est de bon ton d'expliquer en France et en Europe que la guerre en Irak a alimenté les réseaux du terrorisme mondial, de l'autre côté, celui des peuples, musulmans et arabes, pourquoi ne pas voir aussi les prémices, sinon d'un « printemps », du moins d'un frémissement de la démocratie [1] ?

En Afghanistan, malgré vingt-cinq ans de guerre, la pauvreté, les destructions des infrastructures et de tout l'appareil d'Etat, 80 % des Afghans dont la moitié de femmes ont participé à l'élection présidentielle de décembre 2004 qui a vu la victoire du Président Karzaï. Là aussi rien n'est réglé : le trafic d'héroïne est proprement catastrophique et les Talibans n'ont toujours pas désarmé. Mais le cap a été changé : élections législatives, reconstruction progressive de l'autorité de l'Etat sur l'ensemble des provinces, le pays doucement renaît, dans un avenir autre que celui du régime fascisant des Talibans.

---

1. Signe des temps, deux ans après l'entrée des forces américaines en Irak, *Le Monde*, pourtant peu suspect de soutenir la politique de Washington, titrait à la une « Le Proche-Orient bouge : faut-il remercier Bush ? », *Le Monde*, 9 mars 2005.

De même en Palestine, où là encore rien n'est réglé. Mais n'a-t-on pas vu, là aussi, l'élection démocratique de Mahmoud Abbas au début 2005, suivie par des élections municipales ? Après les décennies du règne confus et corrompu d'Arafat, les bases d'un vrai débat politique sont en train de se mettre en place dans les villes comme au Conseil législatif palestinien, qui lui aussi va être renouvelé par l'élection. Au Fatah de faire la preuve qu'il peut construire un véritable Etat, et reprendre le contrôle de la force publique sur les nombreuses milices du Hamas ou du Djihad qu'Arafat avait laissées prospérer.

N'en déplaise aux partisans du statu quo et aux contempteurs permanents de l'Amérique, ceux-ci se sont trompés sur un point essentiel : les peuples du Grand Moyen-Orient veulent désormais faire entendre leur voix et participer à la vie politique de leurs pays.

N'en déplaise à tous ceux qui estimaient péremptoirement que les peuples arabes étaient inaptes à la démocratie et devaient être gouvernés par des régimes « forts », ces peuples ont montré qu'ils voulaient eux aussi prendre leur destinée en main, désigner librement leurs dirigeants, bref choisir une vie démocratique corollaire du développement économique et social. Certes, la plupart des pays de cette vaste zone n'en sont évidemment qu'au début du processus de maturation démocratique. Mais des bourgeons pointent un peu partout, signe que quelque chose a finalement changé dans la région. Il était impensable, il y a seulement quelques années, que la grande majorité de la population libanaise se dresse unie contre ses occupants syriens pour les chasser. Telle a pourtant été sa réaction après l'assassinat de l'ancien Premier ministre Rafic Hariri.

D'autres signes, jugés précédemment impensables, se manifestent : annonce d'une amorce de multipartisme en Egypte, élections municipales en Arabie Saoudite, ouverture politique dans les Emirats du Golfe, et même – et c'est peut-être un vrai signe d'espoir pour l'avenir – un soutien moins affirmé des opinions publiques arabes en faveur du terrorisme islamique [1]...

La guerre en Irak fournit un second enseignement, lui aussi porteur d'espoirs : aussi puissants soient les Etats-Unis, ils ne disposent pas des moyens pour mener seuls une guerre, une occupation et une reconstruction. « Le mode unilatéral [de l'administration Bush] achoppe sur la complexité d'un monde où, certes, sans les Etats-Unis, rien ou presque ne peut être fait, mais qu'ils n'ont pas pour autant, à eux seuls, les moyens de gérer [2] », relève justement Pierre Melandri. Au Moyen-Orient ils ont particulièrement besoin de leurs partenaires européens, ce dont ils semblent avoir pris conscience. Au début du second mandat de George W. Bush semblent s'esquisser une volonté mutuelle de rapprochement des deux côtés de l'Atlantique et un retour du balancier vers « l'école réaliste » en politique étrangère. C'est dans cet esprit que doit être abordé le projet américain de « Greater Middle East », dont les objectifs sont la promotion de la démocratie et de la bonne gouvernance, l'édification d'une société du savoir et la croissance de l'économie. Les Européens poursuivent rigoureusement les mêmes dans le cadre du partenariat « Euromed » lancé en 1995 qui encourage « le respect des principes démocratiques et des droits de l'homme », mais dont la partie démocratique, justement, de l'aveu même de la Commission, n'a guère prospéré. L'Occident a tout intérêt à coopérer à ce qui paraît être son

---

1. Ainsi, une enquête d'opinion réalisée par l'institut américain Pew Research Center au printemps 2004 et publiée en juillet de la même année révélait que la popularité de Ben Laden était en chute libre dans des pays comme le Maroc (26 % au lieu de 49 % deux ans plus tôt) et en Indonésie (35 % au lieu de 58 %). L'opinion marocaine semble avoir sensiblement évolué : 79 % des Marocains estimant que les attaques contre des civils ne sont jamais justifiées, alors qu'ils n'étaient que 38 % dans ce cas en 2004.

2. Pierre Melandri, *op. cit.*

plus grand défi pour les 25 prochaines années. Le monde arabo-musulman ne réussira sa mue libérale, vitale s'il veut éloigner le spectre islamiste, que s'il reçoit le concours de l'Europe et des Etats-Unis, unis dans une même stratégie d'ensemble. Un nouveau partenariat est possible à deux conditions : les Etats-Unis doivent revenir à la table de jeu sans la renverser à la moindre opposition ; de son côté, j'en reparlerai, la France, dont le poids demeure essentiel dans la définition de la politique européenne en Afrique du Nord et au Moyen-Orient, doit cesser de cautionner le statu quo, source des injustices et en définitive meilleur allié du totalitarisme islamiste.

Là en effet réside la leçon principale de l'Irak : dans le monde chaotique qui est désormais le nôtre, où la guerre n'est plus de mise entre Etats souverains, mais où elle s'invite chez nous par le terrorisme né dans des régions lointaines du désespoir de millions de jeunes hommes et femmes privés d'avenir, le débat entre « réalistes » et « interventionnistes » n'est simplement plus de mise.

La Realpolitik classique, « à la Kissinger », est morte avec l'URSS et la Guerre froide. Elle supposait un jeu bien réglé entre Etats souverains solidement installés ; elle supposait aussi la soumission de leurs citoyens à l'autorité étatique. A une époque où la guerre était exclusivement l'affaire des Etats, où son objet était d'abord la conquête territoriale, la doctrine réaliste permettait alors à un Etat, fût-ce en sacrifiant la morale, de garantir sa sécurité, en se protégeant des politiques internes menées par son voisin.

C'est ce que nous avons fait, tout au long de la Guerre froide face à l'URSS. La dissuasion nucléaire, arme suprême du statu quo, venait en quelque sorte consolider le système.

Mais ce monde-là est mort depuis quinze ans. A sa place, émerge un système qui voit coexister dans une instabilité sans précédent, les Etats souverains d'hier à la fois surpuissants mais terriblement vulnérables, et des zones entières livrées au chaos, où les régimes en place en faillite fabriquent, tolèrent ou sont impuissants, face à des groupes criminels ou terroristes nationaux ou transnationaux.

Dans ces conditions, et à moins de penser comme certains idéalistes « post-kantiens », que tout cela se réglera, comme par enchantement, par la grâce de l'ONU, du droit international ou de la « démocratie mondiale », le « réalisme » impose que, pour défendre New York, Londres ou Paris contre ces agressions venues de « l'autre monde », il faille non pas chercher à conforter un statu quo qui n'existe pas, mais au contraire à intervenir.

Or l'Irak, tout comme les Balkans, ont montré combien l'intervention est difficile. Il est plus simple de renverser Saddam, le régime taliban ou Milosevic que de reconstruire, à partir des gravats de la guerre, un Etat en ordre de marche. Même après des années de présence et d'efforts, des dizaines de milliers de soldats et des dizaines de milliers de dollars, la Bosnie, sans même parler du Kosovo, demeurent très fragiles. Plus encore l'Afghanistan et bien sûr l'Irak.

Mais avons-nous d'autres choix ?

III

REBONDIR ?

D'une déraison française

Les chapitres qu'on vient de lire brossent, j'en ai conscience, un tableau sans complaisance de l'état de la France et du monde face à nous. Un tableau dur. Trop dur, diront certains. D'autres le jugeront exagéré, désespéré même : « N'y a-t-il donc aucun signe, aucun message d'espoir pour éclairer le chemin ? »
Justement.

Dans la vie des hommes, comme celle des nations, on ne peut rebondir, repartir de l'avant qu'après avoir pris conscience, pleine conscience de la situation où l'on se trouve. L'alternative, sinon, est de continuer à s'enfoncer... C'est cette prise de conscience que j'ai voulu contribué à déclencher. Voulant faire réfléchir mes concitoyens, les alerter sur l'urgence de choix que nous ne pouvons plus différer, peut-être ai-je, ici ou là, forcé le trait. Je demande qu'on ne m'en tienne pas rigueur : jusqu'ici, rares sont les politiques qui se sont livrés à pareil exercice, en en prenant tous les risques. Et puis surtout le fond de l'analyse, j'en suis persuadé, demeure hélas juste : jamais dans notre histoire, sauf peut-être dans l'entre-deux-guerres, le décalage n'aura été aussi grand entre la société onirique dont rêvent les Français – le village heureux d'Amélie, acteur respecté d'un monde pacifié et démocratique – et la réalité crue, infiniment plus dure d'une *République immobile* face à un *Nouveau Monde* devenu à la fois hypercompétitif et dangereusement instable. Le moment est donc doublement historique.

Confusément, les Français ressentent cette contradiction. Désabusés, inquiets, parfois désespérés, ils vivent chaque jour une société fragilisée par le chômage de masse, alarmée par chaque délocalisation d'entreprise ; une société fracturée de l'intérieur par une immigration mal gérée, mal intégrée où l'école n'intègre plus, pas plus qu'elle n'assure désormais l'égalité des chances ; un pays enfin qui, comme les autres, risque à tout moment d'être pris pour cible par le terrorisme.

Face à cette avalanche de problèmes, de maux devant lesquels le « système » est semble-t-il impuissant, beaucoup ont renoncé et ont décidé de tenter leur chance ailleurs : 300 000 Français souvent les plus jeunes et les plus créatifs ont émigré à Londres, 400 000 aux Etats-Unis, 150 000 en Belgique et autant en Suisse. Hémorragie terrible, de talents, de cerveaux et d'argent, rarement évoquée bien sûr, dans le débat public – sauf sous l'angle réducteur des « nouveaux émigrés de l'ISF » donnés en pâture aux médias. Ceux qui restent n'ont plus confiance : ni dans leurs dirigeants qu'ils « zappent » d'une élection à l'autre, ni même dans l'ambition européenne que les Français avaient cependant voulue et initiée au lendemain du deuxième conflit mondial.

Voici donc le triste tableau qu'offre la France de ce début de siècle : un pays malade qui oscille entre le « non » chaque fois qu'il en a l'occasion, et la résignation. C'est tout à la fois la France « malheureuse » et « dépressive » que décrit Marcel Gauchet, et celle qui « gronde » que perçoit Nicolas Sarkozy.

Le plus irritant – mais c'est là aussi que réside l'espoir du rebond – est que nos atouts, malgré la gabegie et le temps perdu, restent (pour un temps encore intacts) : notre démographie est plutôt meilleure que celle de nos principaux voisins ou partenaires ; nous avons les cerveaux et de formidables pôles d'excellence technologiques au plus haut niveau mondial dans beaucoup de secteurs clés (électronique, aéronautique et espace, nucléaire et même avec ITER, fusion thermonucléaire – l'énergie de demain) ; nous avons la deuxième industrie agro-alimentaire du monde après celle des Etats-Unis, et probablement les meilleures infrastructures d'Europe ; enfin, s'agissant de notre sécurité, nous avons des services et des soldats extrêmement professionnels et respectés de tous... même si les budgets d'équipement ne suivent pas toujours...

Bref, si l'on cumule tous ces atouts avec l'abondance de notre épargne et la qualité de nos entrepreneurs, la route devrait pouvoir s'ouvrir toute grande devant nous pour rebâtir croissance et plein-emploi dans une économie ouverte, et redonner ainsi à la France à la fois confiance en elle-même et une nouvelle ambition pour le rayonnement de nos valeurs à travers le monde.

Mais si nous restons bloqués sur le bord du chemin, alors que tous nos partenaires (même les Allemands !) sont repartis de l'avant après avoir entrepris les réformes nécessaires, ce n'est pas – ou ce n'est pas seulement – comme le dit Nicolas Baverez [1], parce qu'à « l'image du Royaume-Uni dans les années 70, ces leviers de développement sont stérilisés par un modèle social hors d'âge ». Notre modèle social est en effet « hors d'âge ». Mais il n'est pas la cause de l'immobilisme, donc du déclin français ; il en est simplement l'une des manifestations, à côté entre autres d'une politique étrangère, on l'a vu, elle aussi conservatrice et

---

1. « Doit-on sauver le modèle français ? », *Le Point*, 21 juillet 2005.

incantatoire, même si l'on s'acharne à en glorifier (comme pour notre fameux « modèle social ») l'apparence de mouvement et de modernité.

C'est donc la cause de ce conservatisme français tant à l'intérieur qu'à l'extérieur qu'il convient maintenant de chercher à identifier. L'affaire est difficile tant les racines du mal sont complexes et profondes dans notre histoire.

A l'intérieur, le poids de l'Etat, sans commune mesure avec celui de nos partenaires européens, s'est transmis presque intact depuis le Roi Soleil et l'Empire. Dans nombre d'agences publiques, nous avons encore des traces vivantes de Colbert : ainsi les ouvriers de nos arsenaux militaires, ou les charges de certains de nos officiers ministériels...

De même, la tradition sociale en France, caractérisée par l'affrontement de « classes », plutôt que par le dialogue entre « partenaires » sociaux, est directement issue des luttes ouvrières très violentes chez nous tout au long du XIXᵉ siècle jusqu'au deuxième conflit mondial. Ce système-là ne connaît pas la réforme par le dialogue permanent. Il ne sait que conserver le statu quo, jusqu'à l'affrontement suivant.

A l'extérieur, l'ambition d'universalisme héritée de la Révolution et de l'Empire, puis de la colonisation, encore vivace lors du premier conflit mondial, subit depuis cette date à la fois les contraintes nées de la diminution du poids relatif de la France au regard d'autres « Grands » apparus depuis (à commencer par les Etats-Unis), mais également le contrecoup de tout le sang versé par le passé. On ne le dira jamais assez : la France ne s'est jamais remise de la terrible hémorragie de la Grande Guerre : 1,5 million de tués, 4,5 millions de blessés ! Pas un village, pas un hameau de la terre de France qui n'ait payé le prix du sang ! Là est la racine première du réflexe pacifiste de l'entre-deux-guerres, et de la politique d'apaisement, catastrophique, pratiquée (avec les Anglais, et pour les mêmes raisons !) face au péril hitlérien.

De même, le fort consensus national autour de la force de frappe nucléaire constituée par le général de Gaulle à partir de 1958 reflétait-il fondamentalement ce même désir d'échapper une fois pour toutes à la guerre et à l'envahissement. Il en va de même, dans une certaine mesure pour nos guerres coloniales, que volontairement nous avons évacuées de notre mémoire collective, pour y substituer une version « plus moderne », plus politiquement correcte de notre ancien universalisme : la paix, la générosité mais dans « le respect des cultures » et du droit international et de préférence pour « l'humanitaire » uniquement. Ainsi, le poids de notre histoire est-il partout lisible dans une diplomatie qui, sous l'apparence de « l'indépendance » et de l'humanisme, se borne en fait à conserver, autant que possible, l'existant.

Mais au-delà de ces legs de l'Histoire, une cause plus profonde encore mérite notre attention. C'est notre propension nationale fort ancienne, elle aussi, et que Tocqueville avait identifiée, qui fait que la France n'aime pas se résoudre au principe de réalité, naturel dans la culture anglo-saxonne. Qu'elle ne cesse de courir derrière une société « imaginaire » où « la passion égalitariste » a parfois tendance à l'emporter sur l'exigence de liberté.

C'est un fin observateur de notre pays, l'Américain très francophile (car cela existe !) Ezra Suleiman, qui parle au lendemain du 29 mai d'« un délire français » : « quand la réalité ne vous plaît pas, on peut toujours créer – écrit-il – (au moins dans la tête) une autre réalité, et se payer de mots ».

Commencée dans l'ambition et la modernisation à marche forcée du pays, la Vᵉ République, finissante aujourd'hui, ne cesse de se raconter des histoires. De se mentir à elle-même. Elle glorifie chaque jour, on l'a vu au fil des chapitres précédents, tantôt son modèle social, « le meilleur du monde » naturellement, tantôt s'invente un grand dessein européen (dont nos partenaires ne veulent pas et que nous finissons par fusiller nous-mêmes un certain 29 mai, mais qu'importe !). On s'autoproclame l'architecte en chef d'une imaginaire « démocratie mondiale » partageant partout « les mêmes valeurs ». Cela alors que nous sommes confrontés à une véritable guerre terroriste à l'échelle de la planète ! Quand la réalité ne nous plaît pas, nous pouvons aussi l'ignorer : c'est le cas des dossiers extraordinairement difficiles de l'intégration des populations immigrées et de l'islam en France. Là, nous préférons nous réfugier dans les bons sentiments (la France « black-blanc-beur ») et laisser des décennies durant prospérer les extrémismes (celui des islamistes, comme celui du FN) sur fond de ratage de notre « modèle d'intégration à la française »... jusqu'à l'explosion...

Qu'il s'agisse de social, d'Europe, de notre rapport à l'islam ou au monde, c'est peu dire que la responsabilité de la classe dirigeante – dont j'ai conscience de faire partie et dont je suis moi aussi comptable ! – dans cette fuite française devant la réalité est proprement écrasante.

S'agissant de nos grands dossiers économiques, un journaliste du *Monde*[1] a été jusqu'à parler de comportement

---

1. Eric Le Boucher, *Le Monde*, 30 mai 2005, *op. cit.*

« criminel » de la part de responsables politiques qui « savent très bien, à gauche comme à droite, ce qu'il faut faire » pour redresser l'économie du pays. Et l'auteur d'ajouter non sans raison : « Ce ne sont ni les diagnostics (les placards débordent de bons rapports), ni les remèdes qui manquent. Les solutions sont connues et elles sont soutenues par une très grosse majorité d'économistes... »

Le problème est que, justement, les économistes ne sont pas élus ! Face à une société fragilisée, où le dialogue social, inexistant (les syndicats représentent moins de 10 % des salariés et 5 % du secteur privé !) se déroule dans la rue sous la menace constante, de surcroît, de débordements extrémistes, la classe politique biaise, navigue à vue, ou verse carrément dans la démagogie. Les uns font pleuvoir les cadeaux sociaux – non financés bien sûr ! – au nom du « progrès » : RMI, 35 heures, CMU, AME et livrent bataille contre « l'Europe libérale », la mondialisation ou le plombier polonais ; ceux-là ont fait de la Gauche française, la plus « archéo », la plus ringarde aussi de toute l'Europe, mais également la première force conservatrice (au sens littéral du terme) du pays. Les autres préfèrent se mentir en différant les réformes nécessaires sous prétexte que « le corps social français n'est pas encore prêt », qu'« il ne supporterait pas » que l'on touche, voire supprime tel avantage acquis. On conserve ainsi ces 35 heures dévastatrices pour l'économie, comme pour l'éthique du travail dans notre pays ; on touche (un peu) le système des retraites à la française, mais en s'interdisant de créer des fonds de pension complémentaires pourtant indispensables et pour les retraités de demain et pour nos entreprises (voir Danone) ; on fait semblant de réformer l'école ou la santé, mais l'on recule devant la menace de manifestations : la première produira donc toujours 15 % d'illettrés et la seconde 13,5 milliards d'euros de déficit en 2005 (aux-

quels s'ajoutent les 14 milliards de déficit de l'UNEDIC) !
Parce qu'il est hors de question d'affoler les fonctionnaires, on s'interdit d'en réduire le nombre (même en pro-
fitant des départs à la retraite) et encore moins de toucher à
l'ordonnance de 1945 qui leur confère un statut exorbitant
par rapport aux autres salariés. Et comme aucune réforme
sérieuse de l'Etat n'a été entreprise chez nous (malgré un
éphémère secrétariat d'Etat du même nom), nous réussis-
sons la prouesse de voir gonfler les impôts et la dette de la
nation, alors que les investissements publics (dans les
infrastructures, la recherche, la défense) sont réduits à la
portion congrue : 0,5 % du PIB pour une dépense publique
qui, elle, atteint 55 % de la richesse nationale !

Et pourtant, Eric Le Boucher a raison : le diagnostic
comme les remèdes sont parfaitement connus de tous nos
responsables depuis des années. Il suffit de regarder autour
de nous pour en voir les résultats !

Ce qui manque c'est la volonté. Celle de cesser de se
mentir... et de mentir, et de prendre les risques politiques
qui sont l'honneur de la fonction élective.

Faute d'une telle volonté, la classe politique française,
friande de trouvailles électorales plus que d'action (de la
« fracture sociale » aux 35 heures), ne fait qu'entretenir le
statu quo et ses illusions. Ainsi, le thème de la « fracture
sociale » a-t-il puissamment conforté en France depuis
10 ans et l'étatisme et les déficits... sans pour autant prévenir la fracture ouverte des banlieues de novembre 2005. Il
a continué aussi à déplacer le centre de gravité du débat
politique français toujours plus à gauche. Non pas vers la
Gauche sociale-démocrate moderne d'un Blair ou d'un
Zapatero (lesquels sont d'ailleurs à la droite de la droite
française !), mais vers une Gauche de plus en plus

« archéo », de plus en plus démagogue aussi : à l'image du triste Congrès du PS au Mans de novembre 2005, symbole de la fuite en arrière des socialistes français devant les réalités du monde.

Plus on gauchise son discours, plus on fait appel aux « délire des Français », en flattant l'illusion protectionniste, voire en frôlant la xénophobie (comme lors de la campagne référendaire sur l'Europe), mieux on espère ainsi refaire l'Union de la Gauche. Mais quelle Gauche !

Une Gauche du XIXe siècle à mille lieues de la réalité d'aujourd'hui. Qui prétend interdire par la loi (!) les plans sociaux et les délocalisations, renationaliser nos sociétés « opéables », réduire encore le temps de travail, revenir sur la réforme (pourtant modeste) des retraites et pourquoi pas demain, interdire carrément la Chine et l'Inde !

Si la France est en proie à la dépression, c'est donc d'abord parce que sa classe politique se complaît, elle, dans la régression des idées et surtout de la volonté. Au lieu d'accomplir ce qui est la noblesse de l'engagement politique, c'est-à-dire, prendre le risque de dire la vérité à la nation, de faire preuve de leadership, de construire un consensus pour une nouvelle ambition, nos clercs se contentent de gérer au jour le jour l'existant, des « acquis » que l'on financera par la dette, des contradictions que l'on repousse au lendemain.

Curieusement, pour une classe politique qui cultive l'anti-américanisme, c'est finalement un travers très « bushiste » qui résume son corps de doctrine : n'est-ce pas le Président Bush qui affirmait : « Je ne m'occupe pas de l'Histoire, car nous serons tous morts » ?

Mais soyons juste : si la classe politique française peut sans risque (puisqu'elle se renouvelle peu ou pas) se mentir et mentir ainsi aux Français sur la réalité du pays, comme sur la réalité du monde, c'est que les Français eux-mêmes y consentent. Qu'eux-mêmes préfèrent les rêves qu'on leur fait miroiter – surtout quand ces rêves les flattent – comme dans nos déclarations poétiques sur l'état du monde et le rôle unique de la France – au discours de réalité qui les obligerait « à s'adapter », à consentir « les efforts » nécessaires, à commencer par travailler plus, pour maintenir leur niveau de vie et de protection sociale.

Même s'ils n'ont pas tous visité Shanghai ou la zone économique de Shenzhen près de Hong Kong, les Français n'ignorent rien de la formidable compétition mondiale dans laquelle, nolens volens, ils sont engagés. Il n'empêche. Ceux qui ont un emploi rêvent de le voir sécurisé, à vie et quoi qu'il arrive. Et la majorité de nos jeunes (70 % !) n'ont qu'une ambition : devenir fonctionnaires ! Quant à ceux qui recherchent un emploi, ils exigent que tous les dispositifs sociaux en place soient maintenus, quoi qu'il arrive là aussi, et ce malgré tous les abus auxquels ils donnent lieu et les déficits exorbitants que chacun connaît. Si la course à la démagogie marche si bien chez nous, c'est que beaucoup y trouvent leur compte : « l'Etat n'a qu'à », les patrons « n'ont qu'à », la corporation d'à côté « n'a qu'à consentir les sacrifices dont on ne veut naturellement pas » entendre parler pour soi-même.

Ainsi s'atomise chaque jour un peu plus une nation qui, devenue un assemblage de corporations en lutte pour « leurs droits », en même temps que juxtaposition de « communautés » ethniques ou religieuses qui elles aussi réclament « leurs » droits particuliers, se perçoit, se vit même, de moins en moins comme la nation France.

L'heure est au repli sur soi et au « développement personnel ». Les meilleures ventes de livres sont trustées par des ouvrages comme ceux de Jean-Louis Servan-Schreiber (*Vivre content*) et de Guy Corneau (*Victime des autres, bourreau de soi-même*; *Comment les relations père-fille et mère-fils conditionnent vos amours*; *La Guérison du cœur...*). Toute une littérature consacrée à l'épanouissement personnel du lecteur, à sa psychologie, à l'amélioration de ses relations familiales, à sa vie amoureuse, à ses prouesses sexuelles ou encore à son environnement professionnel. Elle constitue le viatique indispensable qui permettra à une foule d'individus atomisés, en quête de repères et d'équilibre, sans attache religieuse ni politique, sans conviction particulière, de trouver en eux-mêmes, à défaut de s'épanouir dans la société, les sources de leur bien-être et les remèdes à leur mal-vivre. En ces temps d'agnosticisme angoissé, la presse consacre d'ailleurs un nombre toujours plus considérable de pages sinon de titres – on pense au magazine *Psychologies* qui remporte un grand succès – à ces questions tandis que les quotidiens d'informations dites « généralistes » éprouvent les plus grandes difficultés à se maintenir à flot. De même, nos grands hebdomadaires – *L'Express*, *Le Nouvel Observateur* et dans une moindre mesure *Le Point* – réalisent leurs meilleures ventes quand ils font leur couverture sur les prix de l'immobilier, les meilleurs lycées, les universités, les vins, les hôpitaux, les résidences secondaires, les salaires des cadres, les placements boursiers, les réseaux d'influence, les relations parents-enfants...

L'essentiel est désormais de faciliter le bonheur du lecteur, de l'aider à consommer et à faire ses choix de vie quotidienne, de lui suggérer des loisirs inédits pour occuper ses RTT ou de nouvelles destinations de week-end. Il ne faut surtout pas le brusquer et encore moins l'inquiéter.

Ce n'est qu'à une date fort récente (au lendemain du choc du 29 mai) que la presse française a commencé à relater sans les caricaturer les réformes sociales accomplies autour de nous : jusque-là le libéralisme n'était présenté que comme un état de jungle social « à l'anglo-saxonne ». Quant aux bouleversements du monde (de la Tchétchénie à l'Iran nucléaire), ils sont réduits à la portion congrue, dans un pays où le nombrilisme est devenu le sport national.

Il serait toutefois injuste de qualifier les Français d'égo-centriques. Ils montrent au contraire un admirable sens de la solidarité lors de catastrophes naturelles. Les famines, les sécheresses, les tremblements de terre, les raz de marée et autres tsunamis qui frappent aux quatre coins du globe voient les Français se mobiliser, faire des dons et prêter assistance à leur prochain, même s'ils vivent à des milliers de kilomètres de distance. En matière d'« opérations de compassion internationale », les Français sont indéniablement parmi les meilleurs au monde. Ils font mine de se rebiffer contre les méfaits de dame nature, s'interrogent sur ses mystères. Ils n'y peuvent rien bien sûr et demeurent impuissants devant la fatalité des événements. Mais ils sont sincèrement épouvantés par les ravages que les éléments déchaînés ont causés et mettent la main à leur porte-feuille. En revanche, l'Histoire ne les émeut plus guère, elle les laisse indifférents. Pis, elle en effraye et en tétanise plus d'un. Aucune manifestation de grande ampleur ne viendra mobiliser des centaines de milliers de citoyens contre un tyran ou un dictateur. Seule une poignée de militants des Droits de l'homme se réunira pour protester, qui contre les exactions russes en Tchétchénie, qui contre feu Saddam Hussein ou Slobodan Milosevic. Toute idée d'engagement, avec les risques et les coûts que comporte cette notion, est devenue étrangère à la « patrie des Droits de l'homme ». Tout se passe comme si les Français avaient perdu le goût de se battre pour un idéal – « lequel » et « à quoi bon », se demande-t-on par ailleurs en ces temps de relativisme culturel et d'apathie. Ne croyant plus en grand-chose, le Français a de plus en plus de difficultés à discerner le « Mal » du « Bien ». D'où sa réaction d'orfraie à l'écoute des discours manichéens du Président Bush ou de ceux de son lointain prédécesseur Ronald Reagan qui avait qualifié l'Union soviétique d'« empire du mal ». Désigner l'ennemi terroriste, les poseurs de bombes ou les preneurs d'otages pour ce qu'ils sont, ne vient même plus à l'esprit de la très grande majorité des Français. Seule la « paix » les mobilise. Quand il s'agit ainsi de clouer au pilori les responsables des humiliations et des frustrations, les « assassins Busharon », comme c'était le cas lors des grands défilés colorés pour la « paix » avant la guerre en Irak, le peuple se lève à nouveau. Pourtant, jamais le sort des millions d'Irakiens qui avaient subi la dictature de Saddam Hussein et les multiples exactions commises par son régime n'ont été évoqués au cours de ces manifestations. Non, le mot d'ordre destiné aux va-t-en-guerre était finalement en substance : « laissez-nous tranquilles, ne nous gâchez pas la vie ».

Amélie et la fin de l'Histoire

Sur ce point, reconnaissons qu'Amélie a fait de nombreux émules en Europe. Si, en effet, la totalité de nos partenaires ne partagent pas notre propension au délire, s'agissant de la lutte contre le chômage et la réforme des systèmes économiques et sociaux (que tous ont entrepris avec succès), les opinions publiques communient dans un même désir de fuite devant la réalité chaotique et dangereuse de ce monde.

De ce point de vue, les théoriciens du neutralisme européen « post-moderne » à la Habermas, n'ont pas tort de constater qu'« une opinion publique européenne » résolument hostile à la guerre, profondément méfiante, voire hostile aux Etats-Unis était bel et bien née dans les semaines précédant le conflit en Irak. Aucun peuple, à la différence d'une majorité de dirigeants du Vieux Continent, n'était favorable à l'invasion de l'Irak que Bush s'apprêtait à lancer. On ne raisonnait qu'en termes de paix ou de guerre. Au-delà de la problématique des armes de destruction massive, seule une infime minorité d'Européens estimait qu'un changement de régime en Irak correspondait aux intérêts du peuple irakien en particulier et du monde en général.

L'Europe vieillissante, bourgeoise, hédoniste et prospère n'aspire plus à l'aventure et encore moins à transformer le monde, même si celui-ci a plus que jamais besoin de son concours. Elle s'en remet pour cela, hypocritement ou candidement, à l'hypothétique « communauté internationale », comme le préconise notre Amélie nationale. Ce qui, faute de consentir l'effort financier nécessaire pour peser militairement dans les grandes affaires du monde, revient en fait à laisser faire l'Amérique, tout en la critiquant, bien sûr. Réactive, plutôt que proactive, elle masque sa sortie de l'Histoire par un rôle autoproclamé de donneuse de leçons, que personne n'écoute d'ailleurs : pas plus à Washington qu'à Moscou ou à Téhéran... Le politologue américain Robert Kagan s'est fait une réputation mondiale lorsqu'il a qualifié l'Europe de « Vénus post-moderne » face au « Mars » américain. Comme je l'écrivais en 1992 dans *Le Nouveau Monde*, nombre d'Européens aspirent sincèrement à voir l'Union européenne se transformer en une grosse Suisse prospère, neutre et pacifiste. Et Pascal Bruckner [1] d'ajouter que « l'Europe vit tout entière dans la honte de son propre passé et dans l'illusion du post-national, du post-moderne et de la post-histoire ».

Bruckner a raison de rappeler que l'Europe est née, « dans sa version contemporaine, non de l'enthousiasme, mais de la fatigue des hécatombes ». Elle ne cesse depuis lors de ruminer ses crimes passés, l'esclavage, le colonialisme, le fascisme, le communisme, au point qu'elle revendique avec Habermas l'expérience terrible du vaincu pour donner au monde des leçons de sagesse que l'Empire américain ne veut pas entendre.

Ainsi l'Europe vieillissante rejoint-elle la France d'Amélie. Toutes deux veulent qu'on « leur fiche la paix » (dans tous les sens du terme), toutes deux rêvent d'une maison de retraite prospère et tranquille pour peuples vieillissants et sans projet. Toutes s'inquiètent de voir chez elles exploser à nouveau le feu qui couve dans les banlieues françaises.

Tout cela précisément est aux antipodes d'un projet politique, ou d'une identité susceptible d'en fournir le socle : sur les 70 000 mots que contenait l'ex-futur traité constitutionnel les mots « identité chrétienne » ne figuraient pas. Ce qui en dit long sur l'incapacité des chefs de l'Europe à assumer notre histoire, à définir nos racines !

---

1. « Sommes-nous devenus suicidaires ? », *Le Monde*, 30 juin 2005.

Une Europe qui ne s'aime pas à ce point, en s'excusant en permanence de son histoire et de ses racines, ne peut ni être aimée par ses peuples, ni inspirer le respect autour d'elle. Quant à l'idée selon laquelle la repentance post-moderne à l'européenne (ou à la française) s'exporterait aux quatre coins du monde, qu'elle servirait de modèle à une société mondiale paisible et pacifique, elle n'est qu'une aimable, mais dangereuse illusion. Une illusion qui laissera à l'Amérique le soin de diriger seule – et mal – les affaires du monde, en attendant le futur duopole avec la Chine, en condamnant nombre de peuples, y compris les nôtres, à revivre les mêmes désastres que par le passé.

Promouvoir une politique de rupture

Combler l'écart entre nos rêves d'hier et la réalité d'aujourd'hui, cesser de nous mentir à nous-mêmes, pour rebâtir une France confiante en elle-même et à nouveau ambitieuse, tel devrait être l'axe principal d'une autre politique pour la nation.

Cette politique-là est possible : elle est d'abord affaire de volonté de la part des dirigeants politiques. Le peuple français, j'en suis convaincu, y est prêt, car il sait, confusément, que l'ancien monde est définitivement mort, qu'un nouvel équilibre social doit être trouvé à l'intérieur, de même qu'il faudra bien nous défendre contre le danger terroriste à l'extérieur, ce qui nécessitera un autre discours de politique étrangère et sans doute aussi de repenser notre politique de défense. Qu'une route solide et forte lui soit proposée et, j'en suis convaincu, notre peuple quittera sans grands regrets un statu quo médiocre, qu'il sait de toute façon condamné.

Mon ambition n'est pas de tracer ici l'ensemble de cette route. En revanche, il me paraît utile d'en poser au moins les premières balises, ne serait-ce, là encore, que pour contribuer au débat.

Au plan intérieur, la mère de toutes les batailles n'est pas celle de l'emploi, comme on l'entend dire communément, alors que l'on prétend garder en même temps et notre sacro-saint « modèle social » et notre carcan administratif et réglementaire actuel.

La seule bataille qui vaille, et qui conditionne toutes les autres, est celle des idées.

Il faut dire et répéter qu'en lieu et place du modèle social actuel, à la fois inefficace, ruineux et profondément inégalitaire, seule une politique de liberté peut constituer la réponse au chômage de masse et mettre fin à la montée des inégalités et des discriminations.

Seule une politique de liberté – et non l'emploi parking administré – est susceptible de créer des richesses qui pourront ensuite être redistribuées. La création de richesses est la condition de la solidarité. L'inverse conduit inévitablement à l'appauvrissement de tous.

Enfin il faut préférer le travail à l'assistanat. Comme l'écrit justement Nicolas Baverez [1] « toute forme de travail est préférable au chômage du triple point de vue du lien social, du dynamisme de l'économie et de la démocratie ».

La mise en œuvre de ces principes simples implique une série de politiques, au demeurant fort bien connues, et

---

1. *Le Point,* 21 juin 2005.

d'ailleurs validées par la plupart de nos voisins et partenaires occidentaux :

1 – En premier lieu, la réduction drastique de la
dépense publique. C'est la condition cardinale pour baisser
les charges et les impôts sur les entreprises, pour libérer
des marges de manœuvre pour l'investissement public
dans les secteurs stratégiques (recherche, universités, protection du territoire), qui à leur tour conditionnent la
reprise de la croissance.

La France doit cesser de présenter depuis 25 années des
comptes en déficit ; elle doit faire baisser sa dette publique
et les intérêts de cette dette : aujourd'hui le deuxième poste
du budget de la nation.

— La réduction de la dépense publique signifie concrètement la baisse drastique du nombre d'emplois publics
(un sur quatre aujourd'hui), par une meilleure gestion des
effectifs, l'introduction de critères d'évaluation (bench-
marking), la généralisation de l'outsourcing, pour nombre
de fonctions assumées aujourd'hui par l'Etat, y compris
dans des secteurs régaliens (exemple : confier au privé
l'entretien de nos flottes militaires).

— Réduire la dépense publique signifie aussi poursuivre l'effort de remise à plat des régimes de retraites
(même dans les entreprises publiques, aimablement laissées de côté jusqu'ici) ; compléter le système de retraite
par répartition par la création de fonds de pension privés
ouverts à l'épargne des salariés ; cela signifie enfin
d'entreprendre une vraie réforme de notre système de
santé : au-delà du médecin référent et de la consultation à
un euro (!), il faut que les Français prennent conscience
que la santé a un coût réel. Là encore l'ouverture au moins
partielle de régimes complémentaires d'assurance santé
devrait être envisagée.

2 – La deuxième priorité, mais cela aussi nous le savons depuis fort longtemps, c'est de réhabiliter le travail pour relancer l'emploi.

Réhabiliter le travail implique d'en finir avec la loi des 35 heures, de ramener la durée légale du temps de travail en France au niveau des pays de l'OCDE, d'ouvrir la possibilité aux salariés ayant atteint l'âge de la retraite de poursuivre leur activité.

Réhabiliter le travail signifie aussi rendre attractif l'emploi aussi bien pour l'employeur que pour l'employé. Si l'employé, comme c'est le cas aujourd'hui, peut gagner sa vie (entre minima sociaux divers, plus un peu de travail au noir) sans travailler, alors on ne travaillera pas ! Or chacun sait que l'écart entre ces minima et le SMIC est devenu minime...

De même, si l'employeur ne peut plus se séparer de son employé même en cas de faute, même quand les plans de charge de son entreprise exigent de réduire le nombre des salariés, alors cet employeur choisira de ne pas employer... ou de délocaliser. Le « contrat Nouvelle Embauche » lancé par le gouvernement Villepin à l'automne 2005 est à cet égard un premier pas utile.

Tout cela est archi-connu : tout cela exige une simplification drastique de notre Code du travail dont les effets pervers sont largement établis : surprotection de ceux qui ont un emploi ; barrière quasi infranchissable pour ceux qui cherchent à entrer, le résultat étant la généralisation (même dans l'administration) de la précarité (contrats à très courte durée, ou intérim).

Dans la même veine, il est indispensable de revoir les ordonnances de 1945 portant statut de la fonction publique, de manière à coupler à l'avenir la rémunération et la performance, ce qui est monnaie courante dans le secteur concurrentiel et le monde de l'entreprise ; et à supprimer la garantie du travail à vie (sauf missions purement régaliennes), privilège dont on ne voit pas pourquoi il serait réservé à une catégorie de Français seulement et qui génère routine, inefficacité, irresponsabilité et bien souvent démotivation.

3 – Enfin, la troisième priorité concerne la préparation de l'avenir.

Dans un monde globalisé, le théorème de Schumpeter joue à plein, et la France doit être capable de donner à ses enfants les moyens de la connaissance suffisante pour que nous restions toujours en avance sur nos compétiteurs en matière de sciences, de nouvelles technologies, de nouveaux produits. La science, la recherche, la technologie, doivent donc devenir absolument prioritaires dans notre pays, tant en matière de financements qu'en matière de réformes innovantes : pôle d'excellence, réforme du CNRS, partenariats public-privé, autonomie des universités...

Au risque de me répéter : rien de ce qui précède n'est original. Les placards regorgent dans nos instituts de recherche, à Bercy comme à Matignon, de remèdes précis, largement vérifiés à l'étranger. Si l'on veut sauver notre fameux modèle social, alors réformons-le de toute urgence !

Autorité de l'Etat, identité de la nation :
vers une VIe République ?

Dans un pays qui comme le nôtre subit depuis trois décennies un chômage de masse, lequel mine à son tour le lien social et la confiance de la nation en elle-même, la priorité de l'emploi et au-delà la réforme du système social doivent naturellement figurer au premier rang des priorités.

Reste que contrairement à ce qui ressort tous les jours de notre débat politique national, la nation ne se résume pas à son système social, aux RTT, aux 35 heures et à la Sécu ! Pour relancer notre économie et l'emploi, pour que les indispensables réformes de l'Etat, des dépenses publiques et du secteur social puissent être entreprises avec des chances raisonnables de succès, il faut non seulement la volonté de les mener à bien, non seulement gagner la bataille des idées, et de la pédagogie sur les principes simples mentionnés plus haut, mais il faut aussi et peut-être surtout recréer le sentiment d'appartenance à une même nation et que cette nation soit pilotée par un Etat à l'autorité restaurée et respectée.

Entre la course à l'Europe – présentée comme l'horizon indépassable de notre destin, avec le résultat que l'on a vu le 29 mai –, le démembrement de l'Etat par la décentralisation, où finalement nul ne sait par qui il est vraiment gouverné, et à qui il paie quels impôts, et enfin l'atomisation de la société en « communautés » ethniques et religieuses sans cesse réclamant de nouveaux droits particuliers, l'Etat et la nation se sont peu à peu « détricotés » dans l'esprit de nos concitoyens comme dans la réalité de l'action publique.

Le sentiment d'appartenance à la nation ne se décrète pas. Il est affaire d'éducation à l'école, de fierté, de symboles. Or tout se passe comme si le syndrome post-moderne aberrant du déni de patriotisme avait insensiblement gagné la France. Comme le note justement Alain Finkielkraut [1], notre pays s'applique désormais à lui-même « le traitement recommandé par Habermas à l'Allemagne : " quel que soit le territoire national sur lequel ils s'organisent, Auschwitz peut et doit rappeler aux Allemands

---

1. « Cette francophobie vaniteuse », *L'Arche*, juin 2005.

qu'il leur est impossible de s'en remettre à la continuité de leur histoire ". Selon Habermas, les Allemands n'ont plus la possibilité de fonder leur identité politique sur autre chose que sur les principes de citoyenneté universalistes, c'est-à-dire le " patriotisme constitutionnel " et non plus une identité substantielle ». Peut-être était-ce là un point de passage obligé pour les Allemands. Mais pourquoi faut-il que ce qui valait naguère pour l'Allemagne post-hitlérienne s'impose aujourd'hui à tous, et singulièrement à la France. Pourquoi assiste-t-on chez nous à cette espèce de « concours de culpabilité », comme le note Finkielkraut, qui veut que le jour de la célébration de la victoire du 8 mai 1945, *Libération* titre « 8 mai 1945 : un massacre oublié en Algérie »? Que l'on ne cesse de ressasser l'esclavage, ou le colonialisme, comme des crimes insuffisamment reconnus et assumés? En France, le patriotisme est devenu ringard. Une sous-valeur réservée aux « fanas milis » d'extrême droite ou aux fondamentalistes adeptes de Monseigneur Lefebvre. Le patriotisme consubstantiel de la République il y a un siècle s'est mué en une mode de l'incivisme français, en un nouveau conformisme anti-patriotique, où il est devenu rigoureusement impensable d'afficher chez nous un drapeau français devant sa maison ou sur sa vitrine, comme c'est couramment le cas aux Etats-Unis, au Canada, en Israël... Cette « francophobie vaniteuse », cette haine, non de soi mais de ses devanciers au nom de la morale, cet orgueil expiatoire, sont aussi à la base de cette nation qui fut grande et qui ne s'aime plus guère.

Nulle politique nouvelle, tant à l'intérieur qu'à l'extérieur, ne fera l'économie d'une vraie réflexion sur ces sujets.

D'autant que cette réflexion sur notre identité est désormais inséparable de la prise en compte du fait migratoire de masse, alors que nous ne sommes qu'au début d'un immense mouvement migratoire Sud-Nord qui affectera toute l'Europe, mais la France en premier chef. L'incendie des banlieues à la fin 2005 n'est ici qu'un premier signal d'alarme. Comment dès lors choisir notre immigration ? Comment organiser les inévitables quotas en fonction des besoins de notre économie et de la mixité de la population ? Comment garantir l'égalité des chances, en finir avec l'indifférence ou le racisme ordinaire des uns, la culture de l'assistanat, voire « la haine » des autres ? Comment faire en sorte que l'islam en France soit simplement une religion comme les autres, mais non le point d'accroche identitaire et politique d'une communauté distincte de la communauté nationale ?

Là encore nous avons beaucoup à apprendre des modèles étrangers (je pense notamment au Canada). Mais l'essentiel là aussi est de cesser de nous mentir, de regarder en face la crise de notre identité nationale, celle, connexe, de notre fameux « creuset républicain », et de le faire sereinement, dans le respect et la tolérance qui sont au cœur de nos valeurs républicaines, pour traiter enfin sérieusement de ces questions. Une chose est sûre cependant : il est impensable que nous continuions à laisser un aspect aussi essentiel du devenir de la nation entre les seules mains du DAL et du FN !

L'explosion aussi soudaine que prévisible des banlieues françaises en novembre 2005 exige en tout cas une action forte et de longue haleine dont la France ne peut plus faire l'économie, sauf à risquer de voir s'installer une déchirure définitive à l'intérieur même de la nation, aux conséquences incalculables.

A l'occasion de ce grand incendie de trois semaines, les Français interdits, souvent effrayés, ont découvert le désespoir, la rage, la violence extrême souvent, d'une partie de leur propre jeunesse, française sur le papier, mais sans identité ni espoir dans les têtes. Tandis que les images d'une France en flammes, en proie à l'Intifada étaient diffusées dans le monde entier confortant partout l'impression d'un pays malade et en perte d'influence, les Français, eux, en appelaient au retour à l'ordre derrière le ministre de l'Intérieur et une législation d'exception ressortie des placards de la guerre d'Algérie (!) par le Premier ministre.

Mais une fois l'ordre rétabli (bien que l'on brûle encore chaque nuit une moyenne de 100 véhicules à travers tout le pays), le problème reste entier : comment « recoudre » le tissu national entre la France « traditionnelle », ou « de souche », et celle ghettoïsée, issue de l'immagration ? Où rechercher les responsabilités ? Comment hiérarchiser les priorités ?

Les responsabilités : souhaitons que notre pays tire les leçons de l'échec de son fameux modèle d'intégration. Qu'il ne remplace pas l'illusion d'hier d'une intégration quasi automatique des immigrés à la République par l'effet miraculeux de son fameux « modèle français », par d'autres illusions, plus toxiques encore. Celle de la droite extrême qui amalgame à l'envi immigrés, violence et islam au risque de creuser un divorce irréversible et violent à l'intérieur même de la nation. Celle, à l'autre extrémité, de la vision angélique d'une certaine Gauche pour qui les immigrés, nouveaux colonisés de l'intérieur, seraient d'abord les victimes d'une France injuste et raciste, sans parler bien sûr, des turpitudes du gouvernement de droite en place.

Entre ces deux extrêmes, la France doit trouver, avec sérénité et lucidité, le chemin de la sortie de crise. D'abord en se donnant les moyens de reprendre le contrôle de l'immigration sur son propre sol, contrôle sans lequel aucune intégration des populations déjà présentes ne sera possible. Bon an mal an, la France reçoit chaque année 300 000 personnes supplémentaires pour l'essentiel pauvres, sans formation, en provenance d'Afrique du Nord et d'Afrique subsaharienne : 100 à 150 000 au titre du regroupement familial; 65 000 (dont 50 000 déboutés, mais qui restent sur le sol national en attendant d'être régularisés par le jeu de la loi Chevènement) au titre de l'asile politique; 100 000 environ, enfin, de clandestins. Soit 3 millions de personnes en plus tous les dix ans, ceci sans compter les enfants nés en France dans l'intervalle. La ville de Paris, intra-muros, reçoit chaque année 10 000 « sans-papiers » en plus, lotés dans des squats insalubres ou dans des centaines de petits hôtels – aux frais du contribuable. Cette situation, intenable à terme, a pour effet de saturer tous les systèmes sociaux existants, de créer d'inextricables problèmes de logement, de crèches, d'écoles, problèmes qui virent au drame parfois comme on l'a vu en 2005 à Paris avec les trois incendies d'hôtels et de squats qui coûtèrent la vie à 50 Africains, dont la moitié d'enfants.

Est-il, dans ces conditions, déraisonnabe de réexaminer les conditions du regroupement familial, celles de l'accès aux visas, de renforcer les contrôles à *nos* frontières (en ne comptant pas seulement sur la passoire que constitue Schengen), de renforcer enfin les reconduites à la frontière, y compris au moyen de généreuses incitations financières, comme a commencé à le faire le ministre de l'Intérieur depuis l'été 2005? Pourquoi la France devrait être la seule à subir l'immigration, plutôt que de choisir ceux qu'auront vocation à vivre sur son sol et à intégrer sa communauté nationale?

L'autre axe d'action est à l'évidence l'intégration elle-même. Disons d'emblée que notre système est le plus généreux du monde : gratuité totale de l'éducation, gratuité totale elle aussi des soins de la santé, gratuité bien souvent aussi du logement, sans parler de multiples autres dispositifs sociaux (aide alimentaire, soutien scolaire, transport...). Faire de la République le seul et unique coupable de l'échec de l'intégration est donc aller un peu vite en besogne : pour avoir vécu moi-même, et la transplantation dans mon enfance et les difficultés de l'intégration, je sais moi ce que je dois à la République, à condition de vouloir « s'en sortir », de comprendre que les droits donnés par la collectivité doivent s'accompagner de *devoirs* de la part de ceux qui les reçoivent.

Disons qu'en la matière beaucoup reste à faire des deux côtés : les devoirs doivent être appris dans les familles et surtout à l'école. Les droits aussi doivent être renforcés : il ne suffit pas à la République de multiplier les « plans » pour la « politique de la ville », encore faut-il avec l'ensemble des acteurs (à commencer par l'Education nationale et ses syndicats) faire de la réussite de l'intégration la première grande cause nationale. Ce qui implique de « mettre le paquet » dans nos banlieues en matière de formation des jeunes, d'accès au travail, de logement. Ce qui implique aussi là où c'est nécessaire d'introduire des mesures d'« action affirmative » (expression américaine que je préfère à la nôtre de « discrimination positive ») pour l'éducation, comme pour l'accès à l'embauche ; la reconnaissance du fait religieux, au besoin en adaptant le dispositif de la Loi de 1905, et pourquoi pas, d'envisager, comme en Grande-Bretagne, le vote des étrangers aux élections municipales.

Les jeunes issus de l'immigration doivent trouver leur place dans la République, faute de quoi la nation française s'installera dans une déchirure définitive aux conséquences gravissimes. En 1967, après les émeutes raciales sanglantes de Detroit en juillet au cours desquelles 43 personnes perdirent la vie, l'administration Johnson eut la sagesse d'installer une commission des sages, la « Kerner Commission », qui conclut l'année suivant au constat suivant : « deux sociétés, l'une noire, l'autre blanche, séparées et inégales », et mit en place les instruments d'une intégration globalement réussie depuis 35 ans aux Etats-Unis.

Il est urgent à mes yeux de s'inspirer de cet exemple et surtout d'éviter la tentation déjà présente, dès lors que le calme est revenu, de détourner les yeux...

Identité nationale, mais aussi autorité de l'Etat. Bien que n'étant pas – je le dis d'emblée – un fanatique des « retouches constitutionnelles » auxquelles nous n'avons cessé de nous livrer toutes ces dernières années, je suis convaincu que le moment est venu de repenser notre schéma institutionnel, devenu, c'est ma conviction née de mon expérience de parlementaire, l'un des freins principaux à la réforme de notre pays.

Que découvre-t-on en effet, si l'on examine la situation avec l'œil du praticien ? La réalité est que la gouvernance de la France est devenue un embrouillamini inouï, où se superposent *sept* niveaux d'élus (la commune, le syndicat de communes, le canton, le département, la région, la nation et finalement l'Europe) pour composer l'image d'un pays suradministré mais sous-gouverné. Si l'on met trente à quarante personnes autour d'une table, il est déjà difficile d'obtenir leur opinion, a fortiori d'avancer rapidement. D'où les plans qui patinent, les réformes qui ne décollent pas, la pratique généralisée du « botter en touche » quitte à créer, dès qu'un problème se présente, un « comité théodule » ou une autorité indépendante. Au lieu de décider, d'impulser, notre Etat, obèse et omniprésent, n'en finit pas de se démembrer dans l'impuissance...

Aux ratés de la décentralisation s'ajoute l'évolution institutionnelle à mon sens totalement déséquilibrée, introduite par l'avènement du quinquennat.

Chacun se souvient des origines (complexes) de cette réforme : officiellement, il s'agissait de mettre fin à une sorte d'institutionnalisation de la « cohabitation » : quatorze années d'expérience ayant prouvé (à juste titre d'ailleurs) que la cohabitation neutralisait la vie politique et paralysait le pays, chaque camp attendant l'élection suivante. Officieusement, on s'en souvient aussi, il s'agissait pour M. Jospin, allié objectif pour la circonstance de certains leaders de l'UDF, non seulement de forcer Jacques Chirac à amputer lui-même son éventuel deuxième septennat, mais surtout de le battre plus facilement, pensait-on, en renversant l'ordre jugé « ubuesque » des élections.

Du coup, voici la Ve République, dont l'élection présidentielle au suffrage universel ne date après tout que de la réforme de 1962, devenue une République totalement présidentielle, où l'élection d'un président, donc sa légitimité personnelle, détermine nécessairement (ou presque) celle de 577 députés quelques semaines plus tard.

Si le règne de la cohabitation a donc été durablement écarté (du moins tant que le Président en place ne décède pas en cours de mandat et tant qu'il ne dissout pas), ce qui a été obtenu, c'est un système présidentialiste où le Premier ministre disparaît peu ou prou, réduit au rôle d'exécutant ou de directeur de cabinet voire de dauphin du Président, et où le Parlement n'est plus que l'ombre de lui-même, puisque sa propre légitimité est en fait réduite à la personne du chef suprême... ou du monarque si l'on préfère.

Un tel système peut s'avérer très performant si le monarque élu est porteur d'un vrai projet et décidé à le mener à bien : il aura cinq années, et à coup sûr une majorité parlementaire docile pour le faire. Si, en revanche, le roi décide d'attendre, ou se borne à achever son règne, alors...

A terme, une clarification s'imposera : soit vers un régime présidentiel (et non présidentialiste) : dans ce cas le poste de Premier ministre serait supprimé et le droit de dissolution aussi ; soit vers plus de parlementarisation avec un rôle accru de l'Assemblée, l'accès des parlementaires à la fixation de l'ordre du jour du Parlement, et de vrais débats parlementaires à l'initiative de ces derniers...

Il n'est pas sain de perpétuer un système où des députés tenus, encadrés, surveillés, préfèrent se taire ou se replier dans leurs circonscriptions par prudence ou par peur de déplaire, mais très souvent aussi par déception devant le peu d'intérêt que suscitent leurs opinions, leurs expériences de terrain auprès d'un exécutif totalement centré autour de la personne du chef suprême.

Il n'est pas sain non plus de continuer avec ce système très français de colonisation de la classe politique par l'énarchie et la fonction publique en général, surreprésentée dans l'exécutif, comme sur les bancs de l'Assemblée. La France est diverse : elle ne se résume pas à cette nouvelle noblesse de robe qu'est la haute administration. Quand ferons-nous comme les Anglais, qui n'interdisent pas naturellement à un fonctionnaire d'être candidat à une élection, mais qui exigent qu'une fois élu, ledit fonctionnaire quitte l'administration ?

Enfin, et sur ce point j'avais soutenu Lionel Jospin contre mes amis politiques (et beaucoup des siens), je tiens le cumul des mandats pour un appauvrissement des fonctions électives, et du rôle du Parlement en particulier. Pourtant ce système est solidement ancré : il permet par la constitution de baronnies modernes, sortes de nouvelles féodalités, de bâtir les murailles nécessaires pour échapper à la toute-puissance du roi...

Il est donc nécessaire, pour remettre en ordre la maison France, de revoir de fond en comble notre machinerie institutionnelle, dont l'expérience montre qu'elle freine plutôt qu'elle ne facilite la modernisation du pays. Appelons cela la VIᵉ République, si l'on veut...

Repenser l'Europe

La France est aujourd'hui en mauvaise posture, on l'a vu, sur le front européen. Non seulement, le 29 mai 2005, les Français se sont doublement tiré une balle dans le pied en fusillant à la fois la Charte sociale à laquelle ils tenaient tant et leur grande ambition d'« Europe puissance » sur le front de la politique extérieure et de défense. Non seulement, et pour faire bonne mesure, ont-ils également donné à Tony Blair l'argument idéal pour torpiller définitivement la PAC dont la France est la première bénéficiaire. Mais plus fondamentalement, ce à quoi nous venons d'assister n'est rien d'autre que la défaite d'une autre « illusion » : celle, pour reprendre la formulation de Pierre Hassner, « d'une construction européenne qui, prenant le contre-pied des guerres et des révolutions du passé, bâtirait l'Europe de la mesure et de la tolérance, fondée sur le mariage de l'interdépendance, du pluralisme et du droit ».

On a vu combien cette Europe-là avait échoué à s'affirmer politiquement face aux égoïsmes nationaux.

Il reviendra à la France de contribuer à la renaissance de l'ambition européenne, à la double condition qu'elle accepte enfin les règles de la modernité économique et sociale chez elle, et qu'elle écarte la tentation de chercher à refonder l'Europe sur des passions négatives : soit en se construisant contre les Etats-Unis, soit contre l'islam, les immigrés ou la Turquie.

En tout état de cause, la France ne retrouvera de marges d'action sur le front européen qu'après sa prochaine élection présidentielle. Tout dépendra alors de sa capacité à démontrer, de façon crédible, qu'elle rejoint le reste de la famille européenne sur le front des réformes sociales et fiscales. Si tel est le cas, alors nous pourrions à force de conviction et de patience refaire une partie du chemin perdu et retrouver la confiance de nos partenaires, sans laquelle nos plus beaux discours seront condamnés à rester lettre morte.

Plutôt que de reprendre, dans cette hypothèse, le dossier du traité constitutionnel, que pour ma part j'aurais tendance à laisser « refroidir » un certain temps, une politique utile pour la France pourrait consister à partir du vrai sujet immédiat auquel nous sommes confrontés – à savoir le terrorisme et le risque de prolifération nucléaire à nos portes – pour rebâtir à quatre ou cinq une dynamique politique.

Nous partirions là d'acquis non négligeables : l'Europe de la défense et de la sécurité ne ressemble plus, fort heureusement, à l'acteur timoré et surtout impuissant du début des années 90, totalement paralysé lors de l'explosion de l'ancienne Yougoslavie. Elle a progressivement mis en place des instruments autonomes de décision et d'action. Ces progrès sont manifestes depuis le sommet franco-britannique de Saint-Malo de 1998 qui a véritablement lancé la politique européenne de sécurité et de défense (PESD). D'étage en étage, des missions dites de Petersberg à l'adoption, en décembre 2003, d'une stratégie de sécurité en passant par le renforcement de la coopération en matière de lutte antiterroriste après les attentats de Madrid de mars 2004, l'Union européenne commence à exister en ces matières. Il est urgent de renforcer cette orientation, à condition bien sûr que la France renonce à faire de cette machinerie européenne une arme anti-OTAN, voire anti-américaine, ce qu'aucun de nos partenaires ne souhaite. A partir de ce socle stratégique commun, la France serait alors en position de pousser l'Europe à davantage de prise de responsabilité en expliquant notamment, haut et fort, aux autres gouvernements et aux opinions publiques, que les Européens eux-mêmes sont les principaux responsables du déséquilibre stratégique avec les Etats-Unis et de leur situation de vassalité vis-à-vis de la première puissance du monde. Si les dirigeants européens veulent sincèrement affirmer leur autonomie sur la scène internationale, s'ils veulent être traités en égaux par Washington comme ils en ont émis le souhait lors du voyage de George Bush à Bruxelles en février 2005, alors il leur faudra fournir un effort financier conséquent et convaincre leurs populations, souvent promptes à dénoncer la mainmise américaine sur la sécurité européenne et le reste du monde mais très réticentes à l'augmentation des budgets de défense.

De son côté, la France ne pourra pas faire l'économie d'une vraie réflexion sur ses propres choix stratégiques et sur notre propre doctrine de politique étrangère et de défense. Elle ne pourra plus longtemps réaliser le grand écart entre une politique étrangère encore très nationale et sa position très militante pour une « Europe puissance » qui implique, justement, le passage à une politique étrangère commune. Le cas échéant, qui sera le porteur de la voix française dans le monde ? Notre ministre des Affaires étrangères ou le futur ministre européen ? Qu'adviendra-t-il de notre siège de membre permanent du Conseil de sécurité des Nations unies, si précieux à la puissance moyenne qu'est désormais la France ? Faudra-t-il le céder à l'Union européenne ? Faudra-t-il mettre notre force de frappe nucléaire au service de l'ensemble de l'Union européenne en cas de menace ou d'atteinte au territoire de l'un de nos partenaires européens ? La France et les Français peuvent-ils se résoudre à de tels choix ?

Au fond, la situation dans laquelle se trouve la France sur le front européen, au lendemain du 29 mai, n'est pas sans rappeler celle que nous avions connue après le rejet de la CED à l'Assemblée nationale en 1954. Quelques mois plus tard, Washington et Londres organisaient le réarmement de l'Allemagne à l'intérieur de l'OTAN et pour les décennies qui allaient suivre, l'ambition disparaissait de l'agenda européen au profit d'une approche plus sectorielle, plus économique. En 1961-62, on l'a vu, de Gaulle avait tenté de réagir par ses propositions de Plan Fouchet, mais celles-ci arrivaient trop tard, ou trop tôt, compte tenu de la logique des blocs qui régnait à l'époque.

L'heure viendra peut-être, au lendemain de la prochaine présidentielle, et à supposer que soient remplies les conditions mentionnées plus haut, de relancer une initiative du même ordre, politique et stratégique, à 4 ou 5 et pas à 25 – la façon la plus forte, me semble-t-il, de relancer une dynamique dont chacun voit bien aujourd'hui qu'elle traverse une crise profonde et durable.

L'autre dossier, très sensible depuis les attentats de Madrid et de Londres, sans oublier l'assassinat du cinéaste Theo Van Gogh à Amsterdam, auquel l'Europe est d'ores et déjà confrontée, est celui de l'intégration de l'importante minorité musulmane établie sur le Continent.

Là encore, ce dossier ne doit plus être passé sous silence, et la France a sur ce sujet aussi des choses à dire.

Ma conviction, je le dis d'emblée, est que la formation d'une identité européenne forte et épanouie, acceptable pour tous les citoyens de l'Union, projetant une image de modernité attractive, tout en respectant les valeurs et les normes qui ont fait la civilisation européenne, est la seule garante d'une intégration harmonieuse des musulmans en Europe. Les nations du Vieux Continent se trouvent confrontées de fait aux mêmes défis : réussir l'intégration économique, politique et sociale des minorités musulmanes ; favoriser l'émergence d'un islam européen compatible avec les traditions politico-culturelles de nos sociétés ; lutter contre l'endoctrinement des plus jeunes par une frange intégriste, radicale et sécessionniste.

La démographie est une donnée cruciale. En 2015, la population musulmane d'Europe aura doublé tandis que la population européenne totale aura décliné de 3,5 % : le taux de natalité des populations musulmanes est en effet environ le triple de celui des non-musulmans d'Europe. Un tiers des Français musulmans a aujourd'hui moins de 21 ans, comparé aux 21 % de la population française. En Allemagne, un tiers des quatre millions de musulmans a moins de 18 ans contre moins de un cinquième de la population allemande dans son ensemble. L'immigration, principalement en provenance des pays musulmans qui bordent la grande Europe, devrait par ailleurs augmenter au cours des prochaines années pour enrayer en partie le vieillissement des populations européennes et maintenir le nombre des actifs. Selon Thimothy Savage, un haut fonctionnaire du Département américain, la population européenne pourrait être composée de 20 % de musulmans en 2050 et celle de la France l'être à un quart – contre 10 % aujourd'hui – dès 2025 [1] !

C'est dire si la question islamique en Europe est cruciale pour notre avenir et si les Européens doivent prendre en main l'intégration de leurs populations musulmanes au plus vite. L'alternative est simple : ou les musulmans d'Europe acceptent les normes, les coutumes et les cultures des Etats dans lesquels ils vivent désormais et dont ils possèdent pour nombre d'entre eux la nationalité, et les populations européennes élargissent leur horizon et admettent la diversité et l'évolution de leur composition ethnique, ou bien les risques de conflits et de tensions internes iront en s'aggravant et feront le jeu des formations populistes d'extrême droite en même temps que celui des islamistes d'Europe qui rêvent de bâtir des sociétés islamiques parallèles dans leur patrie d'adoption.

De par sa position géographique et sa composition démographique, l'Europe sera le continent où le « clash » des civilisations se fera ou ne se fera pas. Situé sur la ligne de fracture des cultures judéo-chrétienne et islamique, notre Continent devra ces prochaines années assumer une lourde mission dans une atmosphère de déclin économique et démographique.

C'est dans cette perspective que se pose dès à présent le dossier de l'adhésion éventuelle de la Turquie à l'horizon 2017-2020. Les termes du débat sont d'une redoutable

---

1. Thimothy Savage, « Europe and Islam : Crescent Waxing, Cultures Clashing », *The Washington Quarterly*, été 2004.

simplicité : d'un côté, la perspective de voir entrer dans la famille européenne une nation de 100 millions de musulmans est pour les raisons que l'on a examinées dans les chapitres précédents d'ores et déjà rejetée majoritairement en France, en Autriche mais également en Allemagne. De l'autre, la Turquie est le seul grand pays musulman laïc et résolument pro-européen, qui s'est de surcroît engagé à adopter l'ensemble des acquis communautaires, y compris donc par rapport à la question des valeurs de l'Europe.

Rejeter la Turquie dans le monde musulman en lui fermant la porte de l'Europe serait signifier à l'avance l'aspect définitivement irréconciliable des deux civilisations... l'exact contraire de ce que nous essayons de faire vis-à-vis des immigrés musulmans déjà établis en Europe.

A l'inverse, laisser entrer la Turquie sans obtenir d'elle les actes concrets de son adhésion à nos valeurs (qu'il s'agisse de la reconnaissance de Chypre, du génocide arménien de 1915 ou de la démocratie au quotidien) serait condamner à l'avance nos propres valeurs, en même temps que les chances de réussite de ce grand projet. De ce point de vue, des concessions faites par les Européens en octobre 2005, lors de la décision de l'ouverture formelle des négociations avec la Turquie, ont de quoi inquiéter...

Le front extérieur : vive la démocratie !

Sur la scène internationale, la France a fait d'une cosmogonie post-moderne de concorde universelle – idéaux de justice, de paix, de fraternité, de droit, d'équité et de solidarité – sa doctrine officielle de politique étrangère. Cet inventaire de bonnes et de louables intentions ne permet toutefois pas de dissimuler les impasses de sa diplomatie en ce siècle balbutiant. Le problème en effet d'un tel positionnement est double : d'une part, il est fondé sur une immense illusion dont chaque jour qui passe confirme un peu plus le constat de décès : celle « d'un monde pacifié gouverné par la sécurité collective et la mondialisation heureuse, le monde de l'ONU, de la paix par le droit, du nouvel ordre mondial et de la fin de l'Histoire [1] ».

L'autre problème de la diplomatie française est que, fondée sur une illusion, cette politique donne l'impression de la modernité et du mouvement, alors que fondamentalement frileuse et conservatrice, elle ne vise qu'à conforter le statu quo et l'immobilisme. En s'en remettant – candidement ou hypocritement – à une hypothétique communauté internationale sur laquelle la France, malgré ses prétentions, n'est pas en mesure de peser véritablement, elle se dédouane de ses responsabilités et, par le biais d'un discours humaniste au diapason de l'air du temps, évite l'inévitable remise en question et l'aggiornamento indispensable de sa diplomatie. La France fuit ses propres craintes en s'inventant une nouvelle mission civilisatrice universelle. Or depuis la chute du Mur de Berlin, elle peine à trouver ses marques dans un monde en profonde mutation où sa place privilégiée est menacée tant au sein de la nouvelle Europe que dans des régions comme le monde arabe et l'Afrique où elle conservait jusqu'à peu une influence certaine. La France ne pourra plus guère faire illusion si elle n'ose pas affronter au plus vite les défis qui lui font face et les aspirations des populations concernées. A cette fin, il est temps là aussi de mettre un terme au déni de réalité qui caractérise les comportements de nos clercs et la politique étrangère de notre pays. Face au désenchantement, à l'anomie et au fatalisme mou qui gagnent le pays, il faut en finir avec les discours creux et anesthésiants qui entretiennent nos illusions de grandeur pour

---

1. Pierre Hassner, « La revanche des passions », *op. cit.*

tenir au contraire un langage de vérité sur l'état de la planète. Les affaires internationales ont rarement été aussi complexes et incertaines ; elles ont rarement été aussi riches et passionnantes. Les opportunités sont nombreuses. C'est pourquoi il n'est pas question de sombrer dans une psychose aux effets paralysants mais d'affronter avec courage et détermination les épreuves qui nous attendent. Le pessimisme et l'anxiété qui nous gagnent aujourd'hui ne seront vaincus qu'à ce prix. Si la France a sincèrement « le souci du mouvement et de l'action, l'exigence de la justice », si elle veut faire honneur à la vocation universelle de son histoire, elle doit sortir de sa léthargie. Les élites politiques doivent cesser de faire croire aux Français qu'ils vivent sur une île. Ces derniers ressentent au contraire les contraintes du « village global » et attendent de leurs dirigeants des engagements concrets et non de jolis laïus sur l'émergence d'une démocratie mondiale ou la création d'un éventuel conseil onusien de gouvernance économique censé mettre un terme aux délocalisations sauvages vers la Chine et d'autres économies émergentes. Il n'est pas acceptable de surcroît que la politique étrangère soit le parent pauvre du débat en France. A part critiquer les Etats-Unis, de quoi parle-t-on sérieusement en France ? D'Europe, bien sûr, et de temps à autre du conflit israélo-palestinien le plus souvent pour mettre Israël en accusation. Mais, pour le reste, les controverses quant au rôle de la France dans le monde, quant à son action au Moyen-Orient, en Afrique, vis-à-vis de la Chine et de la Russie, sont rarissimes. A droite comme à gauche, la pensée unique tourne à plein... si pensée il y a. Le consensus au moment de la guerre en Irak en a fait la démonstration éclatante tant il était presque caricatural : l'écrasante majorité de la classe politique n'avait que le mot « paix » à la bouche mais n'a pas cherché une seconde à proposer une alternative à la ligne militaire définie par les Etats-Unis, hormis le maintien de Saddam Hussein au pouvoir ! Il est vrai que le « domaine réservé » que le Président de la République possède en matière de politique étrangère et le rôle minime du Parlement – il est à peine consulté – sur ces questions ne favorisent guère la discussion ; de même « les étranges affaires » passionnent peu les foules, concernées en premier lieu par leur bien-être immédiat. Les prochaines années seront pourtant tout simplement décisives pour l'évolution future de notre Continent, et exigeront une remise à plat, sans tabou, des grandes orientations de notre politique extérieure.

Un new deal transatlantique

Si l'on veut bien mettre de côté réflexes et rhétoriques anti-américaines, un minimum de réalisme devrait nous inciter à conclure que l'Europe et l'Amérique sont non seulement confrontées aux mêmes menaces – prolifération nucléaire, terrorisme, fascisme islamico-djihadiste, sous-développement, inégalités Nord-Sud... – mais ont finalement des objectifs identiques, même si les deux « blocs » l'expriment différemment : triomphe de la démocratie et de l'économie de marché ; développement durable. La stratégie européenne de sécurité pour une « Europe sûre dans un monde meilleur » établie en décembre 2003 reconnaît ainsi que la « meilleure protection de notre sécurité est un monde d'Etats gouvernés selon les principes démocratiques », soit peu ou prou le credo de la politique étrangère américaine. Le pathétique épisode irakien a exposé au grand jour que l'Europe et les Etats-Unis sont condamnés à travailler ensemble sous peine de résultats catastrophiques pour la communauté des nations. Construire l'identité européenne émergente dans la haine de l'Amérique ou par opposition à celle-ci, avec le soutien éventuel d'une Russie vieillissante et autoritaire serait suicidaire. Source de divisions fratricides au sein de la famille européenne, une telle option nous empêcherait de consacrer nos efforts et notre énergie aux véritables défis auxquels nous devons faire face.

C'est la raison pour laquelle l'heure me paraît propice à un « new deal » transatlantique dont la France pourrait prendre l'initiative afin de donner un dynamisme nouveau à la relation euro-américaine. Sans doute l'Amérique doit-elle faire preuve d'une plus grande humilité et réapprendre à faire des compromis avec ses alliés historiques, négligés au cours des mois ayant suivi les attaques du 11 septembre. De son côté l'Europe doit accepter le changement de cap et de perspective de la politique étrangère américaine ; elle doit se joindre aux Etats-Unis pour affronter le terrorisme et la prolifération des armes de destruction massive. Il me paraît essentiel de relever un autre point : si les Européens ont fini par faire triompher la paix sur leur Continent – même si celle-ci demeure bien précaire dans les Balkans –, ils doivent s'engager davantage pour la paix et la sécurité hors de leurs frontières. Plutôt que de chercher vainement à limiter la puissance américaine, les Européens auraient tout intérêt à établir un partenariat stratégique nouveau avec l'Amérique. Celle-ci a besoin de la légitimation, des ressources et de l'expertise que peuvent lui apporter les nations du Vieux Continent qui, de leur côté, doivent avoir l'intelligence de profiter de la puissance et du dynamisme américains.

C'est sur ces bases nouvelles qu'Américains et Européens doivent manœuvrer ensemble ces prochaines années. En premier lieu sur le très sensible dossier de la prolifération des armes de destruction massive, où leurs intérêts et leurs objectifs sont identiques. Malgré la menace d'une attaque terroriste non conventionnelle, les moyens alloués jusqu'à présent ont été insuffisants. Si l'administration Bush comme les Européens et le G8 se sont justement préoccupés de la « demande » d'armes de destruction massives par des Etats ou des organisations terroristes transnationales, la communauté des nations démocratiques a gravement négligé l'offre d'engins et de matériaux nucléaires notamment. Alors que le budget américain de la défense a été lourdement augmenté à la suite des attentats du 11 septembre 2001, les moyens consacrés à la sécurisation des arsenaux nucléaires, en particulier dans l'ex-URSS, n'ont malheureusement pas connu la même inflation. Avec Jon Wolfsthal, expert américain à l'institut Carnegie de Washington, on peut estimer que le Président Bush aurait dû demander au Congrès une rallonge budgétaire immédiate de dix milliards de dollars pour sécuriser l'arsenal russe plutôt que de prévoir cette somme sur une période de dix ans. Selon certains spécialistes, il faudrait même trente milliards de dollars en trois ans pour exercer un véritable contrôle des arsenaux nucléaires dans le monde. Avant qu'il ne soit trop tard, les Américains – mais les Européens également ! – seraient bien avisés de consacrer davantage d'efforts et de moyens à cette fin, plutôt que d'engloutir des dizaines de milliards de dollars supplémentaires à la mise au point de nouvelles armes nucléaires miniatures, une politique des plus néfastes à la lutte antiprolifération que les Etats-Unis disent privilégier.

Les Occidentaux devraient manifester une détermination indéfectible sur ce dossier. Un plan en trois volets devrait être défini. Le premier serait consacré à la sécurisation, dans les plus brefs délais, de l'arsenal russe et à l'emploi des dizaines de milliers de techniciens russes sous-payés ou inoccupés actuellement. Une rallonge budgétaire importante est nécessaire. Deuxièmement, il est impératif de lancer, sous l'égide de l'AIEA, une stratégie d'inventaire et de contrôle physique de tous les matériaux fissiles, comme s'il s'agissait de bombes en puissance. Enfin, l'Occident ne devrait pas hésiter à agiter des mesures de rétorsion diplomatiques, économiques et militaires si nécessaires afin d'empêcher la production de nouveaux matériaux fissiles. Interviennent ici les cas très sensibles de la Corée du Nord et de l'Iran. Les négociations s'annoncent des plus ardues : Pyongyang et Téhéran veulent la bombe nucléaire. Ces deux régimes savent qu'ils jouent leur survie politique sur cette partie : leur chantage nucléaire doit leur permettre d'obtenir des gages de l'Occident et notamment des Etats-Unis. Mais à l'inverse, la crédibilité de l'ensemble du régime de non-prolifération (du traité lui-même, à d'éventuelles sanctions par le Conseil de sécurité de l'ONU) se joue sur ces deux dossiers... L'Europe et l'Amérique ont sur ces sujets des intérêts stratégiques identiques.

Une autre politique arabe

Le Grand Moyen-Orient, zone stratégique prioritaire où les réformes sont indispensables comme je l'ai longuement expliqué dans la partie précédente, sera dans son ensemble une région test pour le nouveau partenariat transatlantique mais aussi pour une autre politique française en direction du monde arabe. Européens et Américains – en particulier ces derniers, tant leur autorité morale a été fortement ébranlée par les mensonges qui ont précédé l'entrée en guerre contre l'Irak de Saddam Hussein et par les nombreux ratés de l'occupation de ce pays – devront apprendre à gagner les cœurs et les esprits de cette région, comme ils avaient su le faire après la Seconde Guerre mondiale en Europe au moment de la Guerre froide. Le terrorisme de masse djihadiste nihiliste n'étant que l'expression la plus extrême et la plus violente de l'idéologie islamiste, s'en tenir à des mesures de police et de contre-terrorisme classiques ou à des opérations militaires est très largement insuffisant. La guerre contre la terreur islamiste est aussi et peut être avant tout une bataille d'idées que l'Occident, uni et soudé, devrait mener. La longue lutte qui se dessine entre l'Occident et l'islam en quête de modernité, d'un côté, et l'islamisme antilibéral et sectaire de l'autre, ne sera remportée qu'à ce prix. Les barbouzes et les forces spéciales ne peuvent pas seuls faire pencher un conflit opposant les partisans de la société ouverte aux tenants d'une société fermée.

Les peuples arabo-musulmans ne détestent pas tant nos libertés que nos politiques et notamment le soutien de l'Occident depuis des décennies aux tyrans de la région. Pour combattre le danger islamiste, pour lutter contre son idéologie mortifère et liberticide, l'Occident et les Etats-Unis en particulier auraient tout intérêt à davantage insister sur les maux qu'infligent les nihilistes islamistes à leurs coreligionnaires plutôt qu'à l'Occident. Comme le souligne Gilles Kepel dans son ouvrage *Fitna*, la guerre civile entre musulmans est la hantise séculaire des oulémas, les docteurs de la Loi. Or, les islamistes radicaux – l'Irak où les kamikazes de Zarqaoui sèment le chaos et la mort l'illustre quotidiennement – sont bien engagés dans une stratégie de fitna, de guerre au cœur de l'islam.

Alors que Palestiniens et Israéliens semblent décidés à retourner à la table des négociations, que les Etats-Unis et les autres grandes puissances militent pour un règlement juste du conflit, la bataille des idées sera primordiale pour enclencher une dynamique vertueuse dans le Grand Moyen-Orient.

De leur côté les Européens – à commencer par les Français – doivent se débarrasser de leurs complexes, de leur mauvaise conscience et de leur grande timidité vis-à-vis du monde arabe. Et de la peur – d'une déstabilisation, d'un immense afflux d'immigrants... – qui les étreint et guide leur politique depuis des années. La France, très conservatrice et soutien fidèle des potentats de la région, est concernée en premier lieu. Les Européens et tout particulièrement notre pays disposent de très nombreuses cartes dans la région pour peu que nous sachions et surtout, que nous voulions en faire usage. Qu'ont démontré les événements de ces dernières années ? Une volonté de changements et de réformes des populations lassées par cinquante ans de gestion désastreuse et de tyrannie politique ; l'émergence d'aspirations démocratiques sincères ; des tensions internes très fortes entre partisans de la modernité et ceux du repli sur soi et de l'obscurantisme ; une méfiance vis-à-vis des grands desseins américains dans la région ; une certaine confiance à l'égard de l'Europe, qui apparaît aux yeux des peuples de la région comme un partenaire plus sûr et plus équitable. Les Européens ont un champ d'action immense et un crédit politique et moral que leur envie Washington, mais ils n'en font rien ou si peu jusqu'à présent ! Au cours des prochaines années, l'Europe et la France, en premier lieu, devraient cesser de s'en tenir à la ligne paresseuse – et périlleuse à moyen terme – d'un dialogue unique avec les gouvernements en place et au contraire les inciter, avec diplomatie mais fermeté, à une ouverture sincère de leur économie et surtout de leur régime politique. La promotion de la démocratie dans le monde arabe n'est pas une maladie honteuse ! Elle est même réclamée par les peuples de la région qui du Liban à l'Egypte, de la Palestine à l'Irak se mobilisent pour enfin s'exprimer et libéraliser les régimes qui l'oppriment depuis des décennies. Les Européens n'ont plus à se livrer à des contorsions et des gesticulations diplomatiques pour faire entendre raison aux autocrates arabes. Dans ce nouveau Moyen-Orient qui se dessine depuis l'intervention américaine en Irak, quoi qu'en pensent les nombreux esprits chagrins en France, l'Europe doit mettre fin à sa « schizophrénie démocratique » : alors qu'elle est intraitable avec les candidats à l'adhésion à l'UE en matière de Droits de l'homme, de libertés fondamentales et de règles de droit – les critères de Copenhague –, elle est d'une insouciante et incompréhensible indulgence vis-à-vis de ses partenaires méditerranéens à qui tout est pardonné ou presque dans ces mêmes domaines. Comme nous l'avons vu, les clauses de conditionnalité politique ne sont jamais appliquées et le milliard d'euros – un montant considérable – qui est consacré chaque année par les contribuables européens au partenariat Euromed permet avant tout aux autocrates de conserver leurs prébendes et leur mainmise sur leur population. Est-il raisonnable que l'Union européenne ait consacré un montant d'aide vingt fois plus élevé en 2002 à la protection des sites historiques qu'à la promotion de la démocratie dans le monde arabe ? La conditionnalité politique, c'est-à-dire démocratique, devrait s'imposer comme la règle cardinale des Européens dans leurs relations avec le Grand Moyen-Orient.

Vis-à-vis de nos voisins de la rive sud de la Méditerranée, la démographie est un facteur essentiel, sinon déterminant. Depuis plusieurs décennies, ces pays ont connu une croissance démographique exponentielle. Mais aujourd'hui dans de nombreux pays, la transition démographique est bien enclenchée et la convergence avec la rive nord de la Méditerranée progresse. En 2025, le taux de fécondité devrait être de 2,25, soit un taux à peine supérieur au seuil de reproduction des générations. En somme et c'est une très bonne nouvelle, le monde arabo-musulman se dirige enfin vers un fort ralentissement de sa croissance démographique au cours des prochaines décennies. Ces chiffres signifient que les prochaines années seront tout simplement cruciales dans l'évolution de notre étranger proche méditerranéen. Soit la transition se déroule sans trop de heurts, les réformes finissent par s'imposer, les frustrations diminuent, la jeunesse trouve du travail, soit le monde arabe, pris entre le marteau des tyranneaux et l'enclume des islamistes, sera profondément déstabilisé tout comme le sera inévitablement son voisin européen. Au cours des dix prochaines années, le nombre de demandeurs d'emploi jeunes va continuer à augmenter fortement : si ces derniers ne trouvent pas dans leur société une juste place, les conséquences seront dramatiques pour tout le monde arabe mais aussi et surtout pour l'Europe. Encore une fois, je le répète, car le débat en France est dramatiquement pauvre en la matière, le succès des transitions démocratiques dans notre périphérie sud et orientale sera un élément essentiel sinon le plus fondamental de l'avenir de notre Continent et de notre pays où vit une très forte minorité musulmane.

La Françafrique : pour en finir avec une autre illusion

A côté du grand dessein de « l'Europe politique », de la fameuse politique arabe de la France, la préservation du « pré carré » de ses anciennes colonies africaines constitue le troisième pilier du discours diplomatique français hérité du général de Gaulle. C'est sur le continent noir en effet, qu'à peu de frais, on va le voir, la France peut encore se donner l'illusion d'être une grande puissance culturelle (c'est « l'aire de la francophonie », comme l'on aime à le dire Rue Monsieur), économique (c'est le « champ de la coopération ») et militaire (ce sont nos forces « prépositionnées » dans le cadre d'accords de défense bilatéraux et souvent léonins, même si leur déploiement a été réduit au fil des années à la portion congrue). C'est sur ce continent, dont la France se pose en premier avocat auprès du club des nations riches, que Paris espère trouver un autre démultiplicateur de puissance, les soutiens dont elle a besoin face à « l'hyperpuissance » américaine. Ainsi le XXIIe sommet franco-africain de février 2003 permet de réunir les représentants de 52 des 53 Etats africains et d'afficher une opposition quasi unanime à la guerre américaine en Irak.

Il faut pourtant se rendre à l'évidence : la politique du « pré carré » africain de la France est bien mal en point, frappée à la fois d'obsolescence [1] et d'anachronisme. Pas plus ici que dans d'autres régions du monde, notre pays n'a su s'adapter aux changements et aux profondes mutations qu'a connus cette partie du globe depuis la fin de la Guerre froide. Attachée comme ailleurs au statu quo et bien souvent à de vieux satrapes corrompus et déconnectés des réalités quotidiennes de leurs contemporains ; incapable d'appréhender les aspirations de populations très jeunes et la nouvelle donne continentale marquée par l'entrée en force de la Chine et des Etats-Unis sur le continent africain, l'influence française ne cesse de reculer – en même temps d'ailleurs que les montants de son aide au développement en direction de l'Afrique. La crise ivoirienne en a fourni la preuve terrible : Paris se trouve désormais en porte-à-faux dans une région qui fut pendant des décennies sa chasse gardée et où elle a dépensé des milliards d'euros, souvent en pure perte, depuis les indépendances. La France humiliée ; ses drapeaux brûlés en place publique par une foule jeune et hostile ; ses militaires sur le qui-vive et désormais accusés, pour certains, de

---

1. Voir les contributions de Daniel Bourmaud et de Pierre-Luc Seguillon dans le dossier « Afrique » de la revue *L'Essentiel des Relations Internationales – Foreign Policy*, été 2005.

« bavures » ; ses écoles et les boutiques de ses ressortissants attaquées et pillées ; ses expatriés évacués de toute urgence : autant de drames et de symboles forts qui ne trompent pas et révèlent le déclin de l'influence française dans ses anciennes colonies en particulier et sur tout le continent noir plus généralement. De la Côte d'Ivoire, le pays le plus subventionné par Paris depuis 45 ans, au petit Togo, après la mort du vieux dictateur Eyadema, l'ancienne puissance tutélaire est désormais critiquée et conspuée. Faute de volonté politique et de moyens financiers, la France assiste démunie et désemparée à la lente agonie de son « pré carré africain ».

Par confort certainement, mais aussi à cause de cette myopie tragique qui caractérise sa diplomatie depuis la chute du Mur de Berlin, la France n'a pas su réformer à temps sa traditionnelle politique africaine, cette fameuse « Françafrique » dont nous vivons aujourd'hui les derniers feux. Pendant trente ans, à partir des indépendances de 1960 – à l'ère des « indépendances dans l'interdépendance » selon le bon mot d'Edgar Faure –, la France a bénéficié d'une latitude quasi totale dans ses anciennes colonies d'Afrique occidentale : au temps de la Guerre froide, la faible valeur géopolitique de ces territoires, en partie désertiques, permettait à Paris, avec la bénédiction de Washington, d'y exercer une présence tutélaire et de créer une véritable communauté franco-africaine qu'elle gérait au gré de ses intérêts économiques et stratégiques du moment. Un pacte informel unissait la France du général de Gaulle, puis ses successeurs à l'Elysée (qui gardent personnellement depuis 1958 la haute main sur les affaires africaines), aux Etats nouvellement « indépendants » : « Tout en versant un loyer sous forme d'aide au développement, la France tire profit de sa présence en Afrique francophone pour son rang international, sa diplomatie et son économie », écrivent Antoine Glaser et Stephen Smith dans leur précieux ouvrage *Comment la France a perdu l'Afrique* [1]. Et il est vrai qu'elle en a tiré des avantages considérables. Pour assurer sa souveraineté énergétique, une des premières priorités du général de Gaulle, elle s'y approvisionne en pétrole – via sa toute-puissante compagnie d'Etat Elf Aquitaine –, en uranium, mais aussi en coton ou encore en manganèse. Les relations commerciales étaient alors florissantes : la France investissant massivement et dégageant un fort excédent commercial avec ses anciennes colonies, tandis que l'aide financière française revenait presque systématiquement sous forme de commandes aux entreprises hexagonales, notamment aux grands groupes, bien implantés dans la région. Le franc CFA demeurait lié par une parité fixe au franc français ; la « coopération » battait son plein – un demi-million de Français séjourneront en Afrique entre 1960 et 1990 ; des milliers d'étudiants africains venaient se former en France. Sur le plan politique, la France s'imposa comme le « gendarme de l'Afrique » et n'hésite pas à intervenir militairement en cas de troubles intérieurs qui menaceraient ses meilleurs « clients » dans la région. Des accords de défense unissent les Etats africains à leur ancien tuteur, la coopération militaire atteignant son zénith. Malgré de périodiques envolées sur la « démocratie », la France n'a guère cherché à savoir comment était dépensé le loyer géopolitique qu'elle versait à ses meilleurs amis. Libre à eux d'en disposer à leur guise et de se constituer au passage d'immenses fortunes personnelles à coups de millions de francs détournés et placés sur des comptes en lieux sûrs : la France n'a guère imposé à ses affidés africains des objectifs de conditionnalité de développement et de bonne gouvernance dans l'utilisation de ses généreux subsides. Selon certaines estimations, Paris aurait consacré 200 mil-

---

1. Antoine Glaser et Stephen Smith, *Comment la France a perdu l'Afrique*, Calmann-Lévy, 2005, page 49.

liards d'euros depuis cinquante ans au « développement »
du continent noir...

Ce système clientéliste et paternaliste, que la division
bipolaire du monde avait permis à la France de mettre en
place puis d'entretenir, ne prend pas fin pour autant après
la fin de la Guerre froide. Tragique aveuglement puisqu'il
condamne à terme la politique africaine de la France, à
l'heure où l'Afrique connaît des bouleversements profonds
– croissance démographique exponentielle ; pandémie du
sida ; guerres civiles ; tensions ethniques et religieuses ;
nouvelles aspirations démocratiques, spirituelles et écolo-
giques des populations... – et que nombre d'alliés, parmi
les plus fidèles de Paris, connaissent une fin de règne cré-
pusculaire puis disparaissent, à l'instar de Félix Hou-
phouët-Boigny, le « père » fédérateur de la Côte d'Ivoire,
décédé en décembre 1993. Ainsi, au moment où l'Afrique
s'ébroue de toutes parts et se déchire, François Mitterrand
puis Jacques Chirac font preuve du même conservatisme
absolu et continuent de soutenir vaille que vaille leurs
« amis » dictateurs – Eyadema au Togo, Idriss Déby au
Tchad, Paul Biya au Cameroun, Omar Bongo au Gabon, le
maréchal Mobutu au Zaïre... – au lieu d'encourager les
pays les plus vertueux, qui sont aussi souvent les plus
pauvres, comme le Mali, le Burundi ou le Burkina. Mais la
logique de la mondialisation et l'émergence de nouveaux
pôles d'attractivité économiques, notamment en Asie,
finissent par faire sentir leurs effets. Dès lors, tandis que la
France s'efforce « comme avant » de garder la haute main
sur son pré carré, elle se désengage dans le même temps à
la fois financièrement et humainement de ses anciennes
colonies ; ses aides transitant par des institutions multilatérales, perdent en visibilité. Si la France conserve en
moyenne 20 % des parts de marché en Afrique [1], dont

---

1. Philippe Hugon, « Les relations commerciales entre la France et
l'Afrique », *L'Essentiel des Relations Internationales, op. cit.*

30 % en Afrique de l'Ouest et au Maghreb, le poids de la zone franc dans le commerce extérieur français est tombé à 1 % en 2002, tandis que la part de l'Afrique dans les exportations françaises chutait de 8,7 % en 1970 à 5 % en 2003. A côté de la fonte, déjà évoquée, de moitié de notre APD (Aide Publique au Développement), le trait dominant est celui du repli d'Afrique de la majorité des firmes françaises, désormais insérées dans la globalisation. Un repli que, malgré ses espoirs en ce sens, la France n'est guère parvenue à endiguer en s'appuyant sur l'Europe. L'élargissement de l'Union vers les nouveaux entrants de l'Est a en effet accéléré le tarissement des ressources en direction du continent noir : ainsi les fonds structurels versés aux 10 pays nouveaux entrants représentent par an et par habitant 500 euros contre 15 d'APD versés aux pays africains... Cumulé aux facteurs endogènes hélas bien connus des régimes et des économies africaines, le repli français et européen d'Afrique a accéléré le décrochage du continent noir par rapport aux flux de la mondialisation : désormais l'Afrique tout entière représente 1 % des investissements directs mondiaux en 2003 contre 3 % au début des années 90.

Conséquence : dès le milieu des années 90, l'Histoire ne tarde pas à sanctionner l'immobilisme de la France qui semble impuissante et dépassée par cette Afrique nouvelle et compliquée. La France est ainsi directement montrée du doigt pour sa gestion de la crise rwandaise de 1993-1994 qui se solde par le premier génocide de l'histoire africaine – un million de morts en quelques semaines –, faute d'avoir estimé justement les antagonismes entre Hutus et Tutsis et les ressorts génocidaires du pouvoir que Paris protégeait militairement. La cellule africaine de l'Elysée et le Quai d'Orsay ont tout aussi mal perçu et analysé les rivalités profondes opposant le Nord et le Sud de la Côte d'Ivoire, le concept d'« Ivoirité » ou encore la mue évan-

gélique du socialiste et très versatile Laurent Gbagbo.
D'où l'impasse actuelle de nos relations avec un Etat qui
fut le protégé de la France pendant des décennies...

Par ailleurs, la déferlante des « affaires » révèle à une
France médusée le caractère inadmissible, pernicieux et
malsain de la Françafrique, « le plus long scandale de la
République », pour reprendre le titre de l'ouvrage récent
de François-Xavier Verschave. Après l'affaire du Carrefour du développement [1], les très fortes suspicions de trafic
d'influence qui pesèrent sur Jean-Christophe Mitterrand, le
fils de son père et son conseiller pour l'Afrique jusqu'en
1992, le cimetière des « éléphants blancs », ces projets
industriels pharaoniques qui ne voient jamais le jour mais
permettent de rémunérer avec les deniers publics nombre
d'intermédiaires, l'affaire Elf finit d'exposer les turpitudes
du système néo-colonial français et de discréditer à jamais
la Françafrique. Gigantesque pompe à fric qui irriguait la
classe politique française et les élites africaines, sans
compter les nombreuses commissions versées dans le
monde entier, l'affaire Elf démontre que la corruption et la
gabegie ont été instituées en valeurs cardinales de la politique africaine de la France depuis des décennies, au
mépris des populations française et africaines.

« Sans volonté politique de démolir un passé devenu
encombrant, ou de construire un avenir sur des bases nouvelles, la France s'enlise dans des combats d'arrière-garde
qui ne rassurent plus ses amis traditionnels sur le continent
mais la privent d'alliés potentiels pour faire face aux problèmes de l'Afrique, qui la dépassent désormais », sou-
lignent sans complaisance mais à juste titre Antoine Glaser
et Stephen Smith [2]. Alors que l'Afrique est un des théâtres

---

1. Via l'ONG Carrefour du développement, un système de surfacturation
avait permis de détourner des fonds d'aide pour financer des opérations clandestines au Tchad mais aussi pour rémunérer de multiples intermédiaires...
2. *Comment la France a perdu l'Afrique, op. cit.*, page 201.

de la guerre antiterroriste et occupe désormais une case cruciale sur le nouvel échiquier énergétique mondial, la France enregistre un inquiétant recul. Le Nigeria et l'Afrique du Sud s'affirment comme les leaders naturels du continent et n'hésitent plus à s'interposer en Afrique francophone. Si Elf régnait en maître sur les affaires pétrolières d'une partie de l'Afrique dans un passé encore relativement récent, la France se trouve aujourd'hui de plus en plus isolée sur ce secteur stratégique, cependant qu'on ne cesse de découvrir de nouveaux gisements en Afrique. Avant son rachat par Total, Elf s'était désengagée d'un consortium pétrolier au Tchad; le groupe Total est absent des gisements du Congo Brazzaville; l'« Angolagate » et les démêlés judiciaires en France de Pierre Falcone, le protégé du régime de Luanda, ont fait perdre à Total ses permis d'exploitation et d'exploration sur d'importants gisements au profit du groupe chinois Sinopec. Enfin, la France, étrangement, ne participe pas au boom pétrolier de la Guinée équatoriale, le « Koweït » du golfe de Guinée, dont les réserves prouvées sont considérables. A l'opposé des Etats-Unis et de la Chine, désormais deuxième acteur économique de la zone CFA, qui ne cessent d'investir dans le pétrole africain et ont fait du continent noir l'une des clés stratégiques de leurs approvisionnements pétroliers futurs, la France, qui continue de percevoir l'Afrique comme un continent de rente et non d'opportunités, enregistre une inquiétante perte d'influence. De plus, une rapide comparaison avec l'Afrique anglophone démontre davantage encore les errances de gestion de la Françafrique : à mesure que le Ghana, le Botswana ou le Kenya amorcent leur décollage économique, on craint une déstabilisation d'une grande partie de l'Afrique francophone en cas de nouveaux accès de violences en Côte d'Ivoire....

Laissons à l'universitaire Jean-François Bayart le soin d'enterrer les dernières illusions gauloises en terre africaine. « La politique africaine de la France est uniquement conservatoire dans les relations bilatérales et purement déclamatoire sur les questions multilatérales (dette, lutte contre le sida). [...] La France reste pathétiquement autiste et muette sur la question de la démocratie [1]. » Si Jacques Chirac se présente volontiers comme le « meilleur défenseur de l'Afrique », c'est pourtant son rival britannique Tony Blair qui est parvenu à arracher un accord à ses partenaires sur l'annulation de la dette de nombreux pays africains avant le G8 de Gleneagles, en juillet 2005... Et c'est vers Bush et Blair que se tournent désormais nombre de leaders africains pourtant proches de la France, à l'image du Président sénégalais Abdoulaye Wade [2]. Là encore, on le voit, le cimetière des illusions perdues doit amener à un aggiornamento complet de notre politique africaine. Ni la France, ni l'Europe ne peuvent se permettre d'abandonner l'Afrique toute proche aux conflits ethniques et au sous-développement, sous peine d'en payer le prix en termes d'immigration de masse, voire de violence terroriste. Encore faut-il repenser entièrement et les objectifs et les moyens de notre action en direction de ce continent. Moins de grands discours, moins de diplomatie hôtelière, plus de démocratie liée à davantage de progrès concrets et ciblés de développement : tels devraient être les principaux axes d'une nouvelle ambition française en Afrique. Là encore une autre politique, en rupture avec le passé, est à inventer.

---

1. *Le Figaro*, 6 juillet 2005.
2. Entretien paru dans *L'Essentiel des Relations Internationales*, *op. cit.*

Soutenir les « Révolutions orange » à l'est du Continent

Il reste moins de quinze ans à l'Europe pour pacifier et encourager le développement de son « étranger proche » non seulement sur son flanc sud, mais aussi à l'est du continent, où s'agitent des vents contraires.

La Russie de Vladimir Poutine constitue une grande déception. Depuis 2003, elle a pris un tournant autoritaire qui se confirme mois après mois et qui est allé bien au-delà de la nécessaire remise en ordre du pays, après la fin de règne très chaotique de Boris Eltsine. Anna Politkovskaïa, une journaliste émérite qui a notamment couvert le conflit tchétchène pour la *Novaïa Gazeta* et en a retiré le remarquable *Tchétchénie, le déshonneur russe*, voit à juste titre en Poutine un « pur produit des services secrets, [qui] n'a pas réussi à dépasser ses origines et n'a jamais cessé de se conduire comme un lieutenant-colonel du tristement célèbre KGB. Aujourd'hui comme hier, sa principale préoccupation reste de régler ses comptes avec ses concitoyens épris de liberté, liberté qu'il s'obstine à piétiner comme il le faisait dans sa précédente carrière [1] ». Le démantèlement de la compagnie pétrolière Ioukos, pourtant la plus moderne et la plus performante de Russie, et l'emprisonnement de son président, Mikhail Khodorkovski qui était en train de monter une coalition libérale pour constituer une alternative politique crédible en vue de la prochaine élection présidentielle, ont en effet sonné le glas de la libéralisation de l'économie et de la vie politique russes. Dans cette sombre affaire de redressement fiscal, le Kremlin s'est attaqué au plus puissant des oligarques pour contrer ses ambitions politiques et refaire passer dans le

---

1. Anna Politkovskaïa, *La Russie selon Poutine*, Buchet/Chastel, 2005, page 7.

giron de l'Etat, via le groupe public Rosneft, les actifs de Ioukos. Cette « déprivatisation » aux méthodes aussi contestables et expéditives que la libéralisation sauvage qui eut lieu au lendemain de la chute de l'URSS, a porté un coup sérieux à la confiance des investisseurs étrangers et a renforcé le rôle prédateur de l'Etat au sein de toutes les composantes de la société russe. La « verticale du pouvoir » de Vladimir Poutine impose sa loi d'airain à la nouvelle Russie et écrase progressivement les contre-pouvoirs. Après le terrible drame de Beslan, le Président russe a décidé qu'il nommerait désormais les gouverneurs des régions : exit, les élections... ; la télévision, privée et publique, est sous le contrôle de l'Etat et l'autocensure est de retour dans les autres médias ; les derniers survivants de l'ère Eltsine comme Mikhail Kassianov, l'ancien Premier ministre, ont été limogés de l'administration, désormais sous la coupe des services spéciaux et du clan de Saint-Pétersbourg très proche de Vladimir Poutine. La Douma s'apparente de plus en plus à une chambre d'enregistrement aux ordres du Kremlin. Quant à la situation en Tchétchénie, elle ne s'est aucunement améliorée et l'assassinat par les forces spéciales russes en mars 2005 du Président tchétchène Maskhadov, nationaliste modéré et laïc avec qui une solution négociée aurait pu être ébauchée, laisse présager un nouveau durcissement du conflit, voire une extension des troubles à l'ensemble du Caucase du Nord.

La crispation nationaliste et impériale de la Russie s'est notamment manifestée lors de la Révolution orange en Ukraine. A cette occasion la Russie de Vladimir Poutine, dans un stupéfiant « bas-les-masques », a découvert son véritable visage : celle d'une puissance néo-impériale qui n'a pas accepté l'indépendance de ceux qu'elle voit toujours comme ses anciennes provinces et reste prisonnière d'une logique de contrôle et de domination. En dénonçant un complot de l'Occident contre la Russie, en félicitant le candidat pro-russe avant même de connaître les résultats officiels du scrutin, Vladimir Poutine a commis des bévues stupéfiantes qui ont révélé au monde l'ampleur du tour de vis antilibéral et anti-occidental à l'œuvre en Russie même.

L'image d'une Russie irrévocablement engagée dans le bon chemin n'est en rien conforme à la réalité, en dépit des assurances de la diplomatie française en quête d'alliés pour bâtir son monde multipolaire et prête à tout pardonner à Vladimir Poutine à mesure que celui-ci prend ses distances avec les Etats-Unis. Cette politique, soutenue par l'Allemagne, très dépendante des exportations d'hydrocarbures russes, par l'Espagne, à la diplomatie hostile à Washington depuis le retour des socialistes au pouvoir en mars 2004, et dans une moindre mesure par l'Italie, est loin de faire l'unanimité en Europe, notamment chez les pays scandinaves et les nouveaux membres d'Europe centrale qui voient d'un très mauvais œil la constitution d'un axe Paris-Berlin-Moscou de sinistre mémoire. Elle procède en outre, fondamentalement, d'une vision à courte vue. Comme en Afrique ou au Moyen-Orient, nous n'avons pas eu le courage et la lucidité d'œuvrer efficacement à la promotion de régimes véritablement démocratiques. Le résultat, c'est que nous avons laissé se consolider des régimes autoritaires, par nature instables. Rien ne dit que la Russie soit aujourd'hui à l'abri d'un retour au totalitarisme. Celui-ci se reconstruit déjà dans la Biélorussie voisine, sous la férule d'un dictateur ubuesque, cruel et mégalomane, qui n'aspire qu'à coiffer la « tiare du monomaque [1] » en accédant un jour au pouvoir à Moscou [2]. Le régime de Poutine

---

1. Symbole, depuis Byzance, du pouvoir suprême exercé par l'Empereur, également commandant en chef.

2. C'est bien ainsi qu'il faut interpréter les avatars successifs des traités d'union entre la Russie et la Biélorussie, signés entre 1996 et 1999 et toujours en vigueur, qui reflètent les ambitions politiques démesurées d'un leader biélorusse (Alexandre Loukachenko) qui, tel Staline ou Brejnev, se verrait fort bien faire carrière à Moscou.

peut en effet être remplacé par plus autoritaire, nationaliste ou totalitaire que lui : car la seule chose que Poutine ait réussi à empêcher efficacement, c'est bien la constitution d'une opposition démocratique crédible, susceptible de constituer un jour une force d'alternance. De sorte que s'il devait y avoir, à la faveur de circonstances exceptionnelles – toujours possibles dans un tel pays –, déstabilisation du système politique et arrivée au pouvoir d'une nouvelle équipe, il y a fort à parier que celle-ci soit encore pire que l'actuelle, ce qui pour autant ne devrait aucunement inciter aujourd'hui à la complaisance. Car on ne peut exclure non plus que le Président russe, au terme de son deuxième mandat expirant en 2008, ne choisisse lui-même de poursuivre plus avant dans la dérive autoritaire de son régime. Il va sans dire enfin que de tels dirigeants, qu'il s'agisse de Poutine ou de ses successeurs potentiels, ne partagent aucunement nos valeurs. Aussi, les alliances que nous croyons construire avec eux ne sont-elles en réalité que de pure circonstance, donc aisément réversibles. Incapable de trouver une solution politique au conflit de Tchétchénie, en butte à des attentats terroristes d'ampleur parfois inédite [1], qui font craindre aux experts qu'elle ne soit bientôt la cible de l'hyper-terrorisme nucléaire, la Russie, bien qu'aujourd'hui ralliée à la coalition antiterroriste, pourrait demain se retrouver alliée à la Chine ou à des régimes moyen-orientaux violemment anti-occidentaux. A moins qu'elle ne choisisse en définitive de s'opposer à eux militairement, sans être probablement en mesure d'ailleurs de l'emporter. Davantage que l'apparence du retour à l'ordre, qui n'est en réalité qu'une fausse stabilité antidémocratique, c'est bien la promesse de l'instabilité qui caractérise aujourd'hui la Russie de Poutine, la stabilité véritable ne pouvant être apportée que par l'enracinement de la démocratie.

---

1. Ainsi la prise d'otages du théâtre de la Doubrovka en octobre 2002.

Le seul espoir réside donc ici à terme dans une transition démocratique de la Russie, qu'il nous faut encourager de manière plus audacieuse, en confortant partout la démocratie dans son ancien Empire. Comment ne pas souscrire ici à l'analyse de Zbigniew Brzezinskı, lorsqu'il estime ainsi que l'entrée de l'Ukraine dans l'OTAN aura, à échéance de 10 ans, des conséquences extrêmement favorables pour l'évolution démocratique de la Russie elle-même ? Seule une entrée de ce pays dans l'Alliance occidentale, perspective esquissée par le Président Iouchtchenko le 22 février 2005 au sommet de l'OTAN à Bruxelles, soutenue par le Président Bush le 4 avril suivant en recevant son hôte à la Maison-Blanche et confirmée par les ministres des Affaires étrangères de l'OTAN réunis à Vilnius le 21 avril 2005, permettra de guérir définitivement la Russie de sa tentation de vouloir restaurer l'ancien Empire, quitte à user des stratagèmes les plus brutaux ou des pressions les plus cyniques. Le succès d'une démocratie de marché dans une Ukraine slave et largement orthodoxe, voisine de la Russie, mais qui trouverait progressivement les voies d'une intégration à l'Union européenne, la poserait en contre-modèle des mœurs moscovites, face à une culture politique russe historiquement fondée sur la corruption [1], le meurtre [2] et la contrainte [3], où la permanence de la rente pétrolière (après celle de l'or, des diamants et des peaux de zibeline) permet de différer encore et toujours les réformes visant à l'européanisation de la société, qui, lorsqu'elles ont lieu, demeurent en réalité extrêmement superficielles.

---

1. Cf. Gogol, qui dans le *Revizor,* posait déjà cette question toute rhétorique : « Quoi de neuf en Russie ? L'on y vole, votre Excellence. »

2. Cf. l'ouvrage d'Hélène Carrère d'Encausse, *Le Malheur russe*, consacré précisément à la culture de la violence et du meurtre politique en Russie.

3. L'Etat russe moderne trouve en effet ses racines dans celui de la Horde d'or, établi à Kazan, première capitale d'un Etat centralisé au XIIIᵉ siècle, dont les percepteurs tatars exigeaient avec brutalité le paiement de l'impôt, par opposition à l'état de semi-anarchie des communautés paysannes et des principautés russes jusqu'alors.

Il nous faut donc résolument soutenir et conforter les aspirations à la démocratie et à l'économie de marché de ce « corridor de la liberté » qui s'étend des rives de la Baltique à la Transcaucasie. La Géorgie et l'Ukraine ont connu deux révolutions démocratiques et pacifiques, respectivement en 2003 et 2004. La Moldavie cherche à s'émanciper de la tutelle de Moscou qui manipule à loisir la province de Transnistrie à l'est du pays. Il est fort probable que la Biélorussie, dernière dictature d'Europe, finisse par connaître au cours des prochaines années une évolution similaire. Car ces pays lorgnent vers l'Ouest et leurs populations, à l'instar de celles des anciens pays satellites d'Europe centrale et orientale, rêvent d'intégrer un jour l'Union européenne pour assurer leur développement économique et l'OTAN pour bénéficier du parapluie de défense américain. Mais la Russie n'a pas abandonné ses ambitions impériales et voit d'un très mauvais œil le rapprochement de ses marches occidentales avec l'Europe et les Etats-Unis.

La traditionnelle complaisance française à l'égard de Moscou, sans même évoquer les excès de certains commentateurs aveuglés par leur haine des Etats-Unis, comme Emmanuel Todd, qui voient en la Russie – quelles que soient son évolution interne et les tendances autoritaires du moment – l'allié « naturel » de la France et de l'Europe pour faire contrepoids à l'hyperpuissance impérialiste américaine, est néfaste à nos intérêts. Compte tenu des aspirations à la démocratie des voisins orientaux de l'Union européenne que nous ne pouvons ignorer, il faudrait à l'avenir maintenir un dialogue et une coopération active avec la Russie tout en contenant ses ambitions impériales et en l'incitant à reprendre le chemin de la libéralisation. La France et l'UE ne devraient pas avoir peur d'expliquer à Vladimir Poutine que le choix de l'autoritarisme et la nostalgie de l'Empire mènent la Russie à une nouvelle impasse. L'Europe devrait aider la Russie à accéder à la modernité et apaiser ses craintes éternelles d'un encerclement par des puissances ennemies. La Russie perdra une part importante de sa population au cours des années à venir tant sa situation sanitaire est mauvaise ; son redressement économique, essentiellement basé sur les hydrocarbures, demeure fragile et la corruption est endémique ; son armée connaît de graves difficultés ; la perte de son influence sur son étranger proche est manifeste, en témoignent les révolutions géorgienne, ukrainienne et kirghize ; les provinces de Sibérie orientale, riches en matières premières, se dépeuplent à grande vitesse et attirent la convoitise de centaines de millions de Chinois massés à ses frontières : il serait par conséquent de l'intérêt de Moscou de faire enfin le choix rationnel de l'Occident et du développement au détriment des aventures extérieures et des manœuvres diplomatiques et énergétiques contre-productives. La Russie se comporte toujours comme une jeune nation en pleine expansion alors qu'elle va littéralement rétrécir au cours de ce siècle et qu'elle n'a pas encore soldé son lourd passif – économique, social, sanitaire, moral – de 70 ans de communisme. La France et l'Europe auraient tout intérêt à la guider sur la voie de la modernisation plutôt qu'à la conforter, comme c'est le cas ces dernières années, dans l'impasse vers laquelle elle se dirige. L'UE doit stabiliser sa frontière orientale avec la coopération d'une Russie prospère, démocratique et respectant la souveraineté des Etats « tampons » qui les séparent, ces derniers manifestant la volonté de libéraliser tant leur économie que leur système politique. Comme pour les pays méditerranéens, l'UE devra apprendre à faire la promotion de la démocratie dans cette région sans agiter nécessairement la carotte d'une éventuelle adhésion. A l'instar de la France, il lui faudra apprendre dans sa proche périphérie à se définir autrement qu'en termes de valeurs universelles – réchauffement climatique, Cour pénale internationale... – et cesser de systématiquement orienter sa posture identitaire vers l'intérêt général de la planète pour au contraire affirmer ses propres valeurs et défendre son modèle politique et économique.

Ces perspectives pour les dix-quinze prochaines années, dessinées à grands traits, indiquent que notre politique étrangère ne peut plus se contenter de grands discours sur la mondialisation et la démocratie universelle et de soutenir aveuglément ou presque qui l'autoritaire Vladimir Poutine, qui les potentats arabes, qui les Présidents à vie africains. Depuis la chute du Mur de Berlin, cette politique, conservatrice et frileuse, a fait commettre à la France de graves erreurs d'appréciation : de la réunification allemande à la fin de règne chaotique de Yasser Arafat, de l'implosion de la Yougoslavie à celle de la Côte d'Ivoire, la France, faute d'analyser la réalité telle qu'elle est, a souvent été prise au dépourvu par les nouveaux courants qui agitent l'histoire contemporaine. Si la France et l'Europe veulent profiter des derniers feux du moment occidental, un aggiornamento réaliste et rationnel s'impose dans les plus brefs délais.

Conclusion

Adieu, Amélie ?

Au terme de ce panorama, que reste-t-il des *Illusions gauloises* que notre pays s'est si longtemps plu à cultiver ? Sur le plan domestique, le village d'Amélie Poulain se fissure. La crise protéiforme est là, quotidienne. Crise économique et sociale – depuis trente ans la France est confrontée à un chômage de masse que les majorités de droite comme de gauche ont été incapables de juguler – et dont nous laisserons la note à nos enfants ; crise politique et institutionnelle, marquée par un rejet massif de la classe politique dont le « choc » du 21 avril 2002 a été le symbole le plus marquant, et que les résultats du référendum sur le traité constitutionnel européen le 29 mai 2005 ont à nouveau confirmée ; crise identitaire que l'affaire du voile, l'incendie des banlieues, la psychose turque, la multiplication des actes racistes et antisémites illustrent ; enfin crise de confiance généralisée et appréhension de l'avenir, alimentées par un sentiment de perte et de dépossession, de notre identité, de notre économie et de nos repères. Au sein d'une Europe en profond bouleversement, la France cherche à conserver son influence privilégiée, mais son incapacité à se réformer la marginalise peu à peu dans l'Union à 25 devenue tout autre. Reconnaissons-le : face à la Grande-Bretagne, la France a perdu la bataille de l'inté-

gration européenne qui s'apparente de plus en plus au
grand marché libéral que souhaite mettre en place Londres
depuis son entrée dans la CEE en 1973. La France en est
largement responsable. Pourquoi l'économie et les structures de l'Union européenne devraient-elles s'inspirer d'un
modèle qui se caractérise aujourd'hui par une croissance
atone, un chômage de masse, des comptes publics défici-
taires depuis un quart de siècle, un retard de plus en plus
préoccupant en termes de recherche et d'innovation?
Faute de dynamisme et à cause de ses nombreux blocages,
la France aborde le siècle nouveau en position de retrait.

A l'extérieur, le discours d'Amélie sur la scène internationale masque mal les difficultés internes du pays et
moins encore le caractère profondément conservateur et
immobile de sa politique étrangère. Il est tout à fait honorable que la France dénonce le réchauffement de la planète
et qu'elle milite pour le développement durable et la
gouvernance mondiale. Elle a raison de condamner les inégalités économiques et sociales qui renforcent les déséquilibres de la planète. Son combat pour la protection de la
biodiversité et des cultures menacées; sa volonté d'huma-
niser la mondialisation et d'en partager les fruits avec tous
les déshérités de cette terre sont admirables. Remarquables
aussi sont ses aspirations au dialogue des civilisations et à
l'émergence d'une démocratie mondiale reposant sur un
monde multipolaire harmonieux. Mais ce discours – délicieuse combinaison de bons sentiments et d'évidences – ne
constitue pas un programme de politique étrangère en ce
début de XXIᵉ siècle. Pas plus qu'une réponse crédible aux
défis qui attendent à court terme la France et ses partenaires européens : guerre planétaire du terrorisme islamique contre les démocraties, ouverture, démocratisation
et développement des rives sud et est de la Méditerranée
pour réduire la poussée de l'islamisme radical; stabilisa-
tion et partenariat étroit avec les anciennes Républiques

soviétiques d'Europe centrale et orientale et du Caucase ; intégration économique, politique et sociale des populations musulmanes de France et d'Europe... Autant de défis qui nécessitent des choix audacieux et inventifs, à l'opposé du statu quo et de l'aversion aux changements qui caractérisent trop souvent notre diplomatie. Sur ces questions, auxquelles il faut ajouter la modernisation de nos systèmes économiques, un partenariat avec les Etats-Unis est indispensable. L'Europe et l'Amérique, puissances démocratiques et libérales, sont confrontées aux mêmes menaces ; elles ont globalement les mêmes objectifs. J'ajouterai que les deux rives de l'Atlantique sont condamnées à collaborer et à coopérer : la guerre d'Irak a montré les ravages que pouvait engendrer une césure du camp occidental. Depuis un siècle, l'Amérique est la seule véritable alliée de l'Europe : toute tentation d'alliance alternative avec la Russie autoritaire de Vladimir Poutine, la Chine « capitalo-communiste », voire avec les potentats actuels du monde arabe serait contre nature et aurait des conséquences dramatiques pour notre pays. Elle provoquerait de graves dissensions au sein de l'Union européenne. Elle constituerait une trahison des idéaux les plus remarquables de l'histoire de France : la liberté, la démocratie, les Droits de l'homme qui ont fait depuis plus de deux siècles la gloire et la renommée de notre pays.

Au cours du prochain quart de siècle, c'est une véritable odyssée qui nous attend. Les épreuves et les écueils seront nombreux. Ils devront être affrontés avec courage et détermination. C'est à ce prix seulement que notre pays renouera avec son fabuleux destin.

Table

www.ingramcontent.com/pod-product-compliance
Lightning Source LLC
Chambersburg PA
CBHW070239290326
41929CB00046B/1947